# ANIKA NILLES
# PAD BOOK

**FUNDAMENTAL-WORKOUTS**
SUBDIVISION STUDIEN
MIXED METERS
POLYRHYTHMEN
UNABHÄNGIGKEIT DER HÄNDE

**DEUTSCHE EDITION**

IMPRESSUM

## MEIN GANZ PERSÖNLICHER DANK GEHT AN:

Meine Familie, Freunde und an Joachim Schneiss! Danke für eure dauerhafte und großartige Unterstützung und vor allem eure starken Nerven über all die Jahre!

Udo Dahmen, Claus Hessler und Jost Nickel für all die wertvollen Tipps und den konstruktiven und emotionalen Beistand durch all die „Ups und Downs".

Danke Christoph Hoffmann für deinen großartigen Einsatz in letzter Minute!

**MEINL CYMBALS** Norbert Saemann, Udo Heubeck, Chris Brewer, Stephan Hänisch
**TAMA DRUMS** Mitch Odanaka, Masaki Mizuno, Sam Gample, Ian Aguado Bush
**EVANS DRUMHEADS** | **PROMARK STICKS** Aaron Vishria, Jeffrey Kaye
**BEYERDYNAMIC MICROPHONES** Bernd Neubauer
**SLAPKLATZ** Gunnar Birk Kristiansen

www.anikanilles.com

© 2020 by **Alfred** Music Publishing GmbH
info@alfredverlag.de
alfredverlag.de | alfredmusic.de

All Rights Reserved
Printed in Germany

Covergestaltung: Thomas Petzold
Deutsche Übersetzung: Thomas Petzold
Notensatz: Anika Nilles | Thomas Petzold
Lektorat: Thomas Petzold | Matthias Bielecke
Gesamtleitung: Thomas Petzold
Art.-Nr.: 20284G (Buch)
ISBN 10: 3-947998-17-1
ISBN 13: 978-3-947998-17-3

Fotonachweis:
Coverfoto © by Marius Mischke
Marius Mischke: S. 79, 107, 161, 165, 172, 211
Meinl Cymbals: S. 10
Meinl Taiwan: S. 6, 18, 33, 57, 72, 85, 120, 156, 173, 193
Anika Nilles: S. 14, 17, 21, 28, 45, 52, 80, 101, 115, 137, 151, 207, 208, 265, 266

# ÜBER DIESES BUCH

Die Idee zu diesem **PAD BOOK** entstand auf Reisen, auf denen ich viel Zeit hatte, aber keine Möglichkeit, am Schlagzeug zu üben. Weil es mir immer wichtig war – und ist –, nicht „nur" mein Level zu halten, sondern auch die Entwicklung weiter voranzutreiben, begann ich tiefer in die Optionen des Übens auf einem Pad einzutauchen.

Nach einer Weile stellte ich spezielle Pad-Übungen zusammen. Meinen Fokus legte ich vorwiegend auf den Ausgleich der schwächeren Hand und den Perspektivenwechsel mit Blick auf Rhythmen, Timing, Präzision und Koordination. Diese Pad-Workouts brachten mich an einen Punkt, an dem ich mich ganz anders fokussiert fühlte als am Drumset. Hauptsächlich nur eine einzige Klangquelle zur Verfügung zu haben, ließ mich ganz auf die Grundlagen von Rhythmus und Spieltechnik konzentrieren. Ich erkannte, dass das Spielen, die Internalisierung von Time, Stickings, Rhythmen und Konzepten kontinuierlich voranschritten. Als ich wieder am Set saß, hatte ich das Gefühl, dass ich sofort anfangen könnte, an musikalisch relevanteren Themen wie Orchestrierungen und Dynamik zu arbeiten.

Das Spielen auf einem Pad ersetzt weder die musikalische Arbeit noch das Üben an einem echten Schlagzeug, aber es ist eine großartige Möglichkeit, die eigenen Fähigkeiten zu erweitern und tiefer in den wichtigsten Bereich, die Grundlagen, einzutauchen. Sie bilden die eigentlich stabile Basis.

Mein **PAD BOOK** ist also eine Sammlung von Workouts und Arbeitsmethoden, wie ich sie auch heute noch benutze. Es erklärt mein Übungssystem, wie man sich Themen wie z.B. Subdivisions oder Koordination in einzelne Arbeitsschritte aufschlüsseln kann. Aber es kann auch Inspiration dafür sein, die Workouts auf das Set zu übertragen. Denn ein Großteil dieses Buches kann auch direkt auf dem Schlagzeug geübt werden, und man kann mit Orchestrierungen und Variationen der Übungen wirklich musikalisch kreativ werden.

Um dieses Buch gut nutzen zu können, solltest du bereits über Vorkenntnisse bzgl. Notenverständnis, Notenlesen, Rudiments und Stickings verfügen. Einige der Übungen erfordern ein gewisses Maß an Spieltechnik, um ein zufriedenstellendes Ergebnis zu erzielen. Daher würde ich vorschlagen, bei einigen dieser Themen mit einem Schlagzeuglehrer vor Ort zu arbeiten. Außerdem empfehle ich folgende Lehrbücher:

**Stick Control** von George Lawrence Stone
**Accents and Rebounds** von George Lawrence Stone
**It's Your Move** von Dom Famularo mit Joe Bergamini
**Advanced Techniques for the Modern Drummer** von Jim Chapin

Es ist wichtig zu wissen, dass es nicht erforderlich ist, alle Kapitel und Teile dieses Buches chronologisch durchzugehen, um gute Ergebnisse zu erzielen. Das Buch ist modular konzipiert, sodass du selbst entscheiden kannst, womit du beginnen willst, wo du Übungsbedarf hast bzw. wo dein vorrangiges Interesse und dein Lernlevel liegt. Das Ziel ist es nicht unbedingt, alles spielen zu können, was du in diesem Buch findest. Viel wichtiger ist, einen Einstieg für dich zu finden und herauszufiltern, welche Themen dich ansprechen und welche einzelnen Übungen für dich und dein Spiel vorwiegend interessant sind. Diese Übungen dann intensiv zu üben, bis sie dir locker von der Hand gehen und sie in dein Drumsetspiel kreativ einzubinden, ist die vorrangige Idee dieses Buches.

Mein **PAD BOOK** richtet sich an alle Schlagzeuger, die ihre grundlegenden Fähigkeiten stärken und ausbauen, Schwächen ausmerzen, Stärken entwickeln und das eigene Wissen vertiefen möchten. Darüber hinaus ist es aber besonders nützlich für diejenigen, die sich verbessern möchten, obwohl sie sich nicht regelmäßig ans Schlagzeug setzen können, weil sie viel unterwegs sind oder Nachbarn mit sensiblen Ohren haben.

# INHALT

## ÜBER DIESES BUCH ............................................................................................................... 3

## EINLEITUNG
Zur Arbeit mit diesem Buch ........................................................................................................ 6
Effektiv üben ................................................................................................................................ 9
Üben mit dem Practice Pad ....................................................................................................... 10
Üben mit dem Anika Nilles Practice Pad ................................................................................. 11
Fachbegriffe für Drummer ......................................................................................................... 12
Die Rhythmuspyramide .............................................................................................................. 13
Stickings – Grouping Stickings & Akzente 1–3 ........................................................................ 14

## KAPITEL I | SUBDIVISION STUDIEN
Übungssysteme 1 – 3 ................................................................................................................... 17

### Triolen ................................................................................................................................... 21
Teil A: Akzente | Flams | 16tel-Triolen – Single Strokes | Double Strokes ......................... 21
Teil B: Lesetext – Hinzufügen von Verzierungen ................................................................... 28
    Lesetext-Workouts | Übungssystem .................................................................................. 28
        Wie man Verzierungen | Stickings zum Lesetext hinzufügt ......................................... 29
        Lesetext 1 | Lesetext 2 ................................................................................................... 31
Teil C: Warm-Ups ...................................................................................................................... 33
    Switching Stickings A–C | Übungssystem A–D .............................................................. 34
        Switching Stickings 1–8 | Akzente & Verzierungen 1–5 ............................................. 35
        Akzente in Patterns und Groupings 1–3 ...................................................................... 40
    Grouping-Kombinationen ..................................................................................................... 43

### 16tel-Noten ............................................................................................................................ 45
Teil A: Akzente | Flams | 32tel – Single Strokes | Double Strokes ...................................... 45
Teil B: Lesetext – Hinzufügen von Verzierungen ................................................................... 52
    Lesetext-Workouts | Übungssystem .................................................................................. 52
        Wie man Verzierungen | Stickings zum Lesetext hinzufügt ......................................... 53
        Lesetext 1 | Lesetext 2 ................................................................................................... 55
Teil C: Warm-Ups ...................................................................................................................... 57
    Switching Stickings A–C | Übungssystem A–D .............................................................. 58
        Switching Stickings 1–10 | Akzente & Verzierungen 1–4 ........................................... 59
        Akzente in Patterns und Groupings 1–5 ...................................................................... 66
    Grouping-Kombinationen ..................................................................................................... 70

### Quintolen .............................................................................................................................. 72
Teil A: Akzente | Flams | 32tel-Quintolen – Single Strokes | Double Strokes .................... 72
Teil B: Lesetext – Hinzufügen von Verzierungen ................................................................... 80
    Lesetext-Workouts | Übungssystem .................................................................................. 80
        Wie man Verzierungen | Stickings zum Lesetext hinzufügt ......................................... 81
        Lesetext 1 | Lesetext 2 ................................................................................................... 84
Teil C: Warm-Ups ...................................................................................................................... 85
    Switching Stickings A–C | Übungssystem A–D .............................................................. 85
        Switching Stickings 1–8 | Akzente & Verzierungen 1–8 ............................................. 87
        Akzente in Patterns und Groupings 1–6 ...................................................................... 95
    Grouping-Kombinationen ..................................................................................................... 99

INHALT

# PAD BOOK
## FUNDAMENTAL WORKOUTS
### ANIKA NILLES

Sextolen .................................................................................................................................. 101
   Teil A: Akzente | Flams | 32tel-Sextolen – Single Strokes | Double Strokes ........................ 101
   Teil B: Lesetext – Hinzufügen von Verzierungen ..................................................................... 115
      Lesetext-Workouts | Übungssystem .................................................................................. 115
         Wie man Verzierungen | Stickings zum Lesetext hinzufügt ............................................. 116
         Lesetext 1 | Lesetext 2 ................................................................................................... 118
   Teil C: Warm-Ups ................................................................................................................. 120
      Switching Stickings A–C | Übungssystem A–D ................................................................. 120
         Switching Stickings 1–9 | Akzente & Verzierungen 1–8 .................................................. 122
         Akzente in Patterns und Groupings 1–5 ......................................................................... 131
      Grouping-Kombinationen .................................................................................................. 135

Septolen .................................................................................................................................. 137
   Teil A: Akzente | Flams | 32tel-Septolen – Single Strokes | Double Strokes ........................ 137
   Teil B: Lesetext – Hinzufügen von Verzierungen ..................................................................... 151
      Lesetext-Workouts | Übungssystem .................................................................................. 151
         Wie man Verzierungen | Stickings zum Lesetext hinzufügt ............................................. 152
         Lesetext 1 | Lesetext 2 ................................................................................................... 154
   Teil C: Warm-Ups ................................................................................................................. 156
      Switching Stickings A–C | Übungssystem A–D ................................................................. 156
         Switching Stickings 1–5 | Akzente & Verzierungen 1–6 .................................................. 158
         Akzente in Patterns und Groupings 1–6 ......................................................................... 166
      Grouping-Kombinationen .................................................................................................. 170

## KAPITEL II | MIXED METERS

Einführung ............................................................................................................................... 172
Teil A: Die Pyramide ............................................................................................................... 174
Teil B: Halb & Halb ................................................................................................................. 177
Teil C: Die Lotterie .................................................................................................................. 185
Teil D: Warm-Ups .................................................................................................................... 193
   Übungssystem A–D ............................................................................................................. 194
   Warm-Ups 1–10 .................................................................................................................. 195
   Speeding Up with Control 1–8 ............................................................................................ 199
   Melodic Structure 1–7 ......................................................................................................... 202

## KAPITEL III | UNABHÄNGIGKEIT DER HÄNDE & UNISONOSPIEL

Koordination der Hände ........................................................................................................... 208
   Triolen: Hände gegeneinander | Lesetexte | Groupings | 2-Line Reading .......................... 209
   16tel-Noten: Hände gegeneinander | Lesetexte | Groupings | 2-Line Reading ..................... 219
   Quintolen: Hände gegeneinander | Lesetexte | Groupings | 2-Line Reading ....................... 232
   Sextolen: Hände gegeneinander | Lesetexte | Groupings | 2-Line Reading ......................... 242
   Septolen: Hände gegeneinander | Lesetexte | Groupings | 2-Line Reading ......................... 254

## KAPITEL IV | POLYRHYTHMEN

Was ist ein Polyrhythmus? ....................................................................................................... 266
Zur Arbeit mit Polyrhythmen ................................................................................................... 267
2 gegen 3 | 2 gegen 5 | 2 gegen 7 ............................................................................................. 269
3 gegen 4 | 3 gegen 5 | 3 gegen 7 ............................................................................................. 272
4 gegen 5 | 4 gegen 7 | 5 gegen 7 | 6 gegen 7 .......................................................................... 275

## ANHANG ........................................................................................................................... 279

# PAD BOOK
FUNDAMENTAL WORKOUTS
**ANIKA NILLES**

EINLEITUNG

# EINLEITUNG
## ZUR ARBEIT MIT DIESEM BUCH

In diesem Buch findest du **vier Hauptkapitel** unterteilt in verschiedene **Teile** und **Abschnitte**.

### KAPITEL I | Subdivision Studien

handelt von den **Subdivisions (Unterteilung in Notenwerte)**. Sie sollen dich ganz einfach mit den unterschiedlichen Notenwerten vertraut machen. Ziel ist, dass du ein Gefühl für jeden Notenwert verinnerlichst, ihn sauber spielen kannst und fähig wirst, zwischen Akzenten und Stickings hin und her zu wechseln. Alle Übungen in diesem ersten Kapitel bilden das Fundament für dein **Groove- und Fill-Spiel**, um flexibel, stabil und – last but not least – kreativ zu sein, wenn es dazu kommt, alles aufs Drumset zu übertragen.

Ich habe das **Kapitel I** in **fünf Abschnitte** unterteilt, von denen jeder einen Notenwert zum Schwerpunkt hat (Triolen, 16tel, Quintolen, Sextolen, Septolen). Jeder einzelne Notenwert wird intensiv in **drei Teilen** bearbeitet. Jeder Abschnitt enthält:

**TEIL A** – Akzentverschiebungen und Verzierungen
**TEIL B** – Lesetext mit Akzentkombinationen
**TEIL C** – Warm-Ups

Diese Reihenfolge spiegelt den Aufbau meines persönlichen Übungssystems wieder.

## ZUR ARBEIT MIT DEN EINZELNEN TEILEN

### TEIL A
### AKZENTVERSCHIEBUNGEN UND VERZIERUNGEN

Hier findest du jede Menge **Workouts im Baukastensystem**. Die wichtigsten, grundlegenden Workouts sind die **Akzentübungen**, da alle weiteren Workouts – **Flams**, **Double Strokes** und **Single Strokes** – darauf aufbauen. Deshalb empfehle ich dir, jeden einzelnen Baustein im Akzente-Abschnitt sehr intensiv zu üben. Beachte auch die verschiedenen Übungssysteme. Es scheint erstmal ein schier unüberwindbarer Berg an Arbeit zu sein, sich durch alle Bausteine und deren Phrasierungen wie etwa *Flams etc.* durchzuarbeiten. Und die Wahrheit ist, es ist ein riesiger Berg! Aber er ist nicht unüberwindlich. Viele der Phrasierungen kannst du zunächst als optional betrachten. Je mehr du davon in dein Spiel übernehmen kannst, desto größer wird dein Vokabular, dich selbst am Schlagzeug ausdrücken zu können. Für den Anfang lass es ruhig angehen und starte, indem du einige auswählst, die du in dein Drum-Repertoire übernehmen willst.

Übe jeden Baustein einige Minuten für sich, bis er sich gut anfühlt und dein Spiel stabil ist. Verwende ein **Metronom** beim Spielen und wähle ein **langsames Tempo**, bevor du beschleunigst. Akzente zu üben bedeutet grundsätzlich, deine Dynamik und Flexibilität zu verbessern. Es ist sehr hilfreich, die Aufmerksamkeit auf den Dynamikbereich **zwischen Akzent und leisen Schlägen (Ghost Notes)** zu lenken. Spiele alle Ghost Notes so leise wie möglich.

Wenn du dich wohl und stabil beim Spiel mit den Bausteinen zu einem Notenwert fühlst, dann ist **Teil B** der nächste Schritt, diese zu kombinieren und solche Variationen flüssig zu spielen.

## ZUR ARBEIT MIT DIESEM BUCH

### TEIL B
### LESETEXT MIT AKZENTKOMBINATIONEN

Hier findest du **ausgewählte Kombinationen** der Bausteine, alle notiert als eintaktige Patterns. Übertrage auch deine Verzierungen wie *Flams, Double Strokes, Single Strokes* auf diese Kombinationen. Eine weitere Option ist, nur alle Akzente zu spielen und alle Ghost Notes als Pausen stehen zu lassen. Alle diese Optionen verleihen denselben Patterns unterschiedlichen Ausdruck. Dies ermöglicht eine vielfältige und auch differenzierte musikalische Improvisation und Artikulation.

### STICKINGS ZU DEN LESETEXTEN HINZUFÜGEN

Meiner Erfahrung nach sind ein abwechslungsreicher Drumstil und die Fähigkeit, Phrasierungen variieren zu können, wichtig, um verschiedenen Stilistiken gerecht zu werden. Die Möglichkeit, verschiedene Sticking-Kombinationen zu spielen, ist auch ein großartiges Tool, um die musikalischen Ideen und Improvisationen deiner Mitmusiker zu unterstützen. Eine gute Option, um dies zu trainieren, ist „Einfachheit". Grundsätzlich sollte man mit einfachen Übungen starten, um sie dann komplexer werden zu lassen. Wenn du komplexe Rhythmen in der Musik studierst, wirst du feststellen, dass sie häufig auf einem „einfachen" Pattern basieren. Wichtigste Voraussetzung ist, deine Grundfertigkeiten stabil zu halten, um danach langsam in komplexere Rhythmen einzutauchen. Teil B widmet sich diesen grundlegenden Fertigkeiten und schafft eine solide Grundlage, um Rhythmen stabil spielen zu können und bereit zu sein, das nächste Level zu erreichen.

### TEIL C
### WARM-UPS

In Teil C habe ich einige kurze Warm-Ups zusammengestellt. Alle basieren auf Teil A und B und sollen eine Vorstellung davon vermitteln, wie du damit fortfahren kannst. Es handelt sich im Grunde genommen um eine Sammlung von Ideen, wie die angezeigten Bausteine unterschiedlich kombiniert werden können. Hier seid ihr nun an dem Punkt angelangt, bei der die eigene Kreativität beginnt. Verstehe diesen Abschnitt als Inspirationsquelle, deine eigenen Warm-Ups aus Teil A und B zu entwickeln.

### SWITCHING STICKINGS

Hier geht es darum, ein und das gleiche Rhythmuspattern zu spielen, jedoch verschiedene Stickings dafür auszuprobieren. Der Fokus liegt ganz darauf hinzuhören, wie sich das Pattern in der rhythmischen Melodie verändert, sobald das Sticking wechselt. In diesen Warm-Ups übst du auch, dich an unterschiedliche Stickings mit wechselnden Akzenten zu gewöhnen. Das schafft größere Flexibilität und ein besseres Gespür für „Up"-, „Down"- und „Tap"-Strokes.

Wichtig für die folgenden Warm-Ups ist, zwei Soundquellen auf deinem Pad zur Verfügung zu haben. Wenn du das „**Split-Tone-Pad**" verwendest, solltest du die eine Hand einem der roten Punkte zuordnen, während die andere Hand auf dem Primary Pad (Mitte) fortfährt. Mit diesen beiden Soundquellen kannst du den Unterschied in den rhythmischen Melodien akustisch deutlich herausarbeiten. Wenn du nur einen Sound verwendest, wird es sich in jedem Takt gleich anhören. Fühlst du dich bereits mit mehreren Stickings wohl, kannst du das Feel ändern oder der Musik einfach eine andere stilistische Richtung verleihen. Diese Warm-Ups können zunächst eine Herausforderung sein. Sie sind jedoch hilfreich, um dein Drum-Vokabular zu erweitern.

### AKZENTE UND VERZIERUNGEN

Diese Warm-Ups entsprechen weitgehend dem, was du bereits in Teil A und B praktiziert hast. Jedoch fokussiert sich hier alles auf einen bestimmten Rhythmus, bei dem alle Optionen der Verzierungen (*Flams, Double Strokes, Single Strokes* und *Pausen auszuhalten*) einmal angewendet werden.

EINLEITUNG

### AKZENTE IN PATTERNS UND GROUPINGS

Für diesen Abschnitt bist du bereit, wenn du die Rhythmen mit den jeweiligen Notenwerten stabil spielen und die Akzente klar setzen kannst. Ich habe viele Optionen notiert, wie Groupings über eine Subdivision gespielt werden können. Du hast auch die Wahl zwischen verschiedenen Stickings. Ich empfehle dringend, am Anfang mit dem Sticking [A] „Single Strokes" zu beginnen. Wenn du dich bereits zu den Fortgeschrittenen zählst, kannst du auch mit anderen Stickings fortfahren.

Dazu habe ich mehrere Stickingoptionen auf den *Seiten 14–16* notiert, die du für die jeweiligen Gruppen verwenden kannst. Im Grunde genommen verschieben sich die Groupings von der ersten Note im ersten Takt zur zweiten Note im nächsten Takt usw. Du kannst jedes Grouping etwas anders klingen lassen, indem du es verschiebst. Ein großartiges Tool, um eine neue Variante des ursprünglichen Rhythmus zu erfinden. Das Grouping definiert, wie oft du es an eine andere Position verschieben kannst, wo es immer noch etwas anders klingt. Wenn es sich um eine 3er Gruppe handelt, kannst du es um drei Noten verschieben, bis sich die 3er Figur wiederholt und wie die erste Position klingt. Hast du eine 5er Gruppe, kannst du sie fünf Mal verschieben, bevor sie wiederholt wird.

In diesem Abschnitt findest du auch einige bekannte und beliebte Akzentpatterns wie *Claves* und *Cascara*-Rhythmen.

### GROUPING-KOMBINATIONEN

Hast du die Groupings im Abschnitt „Akzente in Patterns und Groupings" noch einzeln geübt, so kombinierst du in diesem Abschnitt mehrere in einem Takt. Wähle einen der Abschnitte aus, in denen die Groupings nur als Zahlen dargestellt werden, und übe sie eine Weile. Wechsle die Übungen nicht zu schnell. Es ist wichtiger, sich an einzelne zu gewöhnen und sie langsam und stabil zu spielen. Jede der angezeigten Zahlen steht für eine Notengruppe. Dabei hast du mehrere Sticking-Optionen, um die Groupings zu spielen. Auch hier kannst du wieder auf andere Stickingoptionen zurückgreifen, wie du sie auf den *Seiten 14 bis 16* findest.

## KAPITEL II | Mixed Meters

Das zweite Kapitel behandelt die **Mixed Meters**. Hier findest du viele einfache, aber auch komplexe Übungen mit wechselnden Notenwerten. *Kapitel II* besteht aus **vier Abschnitten**:

| TEIL A DIE PYRAMIDE | TEIL C DIE LOTTERIE |
|---|---|
| TEIL B HALB & HALB | TEIL D WARM-UPS |

## KAPITEL III | Unabhängigkeit der Hände & Unisonospiel

beschäftigt sich in **drei Teilen** mit der **Unabhängigkeit und Koordination der Hände**:

### UNABHÄNGIGKEIT DER HÄNDE & UNISONOSPIEL

### HÄNDE GEGENEINANDER

### DUALES LESEN UND SPIELEN

Diese drei Teile sind fundamental und tragen dazu bei, die Unabhängigkeit und Koordination zwischen beiden Händen zu verbessern. Hier findest du Workouts und Übungen zu den verschiedensten Notenwerten. Folge einfach den Anweisungen in diesem Kapitel.

ZUR ARBEIT MIT DIESEM BUCH

### KAPITEL IV | Polyrhythmen

Im vierten Kapitel geht es vorwiegend darum, verschiedene Polyrhythmen kennenzulernen. Dabei gebe ich dir ein System an die Hand, wie diese Rhythmen von Grund auf erschlossen werden können. Weitere spezielle Übungen zeigen auf, wie du deine Ohren hinsichtlich solcher Rhythmen trainieren kannst. Die Arbeit an diesem Thema ist für Fortgeschrittene und erfordert ein umfangreiches Wissen um die Grundlagen aus den vorangegangenen Kapiteln.

## EFFEKTIV ÜBEN

Hier möchte ich einige Ideen und Erfahrungen zum Übeprozess zusammenfassen, die ich in all den Jahren am Instrument gesammelt und für mich entwickelt habe. Viele Drummer stellen sich die Frage, wie viele Stunden pro Tag sie wohl üben sollten. Viel wichtiger aber ist die Frage, WIE man üben sollte. Letztendlich entscheidet nicht unbedingt die reine Übezeit, sondern die Qualität des Übens darüber, wie sich Fortschritte erzielen lassen. Hier findest du einige wichtige Punkte, um deine Übungszeit effektiv zu gestalten:

1. **Setze dir bestimmte Schwerpunktthemen beim Üben.** Zu Play-alongs mitspielen oder einfach nur spielen ist *nicht unbedingt* üben, sondern spielen. Üben bedeutet, an etwas zu arbeiten, was du noch nicht kannst, und zwar so korrekt, sauber und stabil wie möglich. **Arbeite an deinen Schwächen UND an deinen Stärken.**
2. **Konzentriere dich für einen bestimmten Zeitraum auf diese Themen.** Ändere die Themen nicht zu schnell. Es hängt vom jeweiligen Thema, von deinem aktuellen Lernstand und von deinem persönlichen Gefühl und Lerntyp ab, wieviel Zeit du benötigst. Wenn du konsequent und beständig geübt hast und du dich stabil genug und in der Lage fühlst, die Übungsthemen bereits in dein alltägliches Schlagzeugspiel zu überführen, dann ist es Zeit, die Themen zu wechseln.
3. **Teile deine Übungszeit in Segmente auf!** Wenn du dir z.B. 1½ Stunden Übungszeit einräumst, unterteile sie in drei 30-minütige Segmente. Wähle drei Themen aus, die du behandeln möchtest und übe daran über den Zeitraum von einer Woche, einem Monat, zwei Monaten, oder eben so lange, wie du das Gefühl hast, weiter daran arbeiten zu müssen.
4. **Wähle ein langsames Tempo!** Übst du langsam, entwickelst du mehr Kontrolle darüber, was und wie du spielst. Die Muskulatur erlernt die Bewegungsabläufe und du bist dir einer präziseren Ausführung bewusst. Dies hat einen immensen Einfluss auf deine Kontrolle über Timing, Dynamik und Sound. Langsames Üben und das Verinnerlichen von Schlagfolgen bilden die Basis für schnelleres Spielen.
5. **Jede Menge Disziplin**, stetig an denselben Themen zu arbeiten sowie regelmäßiges Üben helfen, um Kontinuität in dein Spiel zu bringen. Du wirst weitere Fortschritte machen, wenn du deine selbst entwickelte Übungsroutine konsequent verfolgst.
6. **Bewusst Musik hören!** Willst du bestimmte Drum Feels, Grooves oder Stile lernen, musst du diese Art von Musik aktiv hören. Das ist unerlässlich, um zu verstehen, worauf es ankommt. Höre dir den Aufbau eines Songs an und wie sich die Instrumente gegenseitig unterstützen. Untersuche die Rhythmen, die Dynamik, Patterns und Orchestrierungen.
7. **Verwende ein Metronom, um dein Timing zu verbessern!** Der Job des Drummers als „Timekeeper" ist, den Puls stabil zu halten. Wähle beim Üben einen Metronom-Sound, der kurz und prägnant ist. So stellst du sicher, dass dein Timing „tighter" wird.
8. **Übe mit Loops oder kurzen Play-along-Passagen!** Ein großartiges Tool, um schon früh ein musikalisches Gefühl zu entwickeln. Das fühlt sich nicht nach Üben an, sondern nach reellem Spiel.

## ÜBEN MIT DEM PRACTICE PAD

Das Üben auf einem Pad ist einfach. Schließlich hat man nur einen Sound zur Verfügung. Für einige Abschnitte in diesem Buch, wie **Unabhängigkeit und Koordination der Hände und Unisonospiel**, **Flams** oder **Polyrhythmen**, kann es sehr hilfreich sein, eine zweite Klangquelle / ein zweites Pad zur Verfügung zu haben. Für solche Themen ist es eine große Hilfe, beiden Händen unterschiedliche Sounds zuzuweisen, um die Phrasierung jeder Hand einzeln besser hören zu können. Die Hände zu splitten und ein klareres Verständnis dafür zu erhalten, was jede Hand tut, macht es einfacher, Zugang selbst zu komplexeren Rhythmen zu erhalten. Darüber hinaus hilft es, mehr Kontrolle über die schwächere Hand zu bekommen.

Das Reisen mit mehr als einem Pad und die Verwendung anderer Soundquellen mit einem völlig anderen Rebound war bislang in vielerlei Hinsicht eine Herausforderung. Ich dachte immer, es wäre schön, alle Vorteile, wie z.B. geringes Gewicht, unterschiedliche Sounds und einen Hand-Mute-Bereich in einem Pad zu vereinen. Das ist der Grund, warum ich begann, ein Übungspad zu entwickeln, das alle notwendigen Oberflächen enthält, die ich zum Üben so wichtig fand.

Lass mich die Funktion und den Sinn dieser Übungsidee etwas näher erläutern.

Das **Split-Tone-Pad** besteht aus **drei** unterschiedlichen Oberflächen, die unterschiedliche Haptiken und Lautstärken bieten sowie einen reduzierten Rebound-Bereich auf der Rückseite. Es wurde entwickelt, um mehr als ein einfaches Rudiment zu trainieren. Mit dem **Split-Tone-Pad** kannst du deinen eigenen systematischen Ansatz kreativ gestalten, um deine Beständigkeit, Präzision im Unisonospiel, Unabhängigkeit der Hände und Muskelkraft zu verbessern. Die Stärke dieses Pads liegt in der Fähigkeit, deine Ohren und deinen Geist für ein besseres Verständnis der Rhythmen zu trainieren.

## DAS ANIKA NILLES PRACTICE PAD

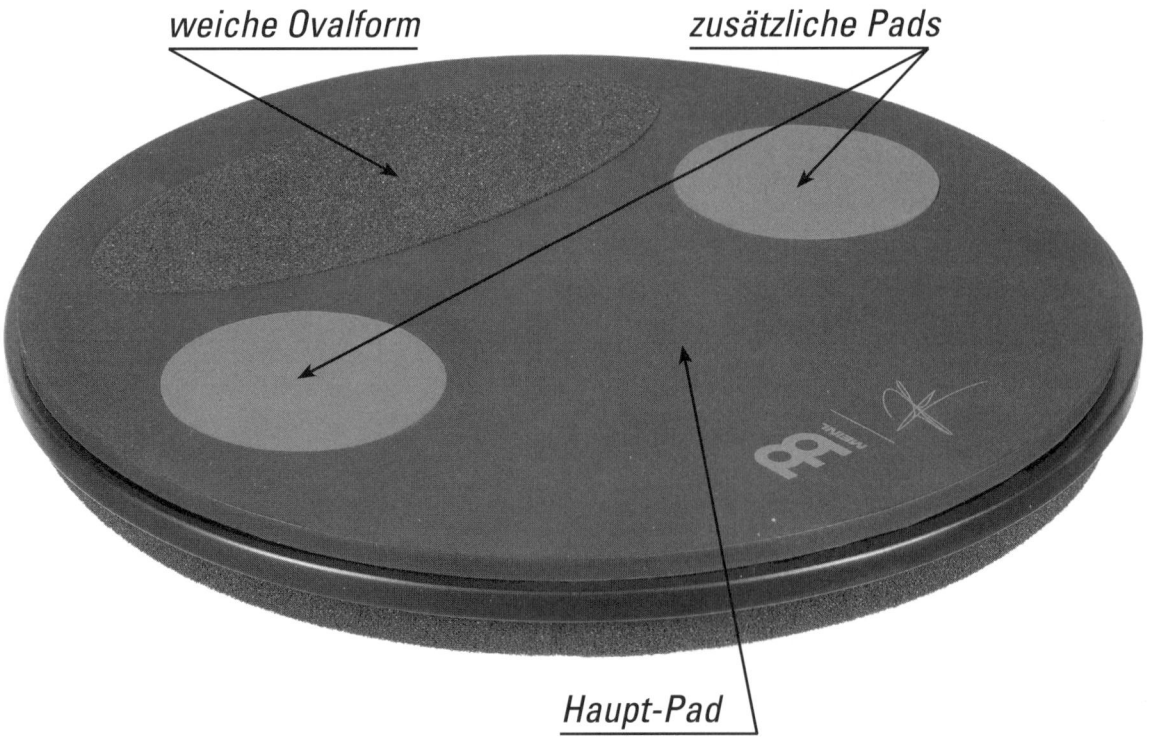

ÜBEN MIT DEM PRACTICE PAD

# ÜBEN MIT DEM ANIKA NILLES PRACTICE PAD

1. **Das Haupt-Pad (Mitte)** verfügt über einen **gewohnten** Ton und Feel. Damit kannst du deine Handübungen normal üben.

2. **Die zwei zusätzlichen Pads (rote Punkte)** verfügen über einen **lauteren** und **höheren Klang** als das Haupt-Pad. Wenn du in diesen Bereichen entweder mit der linken oder rechten Hand und mit der gegenüberliegenden Hand in der Mitte anschlägst, hörst du zwei verschiedene Klänge, sodass du vertraute Rhythmen aus einer anderen Perspektive hören kannst.

3. **Die weiche Ovalform** auf der Oberseite des Pads ist der gedämpfte Mute-Bereich. Wenn du vollständige Patterns auf dem Haupt-Pad spielst und jeweils eine Hand in den ovalen Bereich bewegst, hörst du die gegenüberliegende Hand sehr stark und laut, während die Hand, die den gedämpften Bereich spielt, deutlich leiser ist. Auf diese Weise kannst du deine Aufmerksamkeit stark auf eine Hand richten, um Schwachstellen zu lokalisieren und auszugleichen.

4. **Die Rückseite des Split-Tone-Pads** hat eine spezielle Oberfläche mit weniger Rebound, um die Muskeln schnell aufzuwärmen und Kraft zu gewinnen. Diese Seite dient auch als rutschfeste Schicht, wenn das Pad auf ebenen Flächen gespielt wird.

Eine gute Idee ist, die eigenen Lernfortschritte anhand eines **Übungsjournals** (s.u.) zu überprüfen. Hier kannst du deine täglichen Übungen eintragen und deine Übungsfortschritte verfolgen, indem du die **Smiley/Pad-Symbole** von eins bis fünf ausmalst. Auf der *Seite 279* im *Anhang* dieses Buches findest du eine Kopiervorlage, die du für den privaten Gebrauch fotokopieren kannst.

| Übungsjournal | | | | | |
|---|---|---|---|---|---|
| Seite | Übung | bpm | Bemerkungen | Bewertung | Datum |
| | | | | ☺☺☺☺☺ | |
| | | | | ☺☺☺☺☺ | |
| | | | | ☺☺☺☺☺ | |
| | | | | ☺☺☺☺☺ | |
| | | | | ☺☺☺☺☺ | |
| | | | | ☺☺☺☺☺ | |
| | | | | ☺☺☺☺☺ | |
| | | | | ☺☺☺☺☺ | |
| | | | | ☺☺☺☺☺ | |
| | | | | ☺☺☺☺☺ | |
| | | | | ☺☺☺☺☺ | |

BEURTEILE DICH SELBST NACH JEDER ÜBUNGSEINHEIT! MACHE DEINEN LERNFORTSCHRITT SICHTBAR!

# FACHBEGRIFFE FÜR DRUMMER

In diesem Buch werden – neben einigen anderen – die englischen Begriffe „Groupings", „Subdivisions" und „Stickings" verwendet, von denen du möglicherweise noch nie zuvor gehört hast. Ich möchte sie kurz vorstellen, um sicherzustellen, dass du die Bedeutung dahinter verstehst.

Zunächst muss ich sagen, dass mein persönlicher Ansatz beim Schlagzeugspielen nicht sehr Rudiments-bezogen ist. Mein Ansatz basiert eher auf Groupings, die von unterschiedlichen Stickings begleitet werden. Einige dieser Stickings findest du unter den **40 PAS-Rudiments** oder in dem berühmten Buch **Stick Control** von George Lawrence Stone. Andere sind Variationen davon. Wenn ich Rhythmen kreiere oder anfange, auf meinem Instrument kreativ zu werden, vermische und verschiebe ich immer wieder Notenwerte und Groupings. In diesem Buch gebe ich dir einen Einblick, wie dieser Ansatz für mich funktioniert und wie du mit dieser Methode üben kannst.

## STICKINGS

ist der Fachbegriff für eine bestimmte Abfolge von Schlägen der rechten und linken Hand.
Zum Beispiel:
- R L R L
- R R L L
- R L R R L R L L

## SUBDIVISIONS

In der Musik werden Rhythmen in unterschiedlichen Notenwerten aufgeschrieben. Die Subdivision ist die Aufteilung von den größeren in die kleineren Notenwerte. Die Rhythmuspyramide auf der gegenüberliegenden Seite zeigt eine solche Unterteilung ...

## GROUPINGS

Ein Grouping ist eine Schlagfolge aus mehreren Noten – zum Beispiel drei Noten – ohne Angaben zu Zeit, Tempo, Puls oder Takt. Ein Grouping kann durch bestimmte Sequenzen von Akzentphrasen oder in einer bestimmten Reihenfolge der Orchestrierung gespielt werden.

## KONNAKOL – SILBEN ALS ZÄHLWEISE

Auf der nächsten Seite folgt eine Übersicht über die Notenwerte in Form einer *Rhythmuspyramide*. Sie zeigt, wie du dir die Notenwerte in diesem Buch durch aktives Zählen erschließen kannst. Dazu habe ich dir die Silben für jeden Notenwert ab den Vierteln notiert. Sie lassen sich auch in höherem Tempo noch gut aussprechen, helfen dir Time und Feel für den jeweiligen Notenwert zu entwickeln. Die Silben sind angelehnt an die indische Rhythmussprache *Konnakol*.

FACHBEGRIFFE

# DIE RHYTHMUSPYRAMIDE

Die Ganze Note in der oberen Zeile wird in zwei Halbe Noten unterteilt; die Halbe Note in vier Viertelnoten, die Viertel in acht Achtelnoten usw.

# PAD BOOK
FUNDAMENTAL WORKOUTS
ANIKA NILLES

EINLEITUNG

## STICKINGS-ÜBERSICHT
### GROUPING STICKINGS & AKZENTE 1

**Sticking: 2 Schläge mit Akzent auf 1**

R L

**Sticking: 3 Schläge mit Akzent auf 1**

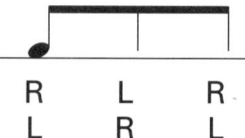

R L R
L R L

**Sticking: 4 Schläge mit Akzent auf 1**

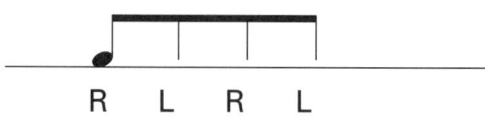

R L R L

**Sticking: 5 Schläge mit Akzent auf 1 und 3**

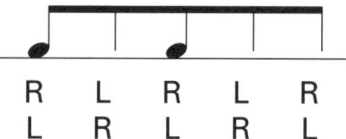

R L R L R
L R L R L

**Sticking: 6 Schläge mit Akzent auf 1 und 2**

R L R L R L

**Sticking: 7 Schläge mit Akzent auf 1, 3 und 5**

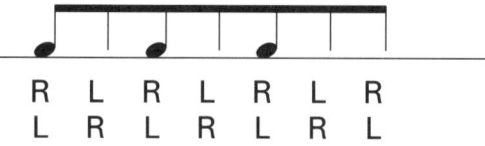

R L R L R L R
L R L R L R L

**Sticking: 8 Schläge mit Akzent auf 1 und 5**

R L R L R L R L

**Sticking: 9 Schläge mit Akzent auf 1, 4 und 7**

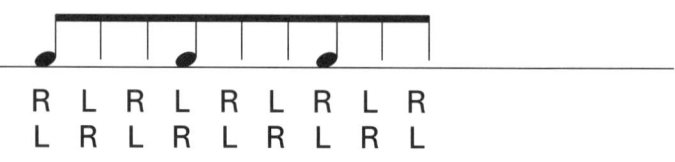

R L R L R L R L R
L R L R L R L R L

STICKINGS

# PAD BOOK
FUNDAMENTAL WORKOUTS
ANIKA NILLES

## GROUPING STICKINGS & AKZENTE 2

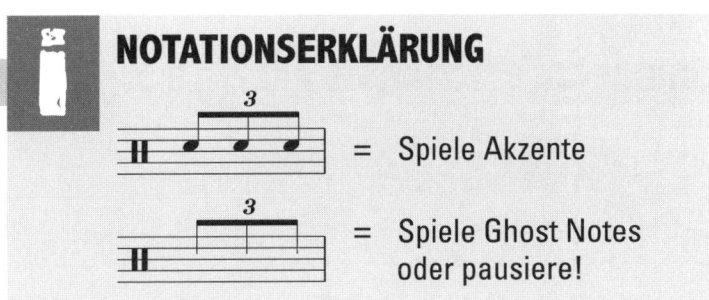

**NOTATIONSERKLÄRUNG**
= Spiele Akzente
= Spiele Ghost Notes oder pausiere!

**Sticking: 2 Schläge mit Akzent auf 1**

R  L

**Sticking: 3 Schläge mit Akzent auf 1**

R  L  L

**Sticking: 4 Schläge mit Akzent auf 1**

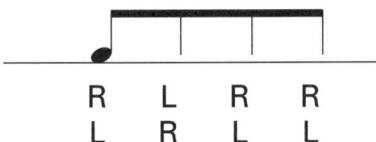

R  L  R  R
L  R  L  L

**Sticking: 5 Schläge mit Akzent auf 1 und 3**

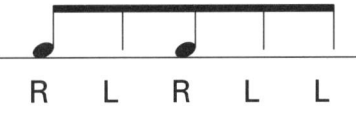

R  L  R  L  L

**Sticking: 6 Schläge mit Akzent auf 1 und 2**

R  L  R  R  L  L
L  R  L  L  R  R

**Sticking: 7 Schläge mit Akzent auf 1, 3 und 5**

R  L  R  L  R  L  L

**Sticking: 8 Schläge mit Akzent auf 1 und 5**

R  L  R  R  L  R  L  L

**Sticking: 9 Schläge mit Akzent auf 1, 4 und 7**

R  L  L  R  L  L  R  L  L

15

# PAD BOOK
FUNDAMENTAL WORKOUTS
ANIKA NILLES

EINLEITUNG

## GROUPING STICKINGS & AKZENTE 3

**Sticking: 2 Schläge mit Akzent auf 1**

R   L

**Sticking: 3 Schläge mit Akzent auf 1**

R   L   L

**Sticking: 4 Schläge mit Akzent auf 1**

R   L   R   L

**Sticking: 5 Schläge mit Akzent auf 1**

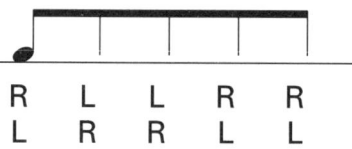

R   L   L   R   R
L   R   R   L   L

**Sticking: 6 Schläge mit Akzent auf 1 und 3**

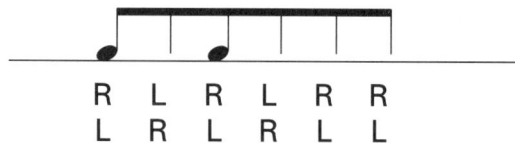

R   L   R   L   R   R
L   R   L   R   L   L

**Sticking: 7 Schläge mit Akzent auf 1 und 3**

R   L   R   L   L   R   R
L   R   L   R   R   L   L

**Sticking: 8 Schläge mit Akzent auf 1 und 5**

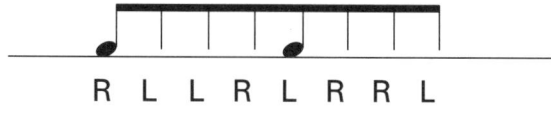

R   L   L   R   L   R   R   L

**Sticking: 9 Schläge mit Akzent auf 1, 2, 4 und 5**

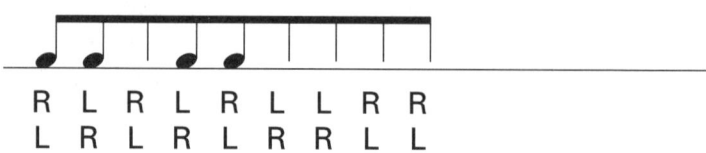

R   L   R   L   R   L   L   R   R
L   R   L   R   L   R   R   L   L

# KAPITEL I
# SUBDIVISION STUDIEN

# PAD BOOK
FUNDAMENTAL WORKOUTS
ANIKA NILLES

KAPITEL I | SUBDIVISION STUDIEN

## SUBDIVISION STUDIEN
### ÜBUNGSSYSTEME 1–3

## ÜBUNGSSYSTEM 1

Spiele die **Basisübung**, indem du für jede Viertelnote **in Takt 2 ein und denselben** Baustein verwendest. Wähle also **einen** Baustein aus den Optionen [1] bis [8] aus.

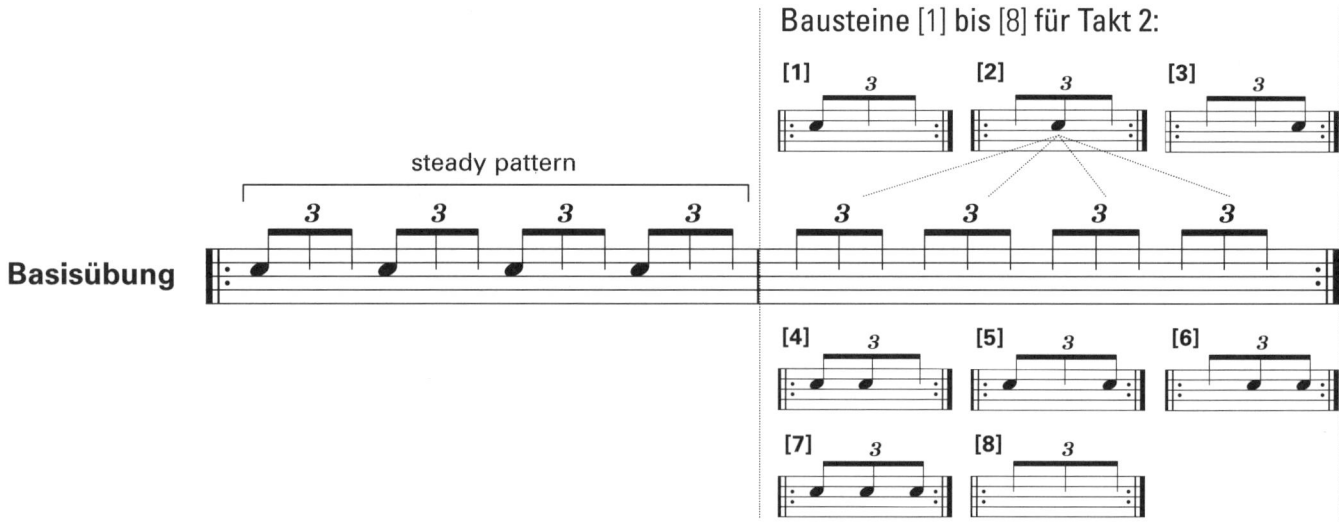

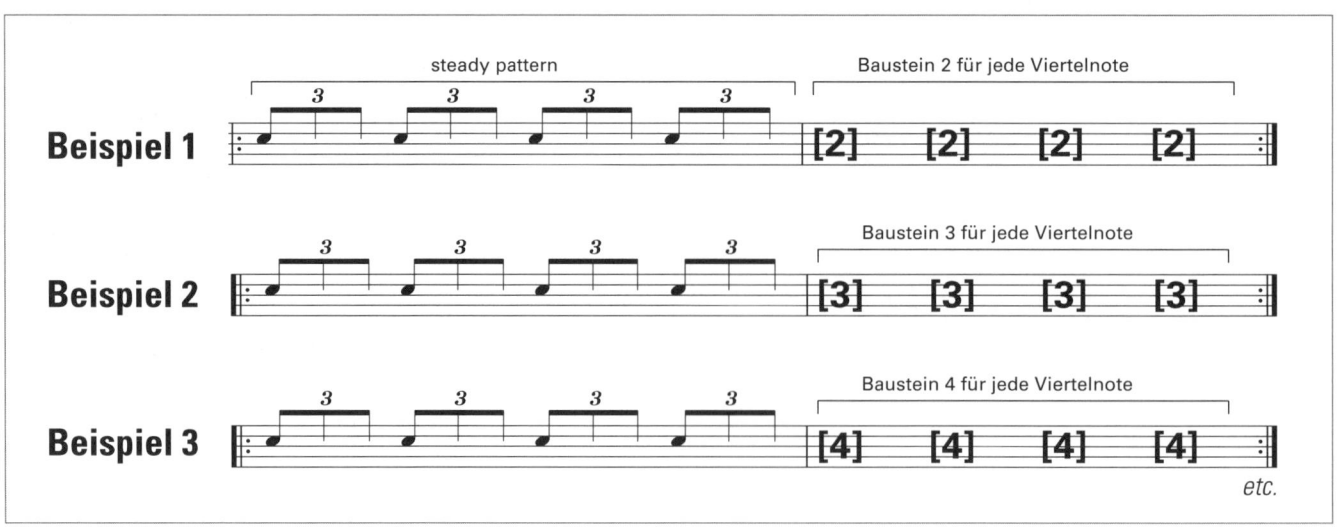

# ÜBUNGSSYSTEM 2

Spiele die **Basisübung** mit **zwei verschiedenen** Bausteinen von [1] bis [8] **in Takt 2**. Wähle also **zwei** verschiedene Bausteine aus den Optionen [1] bis [8] aus und kombiniere sie miteinander.

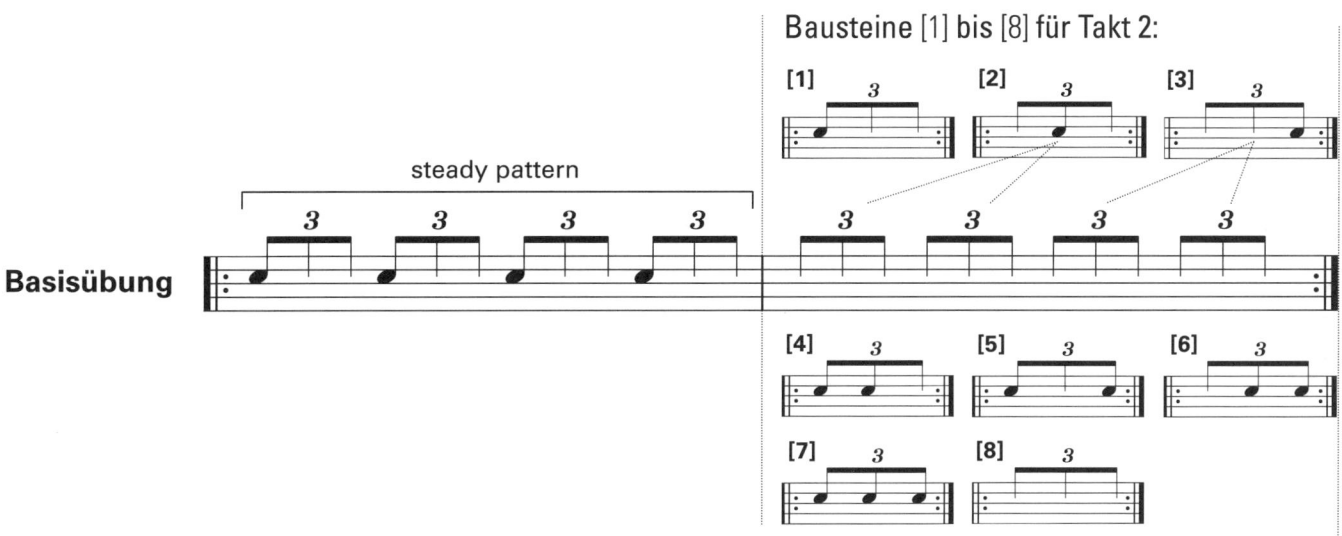

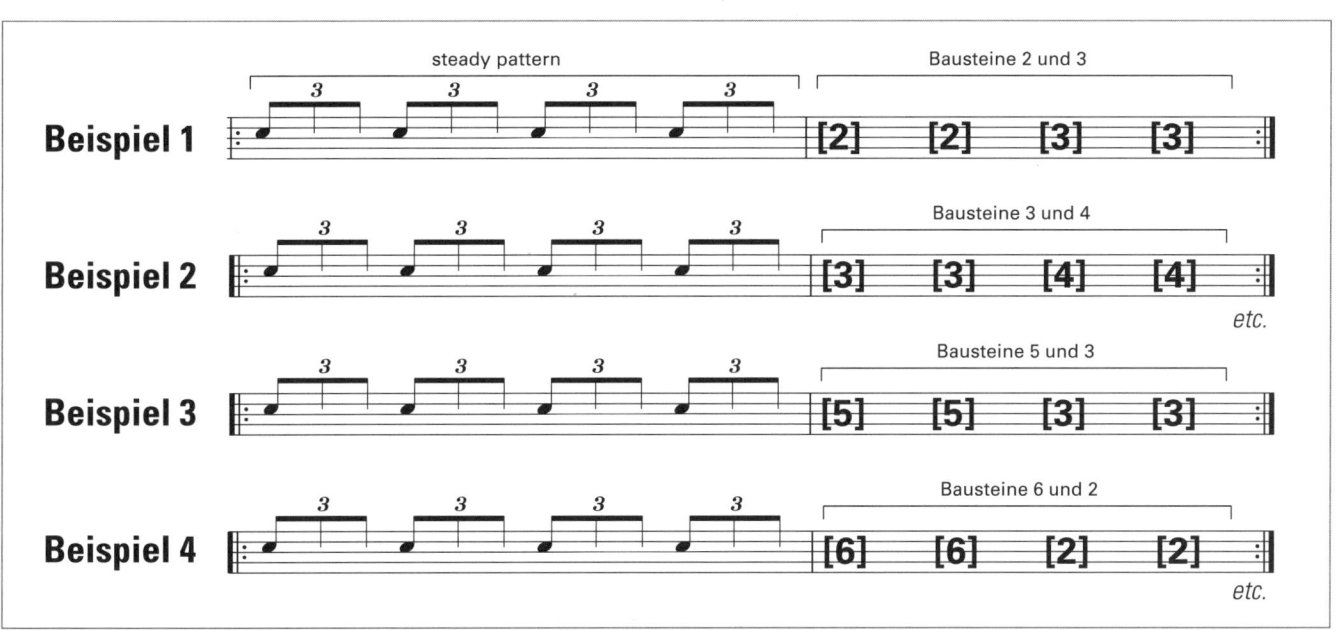

KAPITEL I | SUBDIVISION STUDIEN

# ÜBUNGSSYSTEM 3

Spiele die **Basisübung**, indem du für jede Viertelnote **in Takt 2 vier verschiedene** Bausteine von [1] bis [8] miteinander kombinierst. Wähle also **vier** verschiedene Bausteine aus den Optionen [1] bis [8] aus.

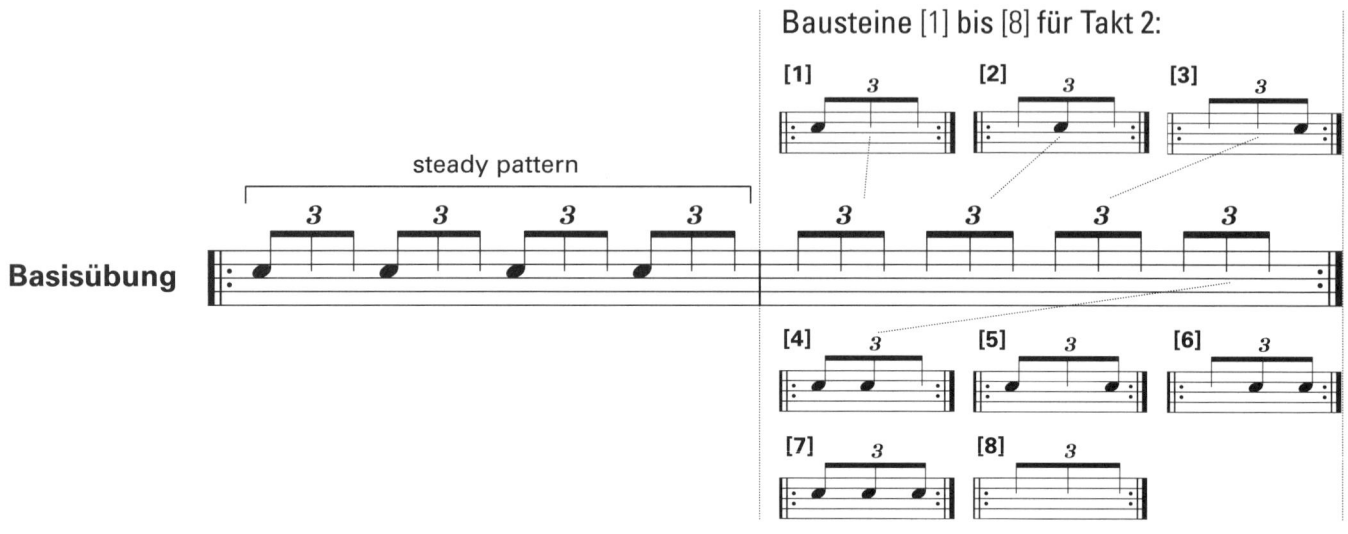

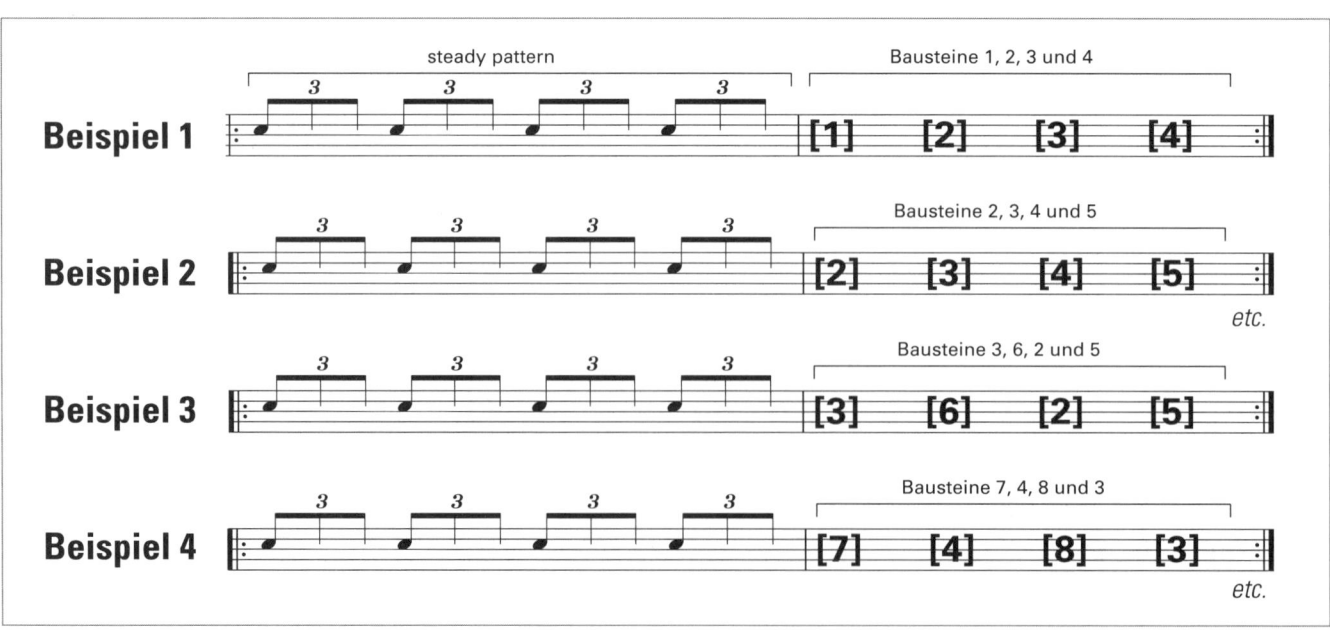

TRIOLEN | TEIL A

**PAD BOOK**
FUNDAMENTAL WORKOUTS
**ANIKA NILLES**

# TRIOLEN
## TEIL A

Schau dir auf den folgenden Seiten die **Basisübung** über den Bausteinen an. Hier wird angezeigt, wie die Bausteine miteinander kombiniert werden. Schau dir auch nochmal die vorangegangenen ÜBUNGSSYSTEME 1–3 auf den *Seiten 18–20* an.

 Der erste der beiden Takte zeigt das Steady (*gleichbleibende*) Pattern, auf das du nach Takt 2 immer wieder zum Entspannen zurückkehrst.

 Spiele im zweiten Takt mit den verschiedenen Bausteinen. Spiele beide Takte in einer Schleife (Loop) und konzentriere dich einige Minuten lang auf jeden Baustein, bevor du zum nächsten übergehst.

 Wenn du die Bausteine für den zweiten Takt beherrschst, änderst du den Baustein für den *ersten* Takt der Basisübung und gehst alle anderen Bausteine für Takt 2 erneut durch.

### TIPP:
*Spiele das Steady Pattern und den Takt mit den Bausteinen je zwei Mal. So machst du aus dem zweitaktigen Loop einen viertaktigen Loop. Das räumt dir mehr Zeit für den Wechsel zwischen beiden Takten ein und fühlt sich entspannter an.*

- *Wähle ein Sticking aus!*
- *Übe jeden Baustein einige Minuten lang für sich und stelle sicher, dass es sich gut und stabil anfühlt beim Spielen der verschiedenen Positionen.*
- *Verwende ein Metronom und wähle ein langsames Tempo, bevor du beschleunigst.*
- *Achte auf den Dynamikbereich zwischen Akzent und Ghost Notes. Spiele alle Ghost Notes so leise wie möglich.*

# PAD BOOK
FUNDAMENTAL WORKOUTS
ANIKA NILLES

KAPITEL I | SUBDIVISION STUDIEN

## AKZENTE

Stickingoptionen für alle Bausteine und die Basisübung. Wähle eines der Stickings:

[A] R L R L  [B] R L L  [C] R R L

[D] R L R   R L L  [E] R R L   L R R
                       L L R   R L L

### AKZENTE

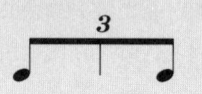

Akzente = Noten mit Kopf

**Basisübung**

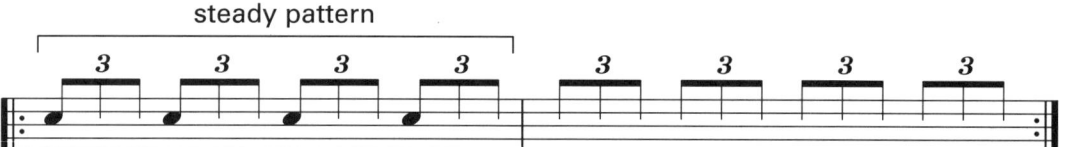

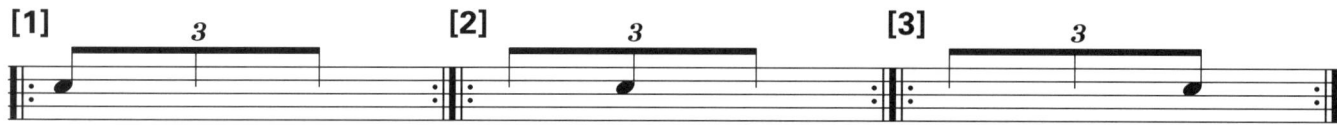

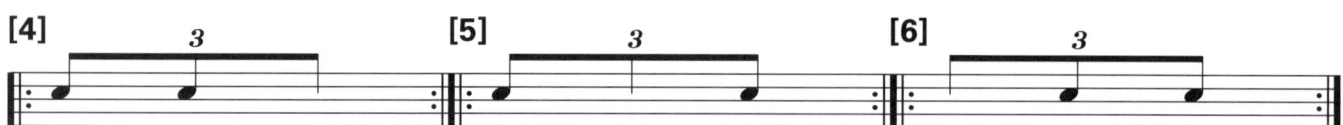

Optionen fürs Steady Pattern

VARIATION B

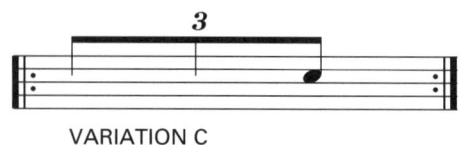

VARIATION C

TRIOLEN | TEIL A

# FLAMS

Diese Übung bietet eine Variation der verschiebbaren Akzente durch *Hinzufügen von Flams* zu jedem Akzent.

 **WIE MAN EINEN FLAM SPIELT:**

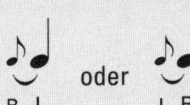 Verwende die *erste* von beiden Noten als *Vorschlagnote*. Beide Schläge erfolgen fast simultan. Die Vorschlagnote wird nur sehr kurz gespielt.

Stickingoptionen für alle Bausteine und die Basisübung. Wähle eines der Stickings:

[A]  R L R L R L  [B]  R R L
[C]  R L L        [D]  R R R L L L

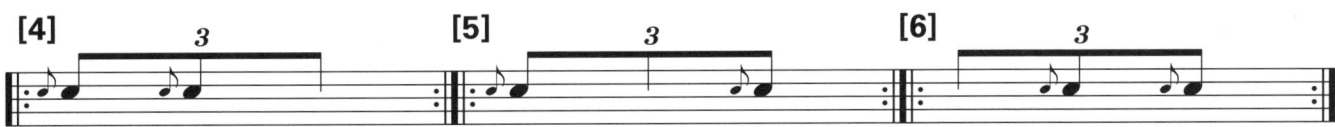

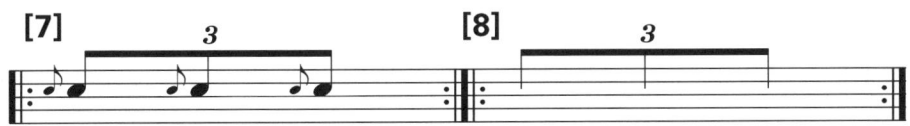

Optionen fürs Steady Pattern

VARIATION A

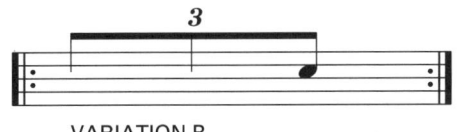

VARIATION B

# PAD BOOK
FUNDAMENTAL WORKOUTS
**ANIKA NILLES**

KAPITEL I | SUBDIVISION STUDIEN

## Ready, steady, go!

Verwende für alle Übungen ein Single-Stroke-Sticking:

[1] Spiele als Akzente und Ghost Notes.   [2] Füge allen Akzenten in Takt 2 Flams hinzu.

TRIOLEN | TEIL A

## 16TEL-TRIOLEN – SINGLE STROKES

**Basisübung**

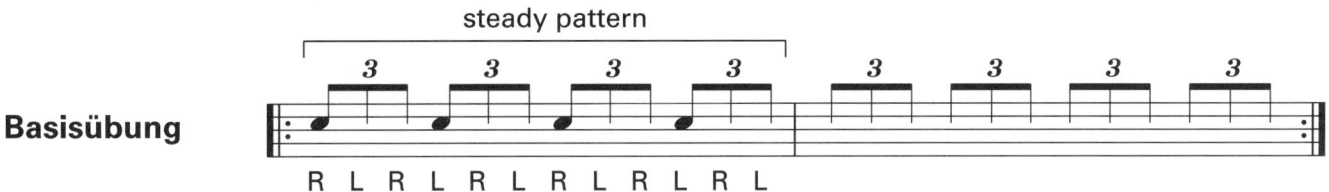

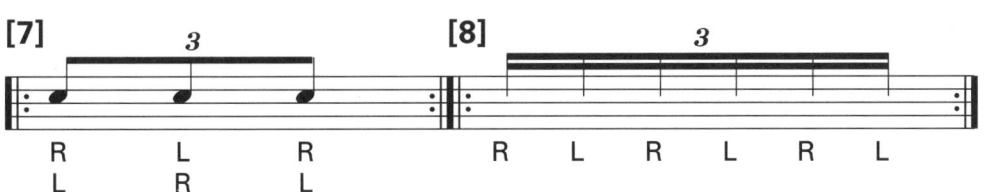

Optionen fürs Steady Pattern

VARIATION A

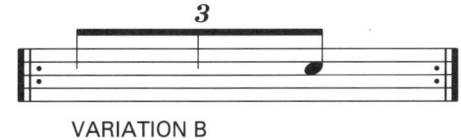

VARIATION B

# 16TEL-TRIOLEN – DOUBLE STROKES

Diese Übung basiert auf der Akzente-Übung auf *Seite 22*.

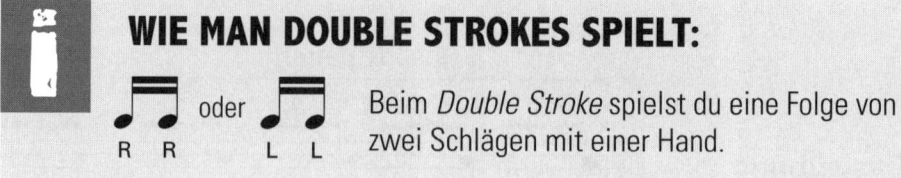

**WIE MAN DOUBLE STROKES SPIELT:**

Beim *Double Stroke* spielst du eine Folge von zwei Schlägen mit einer Hand.

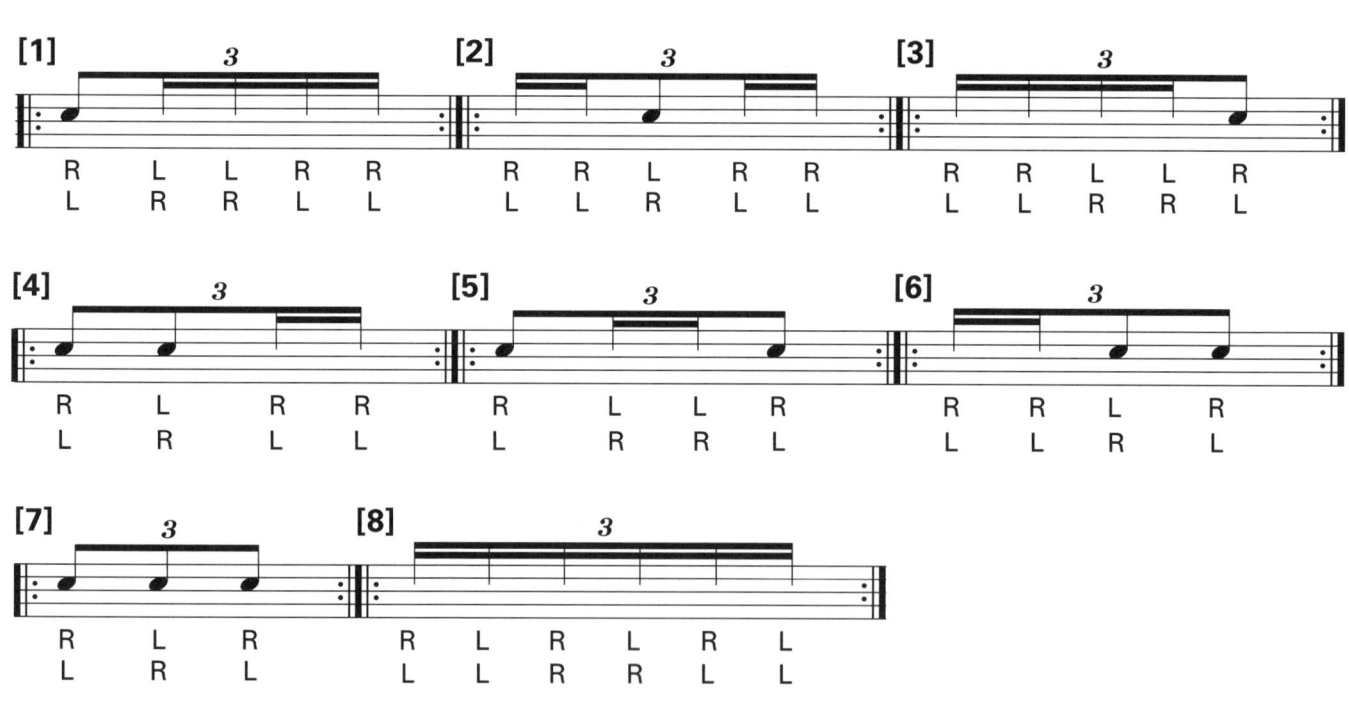

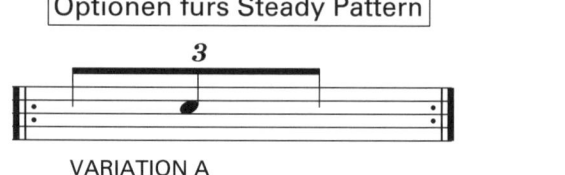

## TRIOLEN | TEIL A

# PAD BOOK
FUNDAMENTAL WORKOUTS
**ANIKA NILLES**

### Ready, steady, go!

Verwende für alle Übungen ein Single-Stroke-Sticking:

[1] Spiele alle 16tel-Noten mit Single Strokes (*siehe Seite 25*).
[2] Spiele alle 16tel-Noten mit Double Strokes (*siehe Seite 26*).

27

**PAD BOOK**
FUNDAMENTAL WORKOUTS
**ANIKA NILLES**

KAPITEL I | SUBDIVISION STUDIEN

## TEIL B
# LESETEXT

### HINZUFÜGEN VON VERZIERUNGEN

## LESETEXT-WORKOUTS

Die folgenden Lesetexte sind Kombinationen basierend auf der *Akzente-Seite 22*. Das Ziel ist, Rhythmen in einfacher Form zu lesen und Verzierungen wie *Flams, 32tel-Single* und *-Double Strokes* darauf zu übertragen. Eine andere Möglichkeit besteht darin, jede *Ghost Note* als Pause zu belassen und einfach nur die akzentuierten Noten zu spielen.

Die Lesetext-Workouts zu paraphrasieren ist zunächst einmal eine reine Übung und dem ersten Anschein nach nicht sehr musikalisch. Auch kann es sehr ermüdend sein, aus der Vorstellungskraft heraus zu arbeiten. Aber gerade diese Herangehensweise ist sehr hilfreich zur Entwicklung der Interpretationsfähigkeit, Vorstellungskraft und Kreativität. Solche Workouts haben mir sehr geholfen, während des Spielens kreativ zu werden, Grooves und Fills zu kreieren, ohne eine vollständige Notation vorliegen zu haben.

### LESETEXT 1 (*siehe Seite 31*)

*Lesetext 1* auf *Seite 31* zeigt grundsätzlich *jeden Schlag der Triole*. Diese Form des Lesetextes eignet sich vor allem für all diejenigen, die sich noch nicht so sicher im Lesen von Noten fühlen. Wie bisher kannst du alle Noten spielen oder Pausen zwischen den akzentuierten Noten lassen. Es kommt darauf an, welche „Verzierung" du in die Notation übertragen möchtest.

### LESETEXT 2 (*siehe Seite 32*)

Wer bereits fortgeschrittener im Notenlesen – und vor allem sicher im Umgang mit Pausenwerten und Notenlängen – ist, der kann zusätzlich mit dem Lesetext auf *Seite 32* arbeiten. Hier müssen die Pausenwerte mit Ghost Notes gefüllt werden, während alle ausgeschriebenen Noten die Akzente darstellen.

### WIE MAN ÜBT:

 Wähle die für dich passende Notationsform aus: Lesetext 1 oder 2? Beide Lesetexte sind unterschiedlich in Form und Inhalt!

 Entscheide dich für eine der Verzierungen (*Flams, 32tel-Single* oder *-Double Strokes*, oder aber *Pausen*) und übertrage sie in den Lesetext.

 Übe langsam und stelle sicher, dass deine Interpretation korrekt ist.

 Achte auf die Stickings und stelle sicher, dass du sie sauber ausführst.

 Wähle 4–5 Takte zum Üben und wiederhole jeden Takt für 2–3 Minuten mit der Phrasierung, für die du dich entschieden hast.

 Übe die 4–5 Takte über den Zeitraum der nächsten 2–3 Tage (Übe-Sessions), bevor du mit weiteren Takten fortfährst.

TRIOLEN | TEIL B

**PAD BOOK**
FUNDAMENTAL WORKOUTS
**ANIKA NILLES**

## ÜBUNGSSYSTEM
### WIE MAN VERZIERUNGEN ZUM LESETEXT HINZUFÜGT

**BEISPIEL TAKT 1 - LESETEXT**

**BEISPIELE ZUR ÜBERTRAGUNG VON AKZENTEN UND VERZIERUNGEN**

[A] AKZENTE

[B] FLAMS

[C] 16TEL-DOUBLE STROKES

[D] 16TEL-SINGLE STROKES

# PAD BOOK
FUNDAMENTAL WORKOUTS
ANIKA NILLES

KAPITEL I | SUBDIVISION STUDIEN

## WIE MAN STICKINGS ZUM LESETEXT HINZUFÜGT

Die folgenden Übungen helfen dir, *Akzente* auch über andere Stickings als Single Strokes zu spielen. Stell dir ein *Double-Stroke-Sticking* (*Beispiel 2*) vor und spiele es durch den kompletten Lesetext.

**Gehe wie folgt vor:**
- Verwende ein Metronom und stelle ein sehr angenehmes, langsames Tempo (55–65 bpm) ein.
- Wähle eine der Stickingoptionen [A] bis [D].
- Wähle einen Takt aus dem Lesetext aus und konzentriere dich darauf, das Sticking korrekt zu übertragen.
- Spiele langsam und stelle sicher, dass die Akzente und Ghost Notes klar herauskommen.
- Spiele den ausgewählten Takt 2–3 Minuten lang fehlerfrei in einer Schleife.

## Stickingoptionen

[A] R L R L R L    [B] R R L L    [C] R L R R L L

### BEISPIEL 1: SINGLE STROKES

### BEISPIEL 2: DOUBLE STROKES

### BEISPIEL 3: PARADIDDLE DIDDLE

TRIOLEN | TEIL B

## LESETEXT 1: TRIOLEN

# PAD BOOK
FUNDAMENTAL WORKOUTS
ANIKA NILLES

KAPITEL I | SUBDIVISION STUDIEN

## LESETEXT 2: TRIOLEN

TRIOLEN | TEIL C

**PAD BOOK**
FUNDAMENTAL WORKOUTS
**ANIKA NILLES**

## TEIL C
# WARM-UPS

## TRIOLEN

In den folgenden drei Warm-Ups steht der Wechsel zwischen verschiedenen Stickings im Fokus. Sie enthalten keinerlei Hinweise zu Akzenten oder Dynamik. Übe sie, wie im ÜBUNGSSYSTEM D auf *Seite 35* angegeben.

### Switching Sticking A (Double Strokes)

R L L R R L L R R L L R L L R R L L R R L L R R

L R R L L R R L L R R L R R L L R R L L R R L L

### Switching Sticking B (Paradiddle Diddle)

R L R R L L R L R R L L R L R R L L R L R R L L

R L L R R L R L L R R L R L L R R L R L L R R L

### Switching Sticking C (Double Paradiddle)

R L R L R R L R L R L L R L R L R L R R L R L R L

R R L R L R L L R L R L R L R R L R L R L L R L

33

# PAD BOOK
FUNDAMENTAL WORKOUTS
**ANIKA NILLES**

KAPITEL I | SUBDIVISION STUDIEN

## Übungssystem A

Wechsle zwischen der Top Line und **jedem einzelnen** Übungstakt [1.] bis [4.] hin und her.

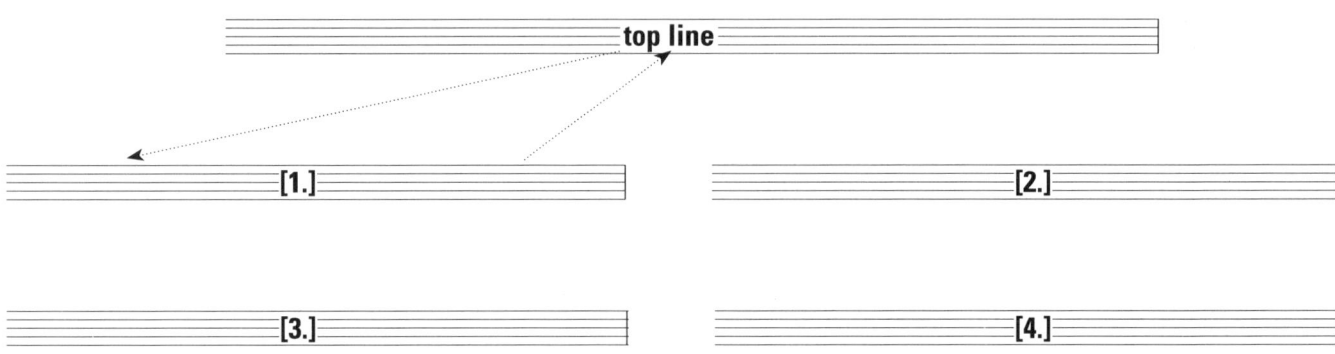

## Übungssystem B

Wechsle zwischen der Top Line und **zwei einzelnen** Übungstakten hin und her.

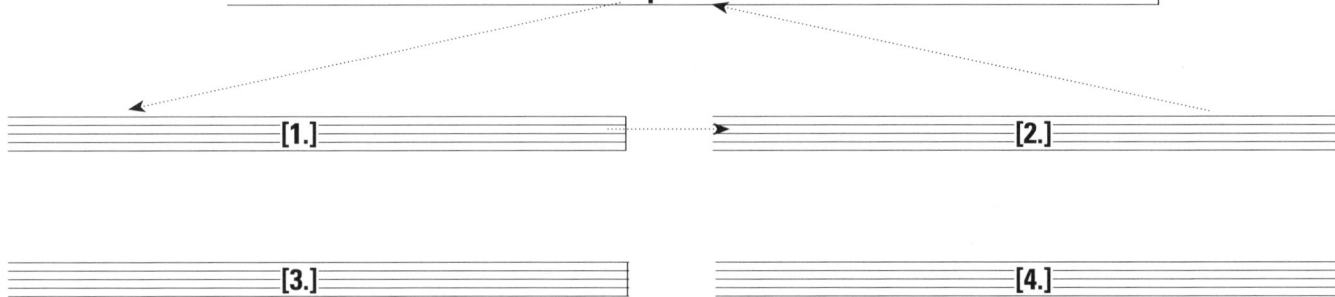

## Übungssystem C

Wechsle zwischen der Top Line und **vier aufeinander folgenden** Übungstakten hin und her.

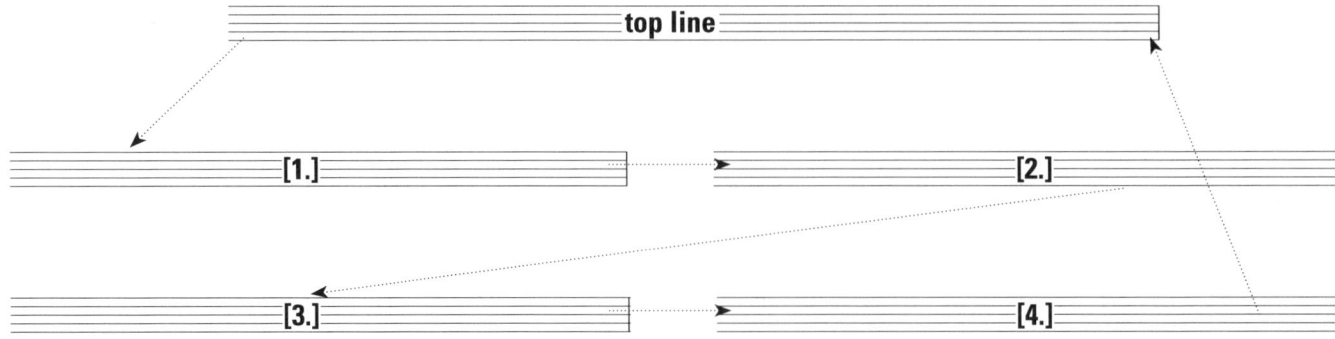

TRIOLEN | TEIL C

## Übungssystem D

### NUR FÜR „SWITCHING STICKINGS A–C"

In ÜBUNGSSYSTEM D ist deine Aufgabe, die drei 4-taktigen Warm-Ups SWITCHING STICKINGS A–C auf *Seite 33* in einer gleichmäßigen Lautstärke in Schleife zu spielen. Das vorrangige Ziel ist, sie flüssig spielen zu können und die Stickings so zu verinnerlichen, dass sie sich angenehm anfühlen.

Verwende für die folgenden *Switching Stickings 1–8* und *Akzente & Verzierungen 1–5* die **Übungssysteme A–C**.

## Switching Sticking 1

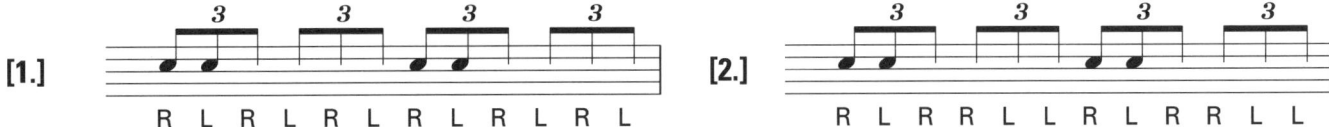

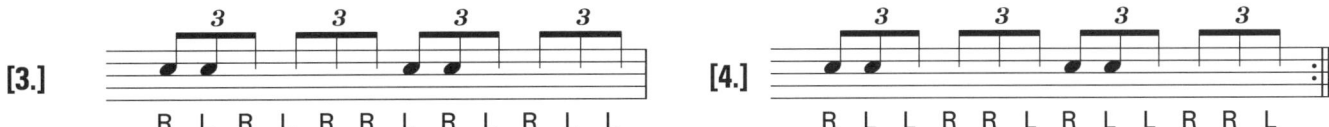

## Switching Sticking 2

## Switching Sticking 3

## Switching Sticking 4

## Switching Sticking 5

TRIOLEN | TEIL C

# PAD BOOK
FUNDAMENTAL WORKOUTS
ANIKA NILLES

## Switching Sticking 6

## Switching Sticking 7

## Switching Sticking 8

# PAD BOOK
FUNDAMENTAL WORKOUTS
ANIKA NILLES

KAPITEL I | SUBDIVISION STUDIEN

## Akzente & Verzierungen 1

[1.]   [2.]

[3.]   [4.]

## Akzente & Verzierungen 2

[1.]   [2.]

[3.]   [4.]

## Akzente & Verzierungen 3

[1.]   [2.]

[3.]   [4.]

TRIOLEN | TEIL C

# PAD BOOK
FUNDAMENTAL WORKOUTS
ANIKA NILLES

## Akzente & Verzierungen 4

## Akzente & Verzierungen 5

# PAD BOOK
FUNDAMENTAL WORKOUTS
ANIKA NILLES

KAPITEL I | SUBDIVISION STUDIEN

## AKZENTE in Patterns und Groupings 1

[A]  R L R L R L (alle)   [B]  R L R R L R L L (nur für 4er Gruppe, Nr. [1.])

[C]  R L R L L (nur für 5er Gruppe, Nr. [1.])

### 2ER GRUPPE MIT 1 AKZENTSCHLAG

### 4ER GRUPPE MIT 1 AKZENTSCHLAG

### 5ER GRUPPE MIT 2 AKZENTSCHLÄGEN

TRIOLEN | TEIL C

## AKZENTE in Patterns und Groupings 2

[A] R L R L R L  [B] R L R  L R L L (nur für Nr. [1.])

### 7ER GRUPPE MIT 3 AKZENTSCHLÄGEN

[1.]

[2.]

[3.]

[4.]

[5.]

[6.]

[7.]

# PAD BOOK
FUNDAMENTAL WORKOUTS
ANIKA NILLES

KAPITEL I | SUBDIVISION STUDIEN

## AKZENTE in Patterns und Groupings 3
Übertragung von Afro-Cuban Patterns auf Triolen

[A]  R L R   L R L        [B]  R L L        [C]  R R L
[D]  R L R   R L L        [E]  R R L   L R R
                               L L R   R L L

top line

**3/2-CLAVE**

**2/3-CLAVE**

**3/2-RUMBA CLAVE**

**2/3-RUMBA CLAVE**

**CASCARA**

# GROUPING-KOMBINATIONEN

Nachdem du jedes Grouping mit verschiedenen Stickings für sich geübt hast, kannst du jetzt beginnen, einige miteinander über einen Takt zu kombinieren. Wähle dazu eine der drei Stickingoptionen auf den *Seiten 14 bis 16* für die folgenden Übungen aus. Mit solchen Grouping-Kombinationen kreierst du viele neue Rhythmen mit Struktur und System. Es ist ein großartiges Tool, um rhythmische Melodien zu komponieren und sie an einen Song oder andere Instrumentalrhythmen anzupassen. Wenn du dich in diesen Kombinationen sicher fühlst, kannst du sie am Schlagzeug ausprobieren und sie auf Snare, Toms und Becken orchestrieren. Mit den folgenden Übungen arbeitest du an der Grundlage, das System und die Rhythmen zu verstehen.

**STELL DIR EINEN TAKT MIT ACHTELTRIOLEN VOR ...**

**... UND SPIELE AKZENTE WIE IN DEN FOLGENDEN GROUPINGS:**

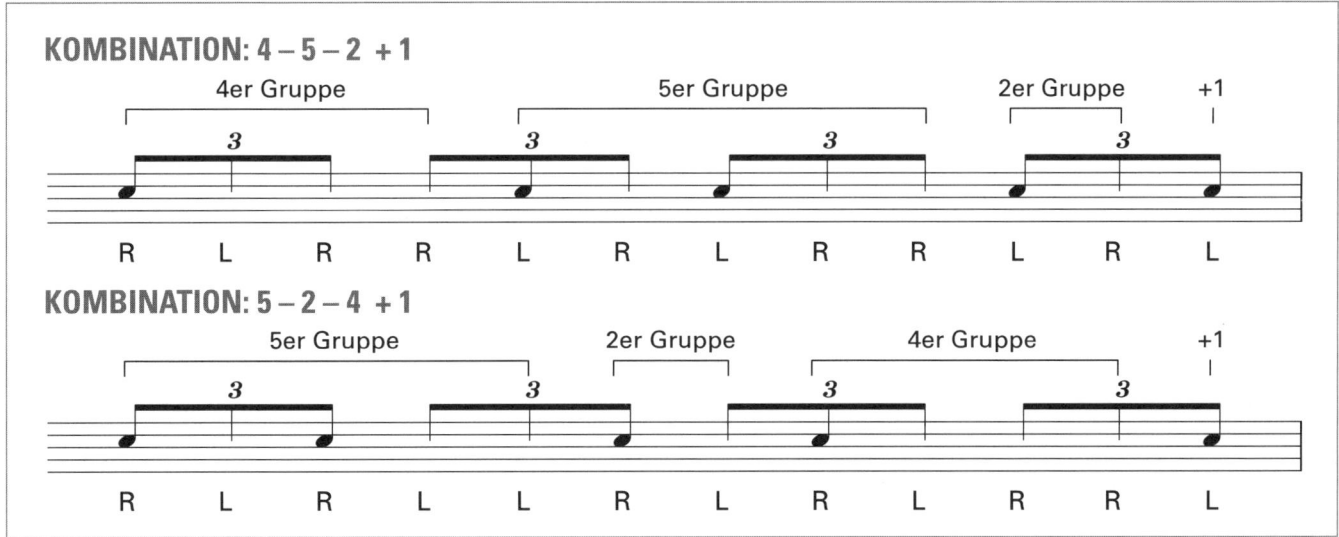

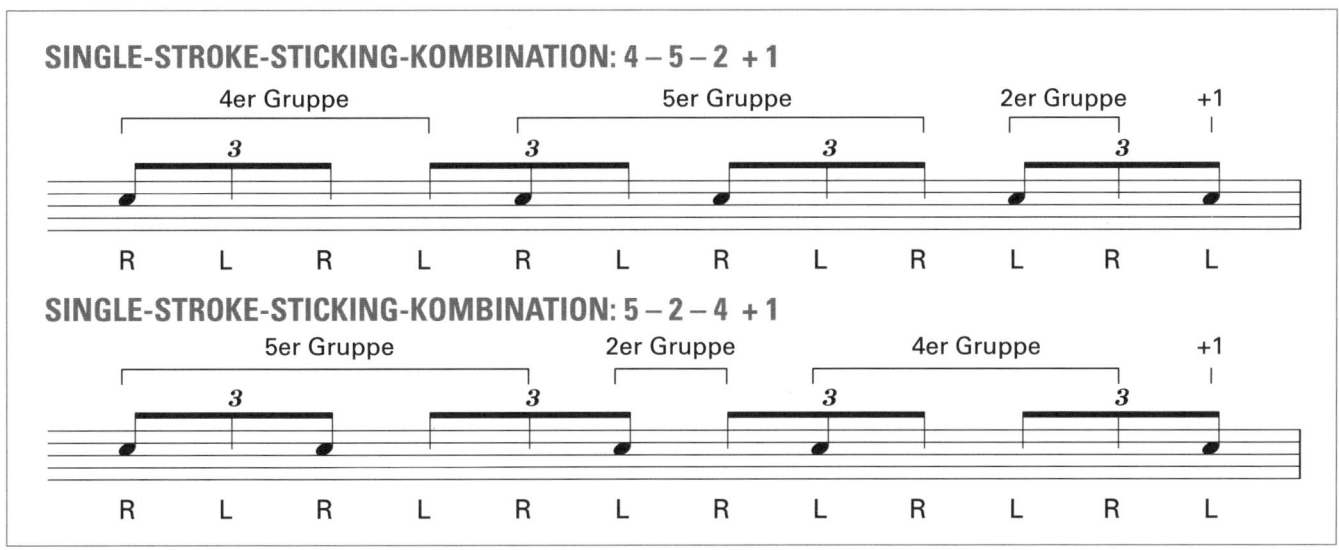

## WEITERE GROUPING-KOMBINATIONEN

Spiele diese Groupings über jeweils einen $\frac{4}{4}$-Takt mit Achteltriolen basierend auf den ÜBUNGSSYSTEMEN A–D.

### Sektion A

| | | | | |
|---|---|---|---|---|
| 2 | 2 | 4 | 2 | 2 |
| 2 | 4 | 2 | 2 | 2 |
| 2 | 2 | 2 | 4 | 2 |
| 4 | 2 | 4 | 2 | |
| 4 | 2 | 2 | 4 | |

### Sektion B

| | | | |
|---|---|---|---|
| 4 | 5 | 2 | +1 |
| 5 | 2 | 4 | +1 |
| 2 | 4 | 5 | +1 |
| 5 | 5 | 2 | |
| 5 | 2 | 5 | |

### Sektion C

| | | | |
|---|---|---|---|
| 7 | 5 | | |
| 5 | 7 | | |
| 7 | 2 | 2 | +1 |
| 2 | 7 | 2 | +1 |

### Sektion D

| | | | |
|---|---|---|---|
| 6 | 5 | | +1 |
| 5 | 6 | | +1 |
| 6 | 4 | 2 | |
| 4 | 6 | 2 | |

**PAD BOOK**
FUNDAMENTAL WORKOUTS
**ANIKA NILLES**

16TEL-NOTEN | TEIL A

# 16TEL-NOTEN
## TEIL A

Schau dir auf den folgenden Seiten die **Basisübung** zu jeder Übung an. Sie zeigt an, wie die Bausteine miteinander kombiniert werden. Schlage auch die **ÜBUNGSSYSTEME 1–3** auf den *Seiten 18–20* nach.

 Das Steady Pattern im ersten von beiden Takten ist die stabile Basis, zu der du immer wieder zum Entspannen zurückkehrst.

 Im zweiten Takt spielst du die verschiedenen Bausteine. Loope beide Takte und konzentriere dich einige Minuten lang auf jeden Baustein, bevor du zum nächsten übergehst.

 Wenn du die Bausteine für den zweiten Takt beherrschst, änderst du den Baustein für den *ersten* Takt der Basisübung und gehst alle anderen Bausteine für Takt 2 erneut durch.

### TIPP:

*Spiele das Steady Pattern und den Takt mit den Bausteinen je zwei Mal. So machst du aus dem zweitaktigen Loop einen viertaktigen Loop. Das räumt dir mehr Zeit für den Wechsel zwischen beiden Takten ein und fühlt sich entspannter an.*

- *Wähle ein Sticking aus!*
- *Übe jeden Baustein einige Minuten lang für sich und stelle sicher, dass es sich gut und stabil anfühlt beim Spielen der verschiedenen Positionen.*
- *Verwende ein Metronom und wähle ein langsames Tempo, bevor du beschleunigst.*
- *Achte auf den Dynamikbereich zwischen Akzent und Ghost Notes. Spiele alle Ghost Notes so leise wie möglich.*

# PAD BOOK
**FUNDAMENTAL WORKOUTS**
ANIKA NILLES

KAPITEL I | SUBDIVISION STUDIEN

## AKZENTE

Stickingoptionen für alle Bausteine und die Basisübung. Wähle eines der Stickings:

[A]  R L R L  
[B]  R R L L  
[C]  R L L R  
[D]  R L R R  L R L L  
[E]  R L L R  L R R L

**Basisübung**

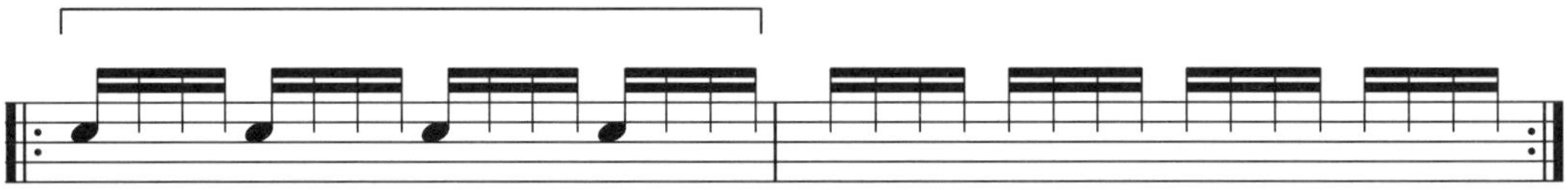

[1] 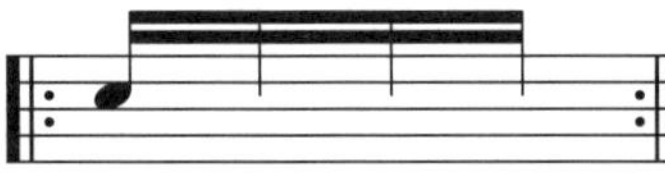  [2]   [3]   [4]

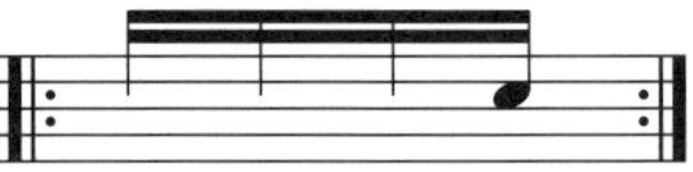

[5]   [6]   [7]   [8]

[9]   [10]   [11]   [12]

[13]   [14]   [15]   [16]

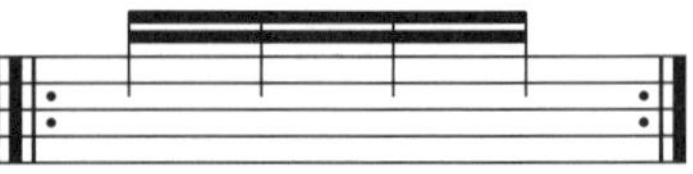

Optionen fürs Steady Pattern

VARIATION A

VARIATION B

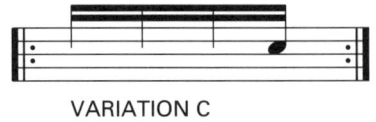

VARIATION C

# PAD BOOK
FUNDAMENTAL WORKOUTS
ANIKA NILLES

16TEL-NOTEN | TEIL A

## FLAMS

Stickingoptionen für alle Bausteine und die Basisübung. Wähle eines der Stickings:

[A] R L R L     [B] R R L L     [C] R L L R
[D] R L R R   L R L L           [E] R L L R   L R R L

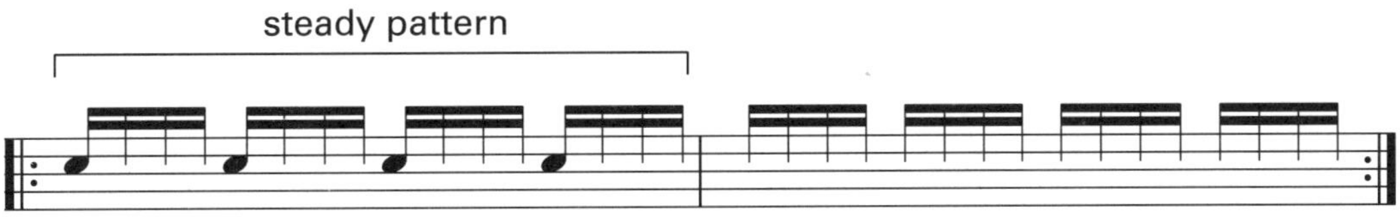

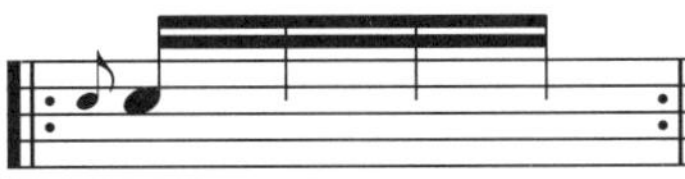

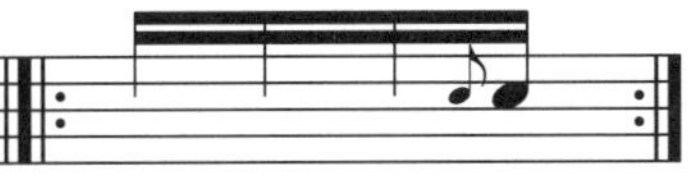

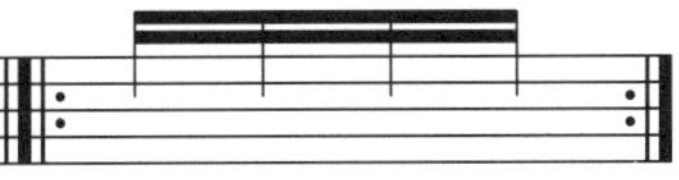

### Optionen fürs Steady Pattern

VARIATION A

VARIATION B

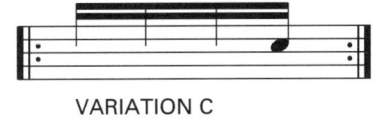
VARIATION C

47

# PAD BOOK
**FUNDAMENTAL WORKOUTS**
ANIKA NILLES

KAPITEL I | SUBDIVISION STUDIEN

## Ready, steady, go!

Verwende für alle Übungen ein Single-Stroke-Sticking:

[1] Spiele als Akzente und Ghost Notes.     [2] Füge allen Akzenten in Takt 2 Flams hinzu.

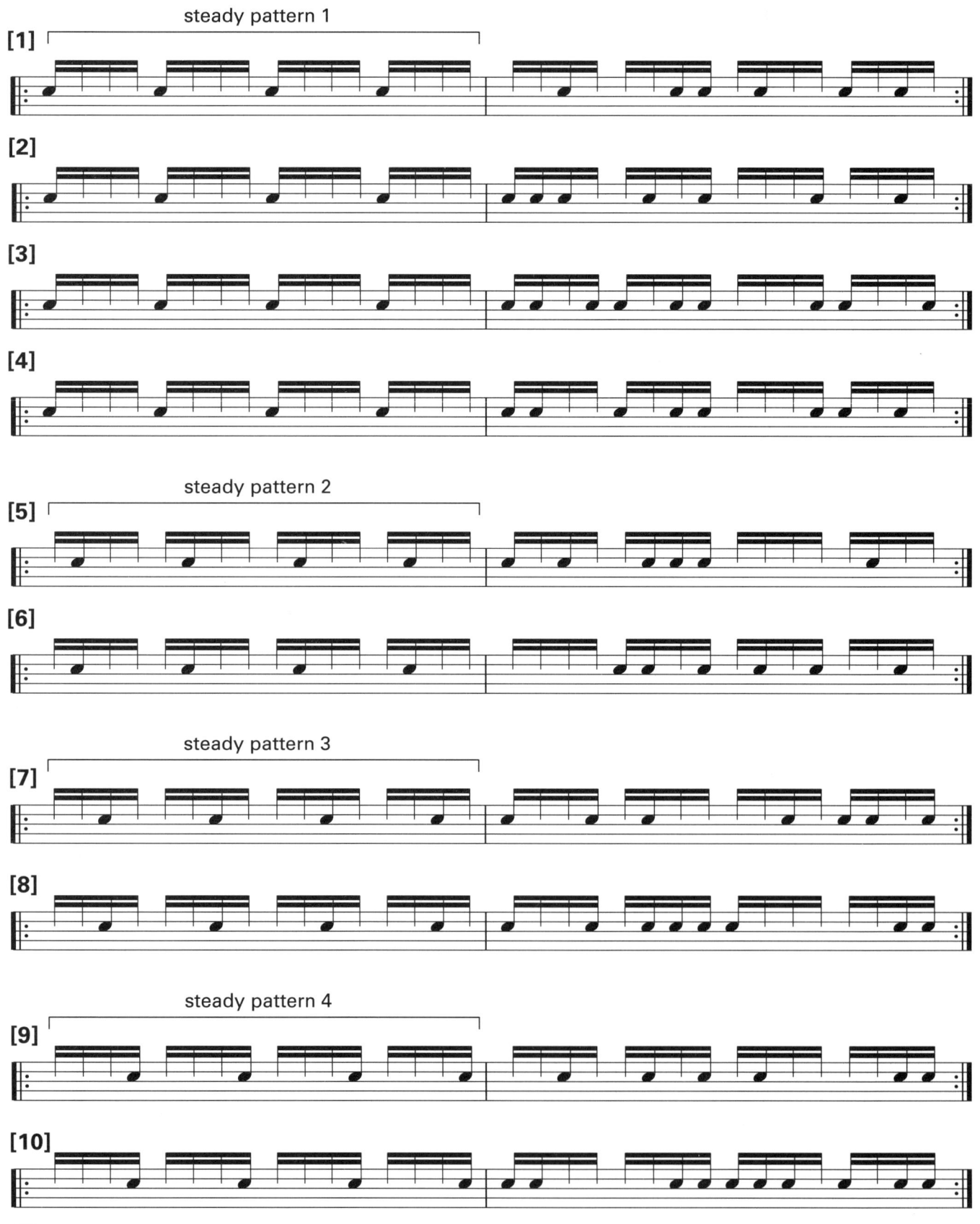

48

# 32TEL – SINGLE STROKES

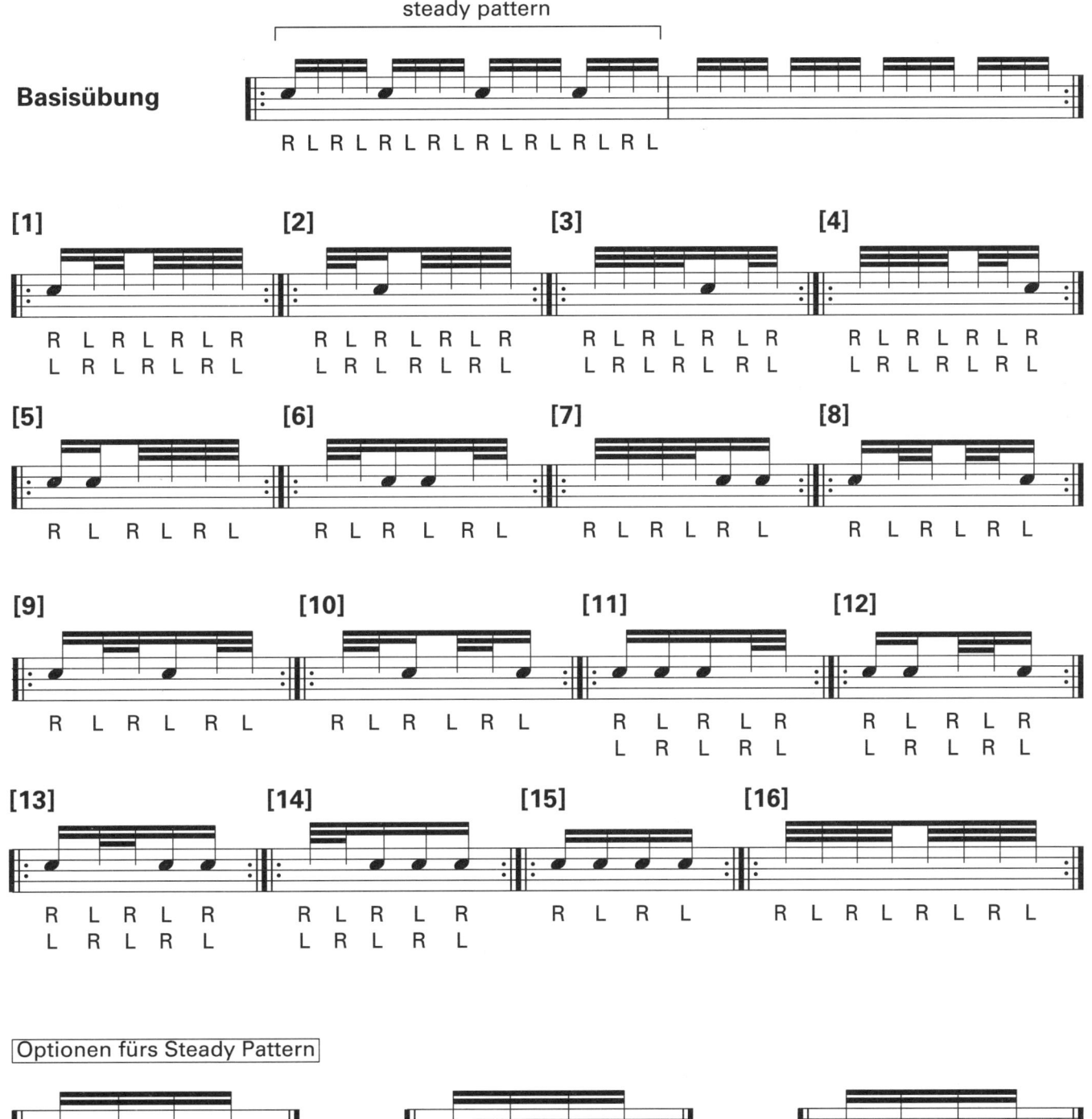

# PAD BOOK
**FUNDAMENTAL WORKOUTS**
**ANIKA NILLES**

KAPITEL I | SUBDIVISION STUDIEN

## 32TEL – DOUBLE STROKES

**Basisübung** — steady pattern
R L R L R L R L R L R L R L R L

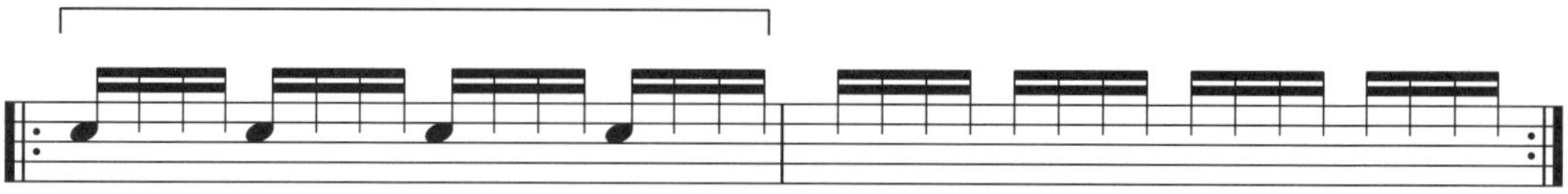

[1] R L L R R L L
[2] R R L R R L L
[3] R R L L R L L
[4] R R L L R R L
[5] R L R R L L
[6] R R L R L L
[7] R R L L R L
[8] R L L R R L
[9] R L L R L L
[10] R R L R R L
[11] R L R L L
[12] R L R R L
[13] R L L R L
[14] R R L R L
[15] R L R L
[16] R R L L R R L L

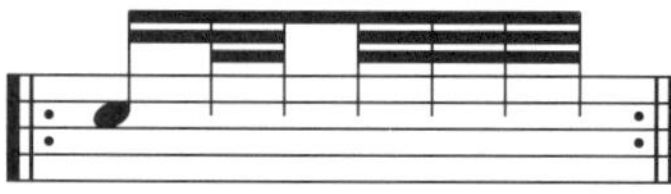

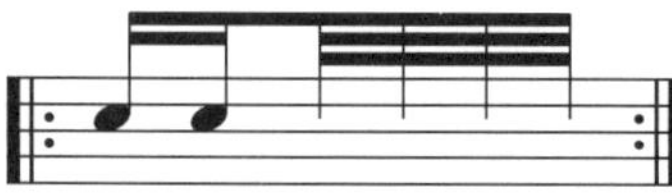

Optionen fürs Steady Pattern

VARIATION A

VARIATION B

VARIATION C

# PAD BOOK
FUNDAMENTAL WORKOUTS
**ANIKA NILLES**

16TEL-NOTEN | TEIL A

## Ready, steady, go!

[1] Spiele alle 32tel-Noten mit Single Strokes (*siehe Seite 49*).
[2] Spiele alle 32tel-Noten mit Double Strokes (*siehe Seite 50*).

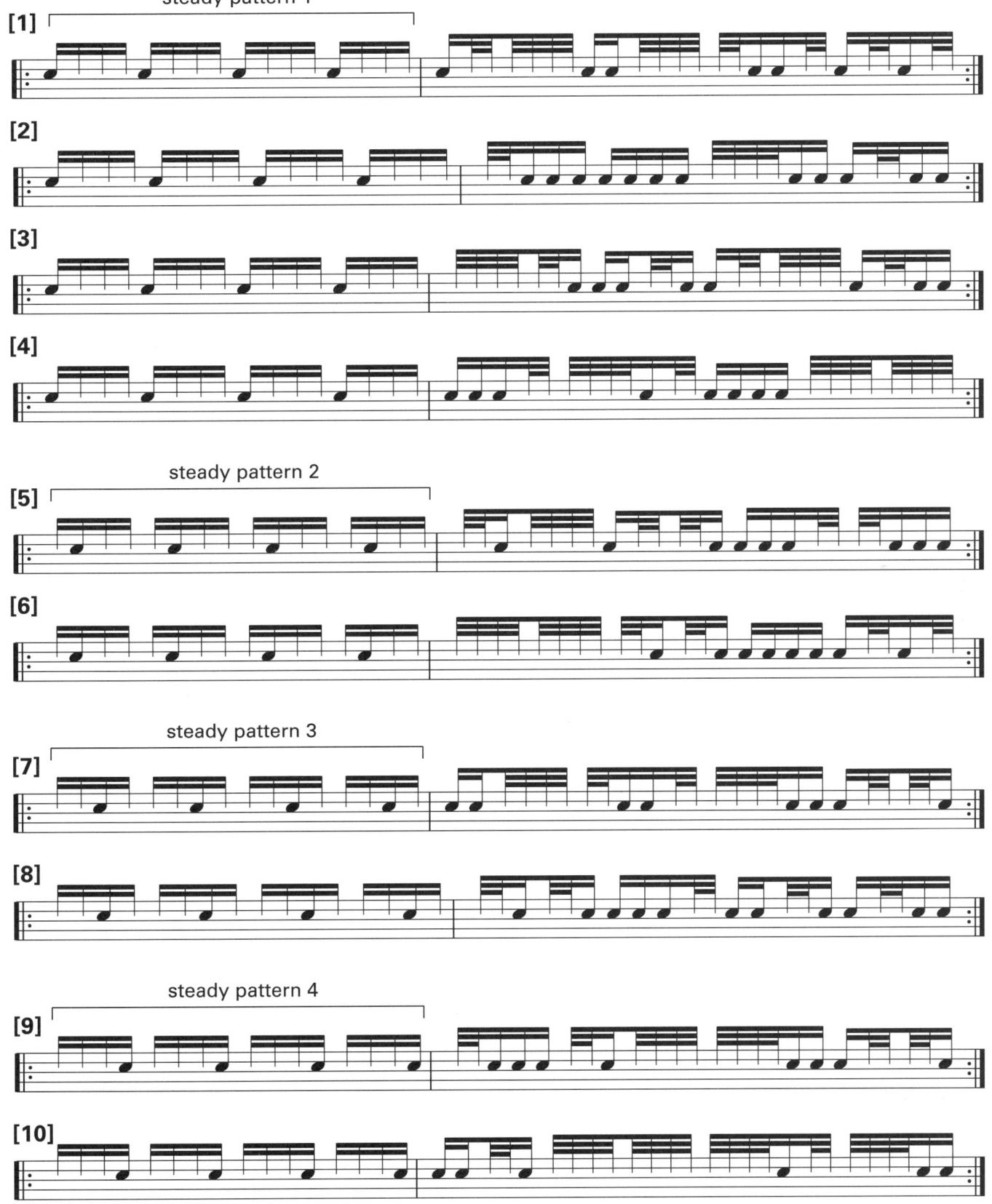

# PAD BOOK
FUNDAMENTAL WORKOUTS
ANIKA NILLES

KAPITEL I | SUBDIVISION STUDIEN

## TEIL B
## LESETEXT

### HINZUFÜGEN VON VERZIERUNGEN

## LESETEXT-WORKOUTS

Die folgenden Lesetexte sind Kombinationen basierend auf der *Akzente-Seite 46*. Das Ziel ist, Rhythmen in einfacher Form zu lesen und Verzierungen wie *Flams, Double Strokes* und *Single-Note-Doubles* darauf zu übertragen. Eine andere Möglichkeit besteht darin, jede *Ghost Note* als Pause zu belassen und einfach nur die akzentuierten Noten zu spielen.

Die Lesetext-Workouts zu paraphrasieren ist zunächst einmal eine reine Übung und dem ersten Anschein nach nicht sehr musikalisch. Auch kann es sehr ermüdend sein, aus der Vorstellungskraft heraus zu arbeiten. Aber gerade diese Herangehensweise ist sehr hilfreich zur Entwicklung der Interpretationsfähigkeit, Vorstellungskraft und Kreativität. Solche Workouts haben mir sehr geholfen, während des Spielens kreativ zu werden, Grooves und Fills zu kreieren, ohne eine vollständige Notation vorliegen zu haben.

### LESETEXT 1 (*siehe Seite 55*)
*Lesetext 1* auf *Seite 55* zeigt grundsätzlich *jeden 16tel-Schlag*. Diese Form des Lesetextes eignet sich vor allem für all diejenigen, die sich noch nicht so sicher im Lesen von Noten fühlen. Wie bisher kannst du alle Noten spielen oder Pausen zwischen den akzentuierten Noten lassen. Es kommt darauf an, welche „Verzierung" du in die Notation übertragen möchtest.

### LESETEXT 2 (*siehe Seite 56*)
Wer bereits fortgeschrittener im Notenlesen – und vor allem sicher im Umgang mit Pausenwerten und Notenlängen – ist, der kann mit dem Lesetext auf *Seite 56* arbeiten. Hier müssen die Pausenwerte mit Ghost Notes gefüllt werden, während alle ausgeschriebenen Noten die Akzente darstellen.

### WIE MAN ÜBT:

 Wähle die für dich passende Notationsform aus: Lesetext 1 oder 2? Beide Lesetexte sind unterschiedlich in Form und Inhalt!

 Entscheide dich für eine der Verzierungen (*Flams, Double Strokes, Single-Note-Doubles,* oder aber *Pausen*) und übertrage sie in den Lesetext.

 Übe langsam und stelle sicher, dass deine Interpretation korrekt ist.

 Achte auf die Stickings und stelle sicher, dass du sie sauber ausführst.

 Wähle 4–5 Takte zum Üben und wiederhole jeden Takt für 2–3 Minuten mit der Phrasierung, für die du dich entschieden hast.

 Übe die 4–5 Takte über den Zeitraum der nächsten 2–3 Tage (Übe-Sessions), bevor du mit weiteren Takten fortfährst.

16TEL-NOTEN | TEIL B

**PAD BOOK**
FUNDAMENTAL WORKOUTS
**ANIKA NILLES**

# ÜBUNGSSYSTEM
## WIE MAN VERZIERUNGEN ZUM LESETEXT HINZUFÜGT

**BEISPIEL TAKT 1 - LESETEXT**

**BEISPIEL ZUR ÜBERTRAGUNG VON AKZENTEN UND VERZIERUNGEN**

[A] AKZENTE

[B] FLAMS

[C] 32TEL-DOUBLE STROKES

[D] 32TEL-SINGLE STROKES

# PAD BOOK
**FUNDAMENTAL WORKOUTS**
ANIKA NILLES

KAPITEL I | SUBDIVISION STUDIEN

## WIE MAN STICKINGS ZUM LESETEXT HINZUFÜGT

Die folgenden Übungen helfen dir, *Akzente* auch über andere Stickings als Single Strokes zu spielen. Stell dir ein *Double-Stroke-Sticking* (*Beispiel 2*) vor und spiele es durch den kompletten Lesetext.

Gehe wie folgt vor:

- Verwende ein Metronom und stelle ein sehr angenehmes, langsames Tempo (55–65 bpm) ein.
- Wähle eine der Stickingoptionen [A] bis [D].
- Wähle einen Takt aus dem Lesetext aus und konzentriere dich darauf, das Sticking korrekt zu übertragen.
- Spiele langsam und stelle sicher, dass die Akzente und Ghost Notes klar herauskommen.
- Spiele den ausgewählten Takt 2–3 Minuten lang fehlerfrei in einer Schleife.

### Stickingoptionen

[A]  R L R L     [B]  R R L L     [C]  R L R R   L R L L

**BEISPIEL 1: SINGLE STROKES**

**BEISPIEL 2: DOUBLE STROKES**

**BEISPIEL 3: PARADIDDLE**

16TEL-NOTEN | TEIL B

## LESETEXT 1: 16TEL-NOTEN

# PAD BOOK
FUNDAMENTAL WORKOUTS
ANIKA NILLES

KAPITEL I | SUBDIVISION STUDIEN

## LESETEXT 2: 16TEL-NOTEN

16TEL-NOTEN | TEIL C

## TEIL C
# WARM-UPS
## 16TEL-NOTEN

In den folgenden drei Warm-Ups steht der Wechsel zwischen verschiedenen Stickings im Fokus. Sie enthalten keinerlei Hinweise zu Akzenten oder Dynamik. Übe sie, wie im ÜBUNGSSYSTEM D auf *Seite 59* angegeben.

### Switching Sticking A (Double Strokes)

R R L L R R L L R R L L R R L L    R L L R R L L R R L L R R L L R

L L R R L L R R L L R R L L R R    L R R L L R R L L R R L L R R L

### Switching Sticking B (Paradiddle)

R L R R L R L L R L R R L R L L    R L L R L R R L R L L R L R R L

R R L R L L R L R R L R L L R L    R L R L L R L R R L R L L R L R

### Switching Sticking C (8-Stroke Roll)

R L R R L L R R L L R R L L R R L L    R L L R R L L R L R R L L R R L

L R L L R R L L R L R R L L R R    L R R L L R R L L R L R R L L R

# PAD BOOK
**FUNDAMENTAL WORKOUTS**
ANIKA NILLES

KAPITEL I | SUBDIVISION STUDIEN

## Übungssystem A

Wechsle zwischen der Top Line und **jedem einzelnen** Übungstakt [1.] bis [4.] hin und her.

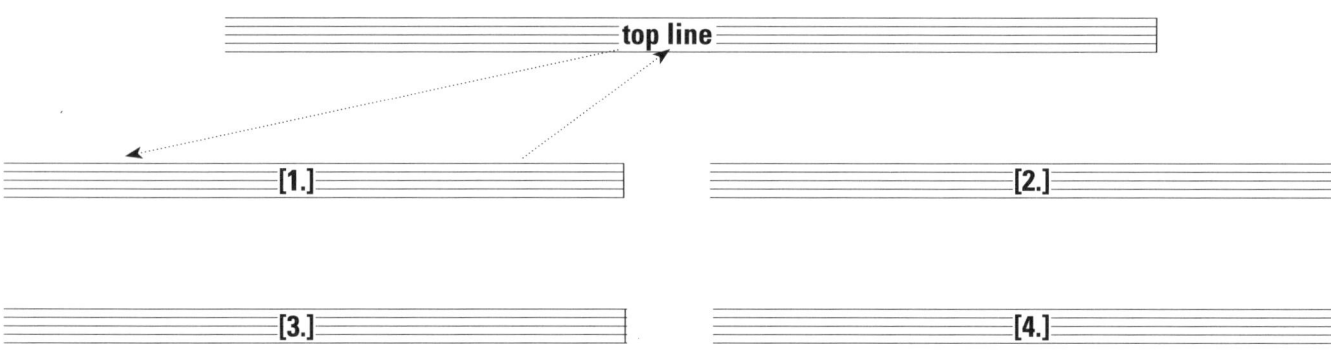

## Übungssystem B

Wechsle zwischen der Top Line und **zwei einzelnen** Übungstakten hin und her.

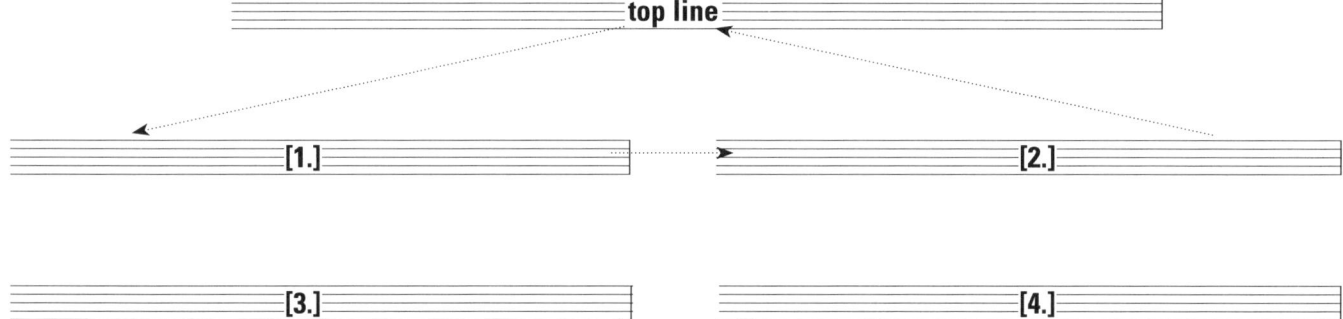

## Übungssystem C

Wechsle zwischen der Top Line und **vier aufeinander folgenden** Übungstakten hin und her.

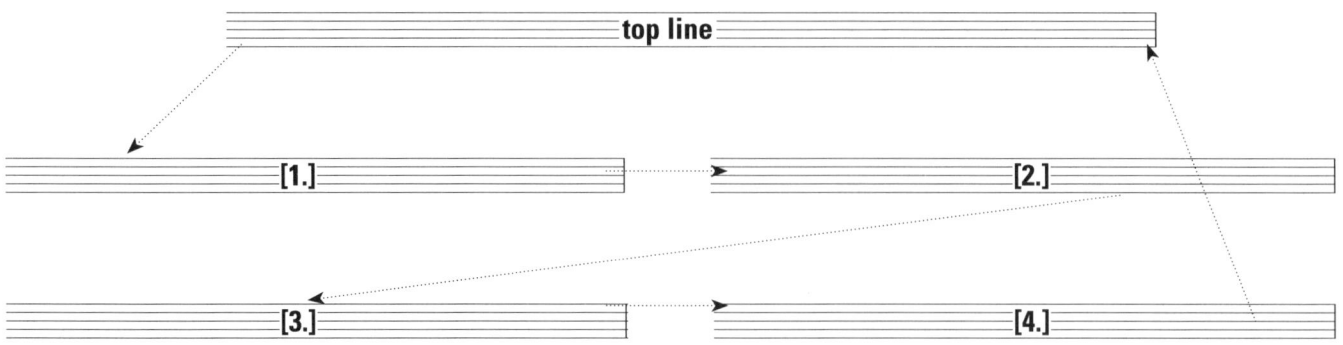

# 16TEL-NOTEN | TEIL C

**PAD BOOK**
FUNDAMENTAL WORKOUTS
**ANIKA NILLES**

## Übungssystem D

### NUR FÜR „SWITCHING STICKINGS A–C"

In ÜBUNGSSYSTEM D ist deine Aufgabe, die drei 4-taktigen Warm-Ups SWITCHING STICKINGS A–C auf *Seite 57* in einer gleichmäßigen Lautstärke in Schleife zu spielen. Das vorrangige Ziel ist, sie flüssig spielen zu können und die Stickings so zu verinnerlichen, dass sie sich angenehm anfühlen.

Verwende für die folgenden *Switching Stickings 1–10* und *Akzente & Verzierungen 1–4* die **Übungssysteme A–C**.

## Switching Sticking 1

[1.]   [2.]

[3.]   [4.]

## Switching Sticking 2

[1.]   [2.]

[3.]   [4.]

## Switching Sticking 3

top line

[1.]

[2.]

[3.]

[4.]

## Switching Sticking 4

top line

[1.]

[2.]

[3.]

[4.]

16TEL-NOTEN | TEIL C

## Switching Sticking 5

top line

[1.]

[2.]

[3.]

[4.]

## Switching Sticking 6

top line

[1.]

[2.]

# PAD BOOK
FUNDAMENTAL WORKOUTS
ANIKA NILLES

KAPITEL I | SUBDIVISION STUDIEN

## Switching Sticking 7

top line

R L R L R L R L R L R L R L R L

[1.]

R L R L R L R L R L R L R L R L R L R L R L R L R L R L R L R L

[2.]

R R L R R L L R R L R R L L R R L R R L L R R L R R L L

[3.]

R L R L R R L L R L R L R R L L R L R L R R L L R L R L R L L R

[4.]

R L L R R L R R L L R R L R R L L R R L R R L L R R L R

## Switching Sticking 8

top line

R L R L R L R L R L R L R L R L

[1.]

R L R L L R R L R L R L L R L R L R R L R L R L L R L L R L

# 16TEL-NOTEN | TEIL C

## Switching Sticking 9

top line

R L  L R L R L R L R L   L R L

[1.]
R L R L R R L R L R L R  L  R L L

[2.]
R L R R L R L R L R R L R L  L  R L L

[3.]
R R L L R L L R R L L R R L  L  R R L

[4.]
R L L R L R L L R R L R L L  R  L L L

## Switching Sticking 10

top line

R   L L R   L L R   L L R   L R L

[1.]
R L R L  R L R L R L R L R L R L L

[2.]
R L L R  L R R L L R R L L R R L

[3.]

[4.]

# PAD BOOK
**FUNDAMENTAL WORKOUTS**
**ANIKA NILLES**

KAPITEL I | SUBDIVISION STUDIEN

## Akzente & Verzierungen 1

[1.]    [2.]

[3.]    [4.]

## Akzente & Verzierungen 2

[1.]

[2.]

[3.]

[4.]

# 16TEL-NOTEN | TEIL C

## Akzente & Verzierungen 3

## Akzente & Verzierungen 4

# PAD BOOK
FUNDAMENTAL WORKOUTS
ANIKA NILLES

KAPITEL I | SUBDIVISION STUDIEN

## AKZENTE in Patterns und Groupings 1

[A] R L R L   [B] R L L   [C] R R L L   [D] R L R L   L R L R
[E] R R L R   L L R L

- Verwende Stickingoption [A] für alle Übungen.
- Verwende Stickingoption [B] bis [E] für Nr. [1.].

top line

R L R L R L R L R L R L R L R L

### 3ER GRUPPEN MIT 1 AKZENTSCHLAG

3er Gruppe

[1.] 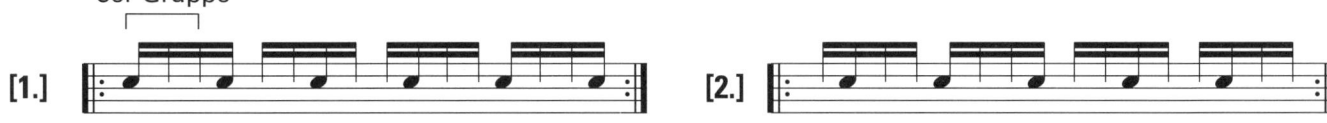 [2.]

[3.]

## AKZENTE in Patterns und Groupings 2

[A] R L R L   [B] R L R L L   [C] R R L L   [D] R L R L   L R L R
[E] R R L R   L L R L

- Verwende Stickingoption [A] für alle Übungen.
- Verwende Stickingoption [B] bis [E] für Nr. [1.].

top line

R L R L R L R L R L R L R L R L

### 5ER GRUPPEN MIT 2 AKZENTSCHLÄGEN

5er Gruppe

[1.] 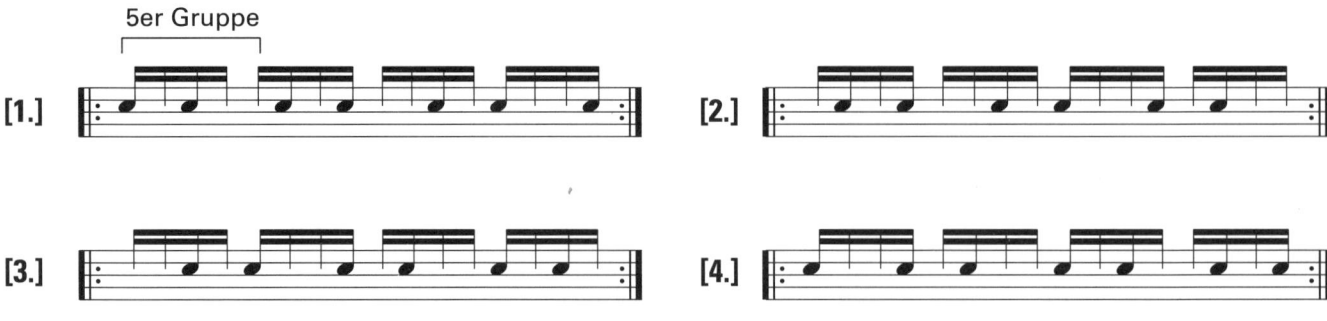 [2.]

[3.] [4.]

[5.]

# PAD BOOK
## FUNDAMENTAL WORKOUTS
### ANIKA NILLES

16TEL-NOTEN | TEIL C

## AKZENTE in Patterns und Groupings 3

[A] R L R L  [B]* R L R R L L  [C] R R L L
[D] R L R L R R  L R L R L L  [E] R R L R  L L R L

*alternating sticking*

- Verwende Stickingoption [A] für alle Übungen.
- Verwende Stickingoption [B] bis [E] für Nr. [1.].

## 6ER GRUPPEN MIT 2 AKZENTSCHLÄGEN

67

# PAD BOOK
## FUNDAMENTAL WORKOUTS
### ANIKA NILLES

KAPITEL I | SUBDIVISION STUDIEN

## AKZENTE in Patterns und Groupings 4

[A] R L R L  [B] R L R L R L L  [C] R R L L
[D] R L R R  L R L L  [E] R R L R  L L R L

- Verwende Stickingoption [A] für alle Übungen.
- Verwende Stickingoption [B] bis [E] für Nr. [1.].

top line
R L R L R L R L R L R L R L R L

**7ER GRUPPEN MIT 3 AKZENTSCHLÄGEN**

7er Gruppe

[1.]

[2.]

[3.]

[4.]

[5.]

[6.]

[7.]

68

16TEL-NOTEN | TEIL C

## AKZENTE in Patterns und Groupings 5

[A] R L R L   [B] R R L L   [C] R L L R   [D] R L L R   L R R L
[E] R R L R   L L R L                     [F] R L R L   L R L R

top line

R L R R L R L L R L R R L R L L

### 3/2 SON CLAVE

### 2/3 SON CLAVE

### 3/2 RUMBA CLAVE

### 2/3 RUMBA CLAVE

### CASCARA

# GROUPING-KOMBINATIONEN

Nachdem du jedes Grouping mit verschiedenen Stickings für sich geübt hast, kannst du jetzt beginnen, einige miteinander über einen Takt zu kombinieren. Wähle dazu eine der drei Stickingoptionen auf den *Seiten 14 bis 16* für die folgenden Übungen aus. Mit solchen Grouping-Kombinationen kreierst du viele neue Rhythmen mit Struktur und System. Es ist ein großartiges Tool, um rhythmische Melodien zu komponieren und sie an einen Song oder andere Instrumentalrhythmen anzupassen. Wenn du dich in diesen Kombinationen sicher fühlst, kannst du sie am Schlagzeug ausprobieren und sie auf Snare, Toms und Becken orchestrieren. Mit den folgenden Übungen arbeitest du an der Grundlage, das System und die Rhythmen zu verstehen.

STELL DIR EINEN TAKT MIT SECHZEHNTELNOTEN VOR ...

... UND SPIELE AKZENTE WIE IN DEN FOLGENDEN GROUPINGS:

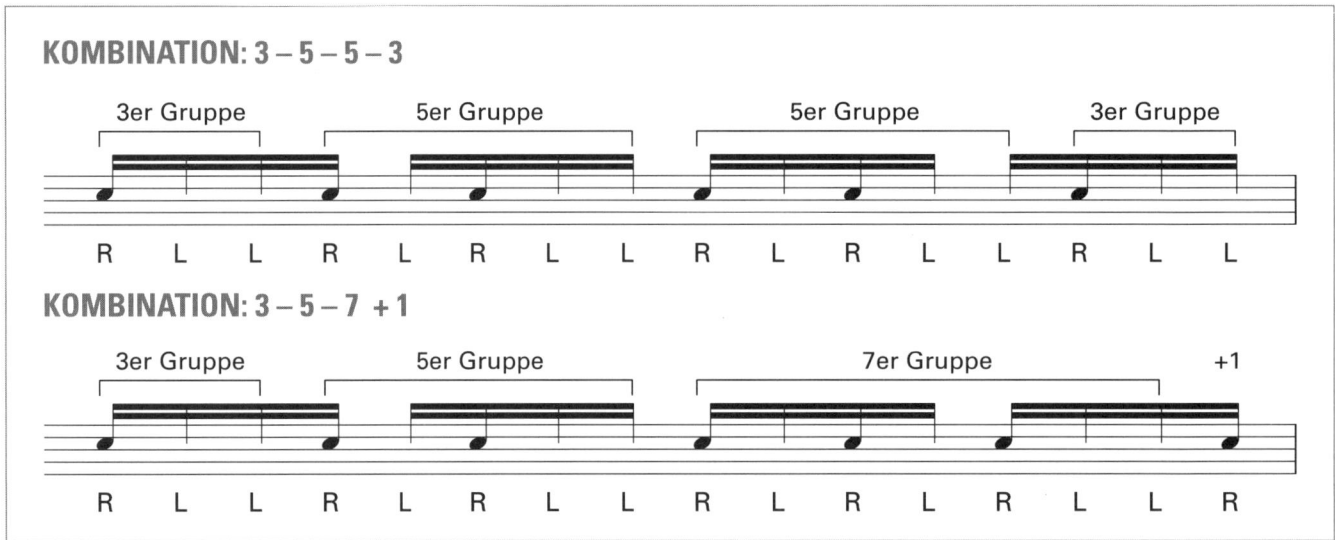

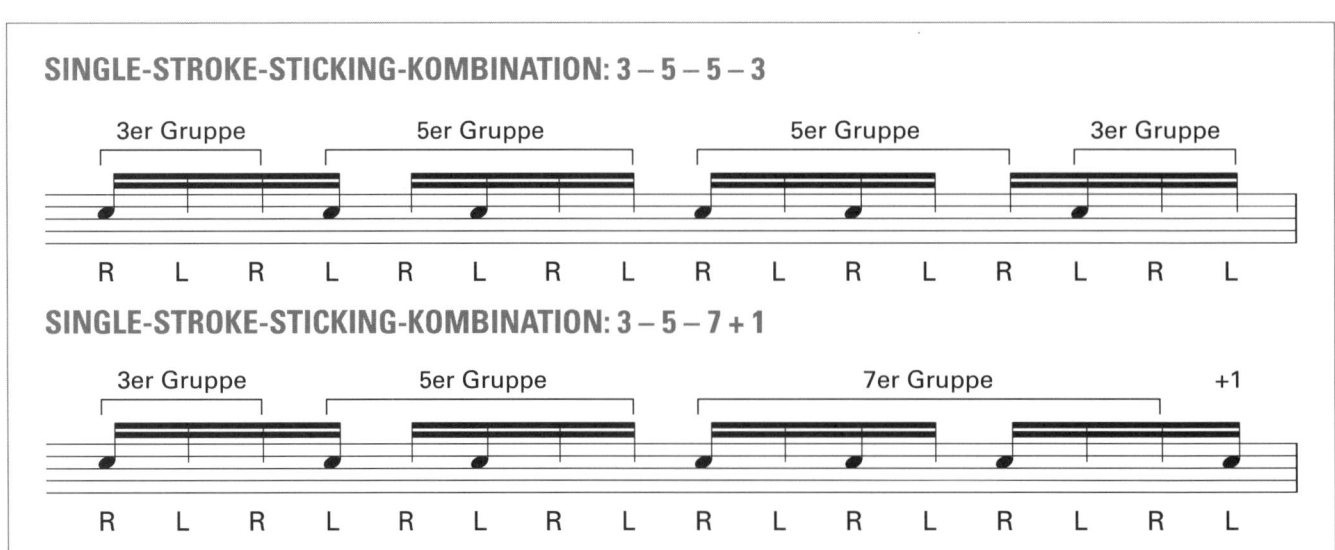

**16TEL-NOTEN | TEIL C**

**PAD BOOK**
FUNDAMENTAL WORKOUTS
**ANIKA NILLES**

# WEITERE GROUPING-KOMBINATIONEN

Spiele diese Groupings über jeweils einen $\frac{4}{4}$-Takt mit 16tel-Noten basierend auf den ÜBUNGSSYSTEMEN A–D.

## Sektion A

| | | | |
|---|---|---|---|
| 3 | 5 | 5 | 3 |
| 5 | 3 | 3 | 5 |
| 5 | 5 | 3 | 3 |
| 3 | 3 | 5 | 5 |
| 5 | 3 | 5 | 3 |

## Sektion B

| | | | | | |
|---|---|---|---|---|---|
| 2 | 4 | 4 | 2 | 4 | |
| 2 | 4 | 2 | 4 | 4 | |
| 4 | 2 | 4 | 4 | 2 | |
| 4 | 4 | 2 | 4 | 2 | |
| 2 | 4 | 2 | 4 | 2 | 2 |

## Sektion C

| | | | |
|---|---|---|---|
| 3 | 5 | 7 | +1 |
| 3 | 7 | 5 | +1 |
| 5 | 3 | 7 | +1 |
| 3 | 7 | 3 | 3 |
| 7 | 3 | 3 | 3 |

## Sektion D

| | | | | |
|---|---|---|---|---|
| 4 | 6 | 4 | +2 | |
| 3 | 6 | 6 | +1 | |
| 6 | 3 | 6 | +1 | |
| 5 | 3 | 4 | 3 | +1 |
| 3 | 5 | 3 | 4 | +1 |

**PAD BOOK**
FUNDAMENTAL WORKOUTS
**ANIKA NILLES**

KAPITEL I | SUBDIVISION STUDIEN

# QUINTOLEN
## TEIL A

Schau dir die Basisübung über den Bausteinen auf den folgenden Seiten an. Hier wird angezeigt, wie die Bausteine miteinander kombiniert werden. Schau dir auch nochmal die vorangegangenen **ÜBUNGSSYSTEME 1–3** auf den *Seiten 18–20* an.

 Der erste von beiden Takten zeigt das Steady (*gleichbleibende*) Pattern, auf das du nach Takt 2 immer wieder zum Entspannen zurückkehrst.

 Spiele im zweiten Takt mit den verschiedenen Bausteinen. Spiele beide Takte in einer Schleife (Loop) und konzentriere dich einige Minuten lang auf jeden Baustein, bevor du zum nächsten übergehst.

 Wenn du die Bausteine für den zweiten Takt beherrschst, änderst du den Baustein für den *ersten* Takt der Basisübung und gehst alle anderen Bausteine für Takt 2 erneut durch.

### TIPP:
*Spiele das Steady Pattern und den Takt mit den Bausteinen je zwei Mal. So machst du aus dem zweitaktigen Loop einen viertaktigen Loop. Das räumt dir mehr Zeit für den Wechsel zwischen beiden Takten ein und fühlt sich entspannter an.*

- *Wähle ein Sticking aus!*
- *Übe jeden Baustein einige Minuten lang für sich und stelle sicher, dass es sich gut und stabil anfühlt beim Spielen der verschiedenen Positionen.*
- *Verwende ein Metronom und wähle ein langsames Tempo, bevor du beschleunigst.*
- *Achte auf den Dynamikbereich zwischen Akzent und Ghost Notes. Spiele alle Ghost Notes so leise wie möglich.*

QUINTOLEN | TEIL A

## AKZENTE

Stickingoptionen für alle Bausteine und die Basisübung. Wähle eines der Stickings:

[A] R L R L R
    L R L R L

[B] R L R L L

[C] R L L R R
    L R R L L

[D] R R L R L

[E] R L R R L

# PAD BOOK
FUNDAMENTAL WORKOUTS
ANIKA NILLES

KAPITEL I | SUBDIVISION STUDIEN

## FLAMS

Stickingoptionen für alle Bausteine und die Basisübung. Wähle eines der Stickings:

[A] R L R L R
    L R L R L

[B] R L R L L

[C] R L L R R
    L R R L L

[D] R R L R L

[E] R L R R L

QUINTOLEN | TEIL A

# PAD BOOK
FUNDAMENTAL WORKOUTS
**ANIKA NILLES**

## Ready, steady, go!

Verwende für alle Übungen ein Single-Stroke-Sticking:

[1] Spiele als Akzente und Ghost Notes.    [2] Füge allen Akzenten in Takt 2 Flams hinzu.

75

# 32TEL – SINGLE STROKES

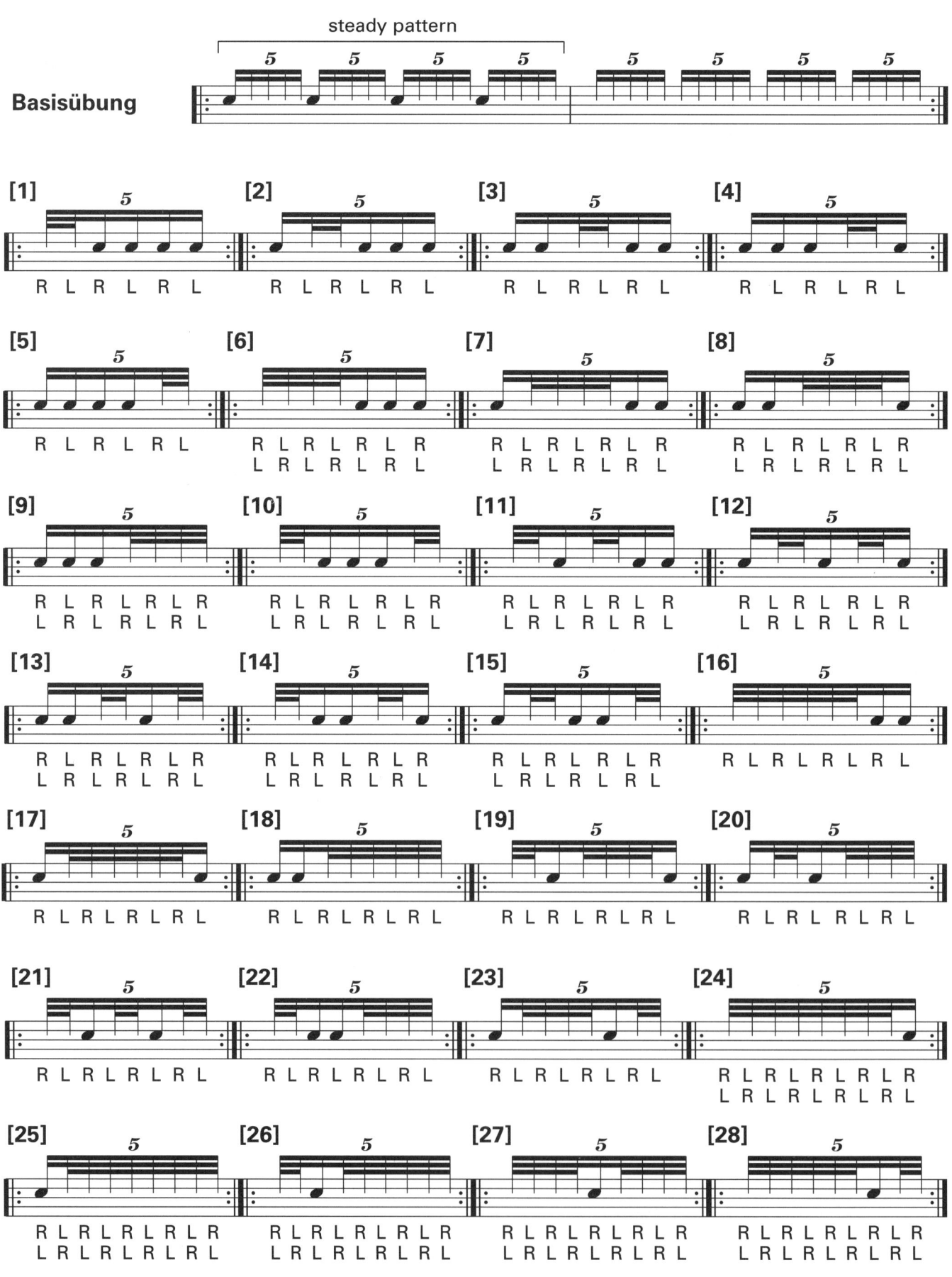

QUINTOLEN | TEIL A

# 32TEL – DOUBLE STROKES

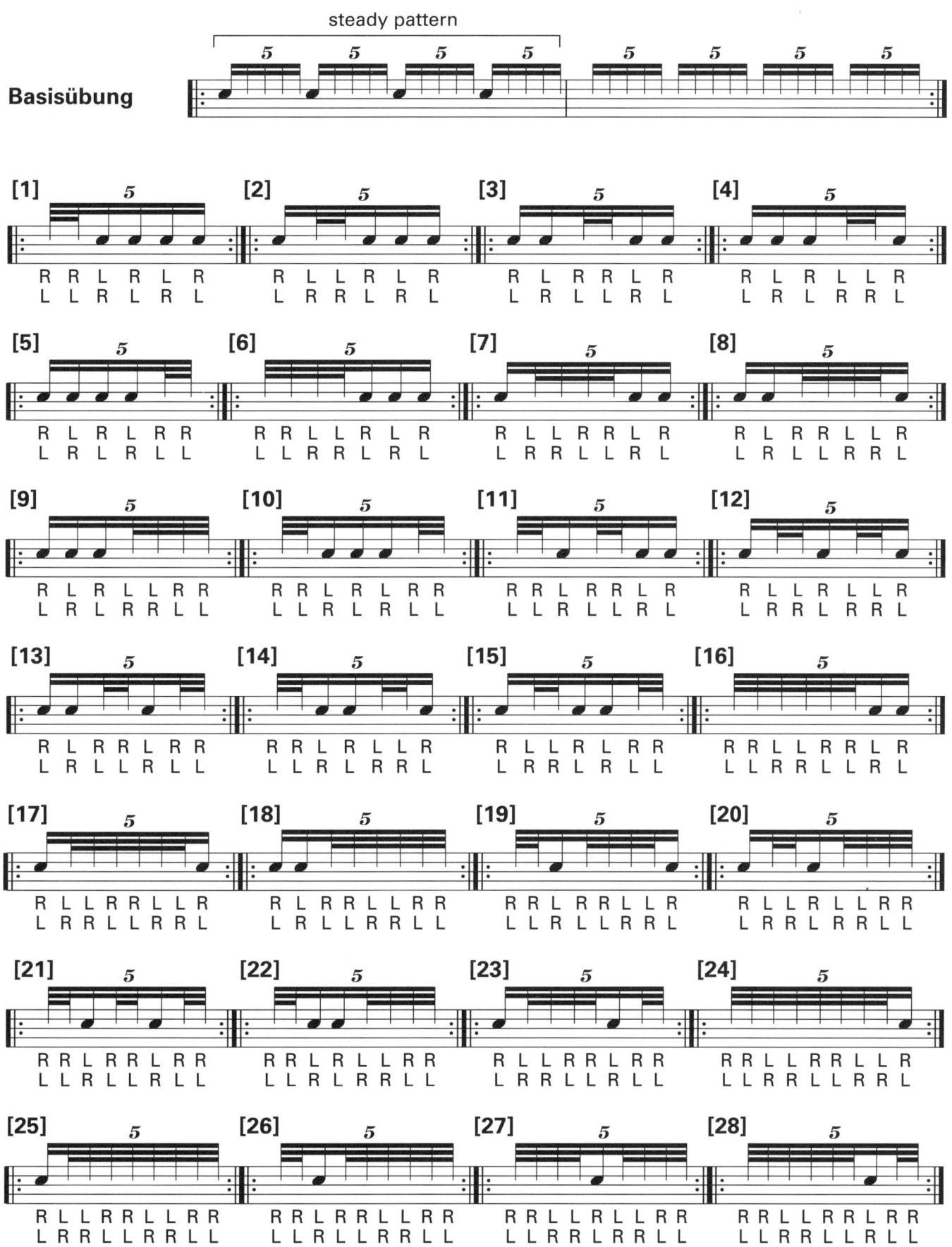

# PAD BOOK
FUNDAMENTAL WORKOUTS
ANIKA NILLES

KAPITEL I | SUBDIVISION STUDIEN

## Ready, steady, go!

Verwende ein Single-Stroke-Sticking:

[1] Spiele die 32tel-Quintolen als Singles (*siehe Seite 76*).
[2] Spiele die 32tel-Quintolen als Doubles (*siehe Seite 77*).

78

QUINTOLEN | TEIL A

Photo © by Marius Mischke

# PAD BOOK
FUNDAMENTAL WORKOUTS
**ANIKA NILLES**

KAPITEL I | SUBDIVISION STUDIEN

## TEIL B
## LESETEXT

### HINZUFÜGEN VON VERZIERUNGEN

## LESETEXT-WORKOUTS

Die folgenden Lesetexte sind Kombinationen basierend auf der *Akzente-Seite 73*. Das Ziel ist, Rhythmen in einfacher Form zu lesen und Verzierungen wie *Flams, Double Strokes* und *Single-Note-Doubles* darauf zu übertragen. Eine andere Möglichkeit besteht darin, jede *Ghost Note* als Pause zu belassen und einfach nur die akzentuierten Noten zu spielen.

Die Lesetext-Workouts zu paraphrasieren ist zunächst einmal eine reine Übung und dem ersten Anschein nach nicht sehr musikalisch. Auch kann es sehr ermüdend sein, aus der Vorstellungskraft heraus zu arbeiten. Aber gerade diese Herangehensweise ist sehr hilfreich zur Entwicklung der Interpretationsfähigkeit, Vorstellungskraft und Kreativität. Solche Workouts haben mir sehr geholfen, während des Spielens kreativ zu werden, Grooves und Fills zu kreieren, ohne eine vollständige Notation vorliegen zu haben.

### LESETEXT 1 (*siehe Seite 83*)
*Lesetext 1* auf *Seite 83* zeigt grundsätzlich *jeden Schlag der Quintole*. Diese Form des Lesetextes eignet sich vor allem für all diejenigen, die sich noch nicht so sicher im Lesen von Noten fühlen. Wie bisher kannst du alle Noten spielen oder Pausen zwischen den akzentuierten Noten lassen. Es kommt darauf an, welche „Verzierung" du in die Notation übertragen möchtest.

### LESETEXT 2 (*siehe Seite 84*)
Wer bereits fortgeschrittener im Notenlesen – und vor allem sicher im Umgang mit Pausenwerten und Notenlängen – ist, der kann mit dem Lesetext auf *Seite 84* arbeiten. Hier müssen die Pausenwerte mit Ghost Notes gefüllt werden, während alle ausgeschriebenen Noten die Akzente darstellen.

### WIE MAN ÜBT:

 Wähle die für dich passende Notationsform aus: Lesetext 1 oder 2? Beide Lesetexte sind unterschiedlich in Form und Inhalt!

 Entscheide dich für eine der Verzierungen (*Flams, Double Strokes, Single-Note-Doubles,* oder aber *Pausen*) und übertrage sie in den Lesetext.

 Übe langsam und stelle sicher, dass deine Interpretation korrekt ist.

 Achte auf die Stickings und stelle sicher, dass du sie sauber ausführst.

 Wähle 4–5 Takte zum Üben und wiederhole jeden Takt für 2–3 Minuten mit der Phrasierung, für die du dich entschieden hast.

 Übe die 4–5 Takte über den Zeitraum der nächsten 2–3 Tage (Übe-Sessions), bevor du mit weiteren Takten fortfährst.

QUINTOLEN | TEIL B

# ÜBUNGSSYSTEM
## WIE MAN VERZIERUNGEN ZUM LESETEXT HINZUFÜGT

**BEISPIEL TAKT 1 - LESETEXT**

**BEISPIEL ZUR ÜBERTRAGUNG VON AKZENTEN UND VERZIERUNGEN**

[A] AKZENTE

[B] FLAMS

[C] 32TEL-DOUBLE STROKES

[D] 32TEL-SINGLE STROKES

# PAD BOOK
**FUNDAMENTAL WORKOUTS**
**ANIKA NILLES**

KAPITEL I | SUBDIVISION STUDIEN

## WIE MAN STICKINGS ZUM LESETEXT HINZUFÜGT

Die folgenden Übungen helfen dir, *Akzente* auch über andere Stickings als Single Strokes zu spielen. Stell dir ein *Double-Stroke-Sticking* (*Beispiel 2*) vor und spiele es durch den kompletten Lesetext.

**Gehe wie folgt vor:**

- Verwende ein Metronom und stelle ein sehr angenehmes, langsames Tempo (55–65 bpm) ein.
- Wähle eine der Stickingoptionen [A] bis [D].
- Wähle einen Takt aus dem Lesetext aus und konzentriere dich darauf, das Sticking korrekt zu übertragen.
- Spiele langsam und stelle sicher, dass die Akzente und Ghost Notes klar herauskommen.
- Spiele den ausgewählten Takt 2–3 Minuten lang fehlerfrei in einer Schleife.

### Stickingoptionen

[A] R L R L R
    L R L R L

[B] R R L L

[C] R L L R R  L R R L L

### BEISPIEL 1: SINGLE STROKES

### BEISPIEL 2: DOUBLE STROKES

### BEISPIEL 3: 5-STROKE ROLLS

QUINTOLEN | TEIL B

## LESETEXT 1: QUINTOLEN

83

# PAD BOOK
FUNDAMENTAL WORKOUTS
**ANIKA NILLES**

KAPITEL I | SUBDIVISION STUDIEN

## LESETEXT 2: QUINTOLEN

QUINTOLEN | TEIL C

# PAD BOOK
FUNDAMENTAL WORKOUTS
**ANIKA NILLES**

## TEIL C
# WARM-UPS

## QUINTOLEN

In den folgenden drei Warm-Ups steht der Wechsel zwischen verschiedenen Stickings im Fokus. Sie enthalten keinerlei Hinweise zu Akzenten oder Dynamik. Übe sie, wie im ÜBUNGSSYSTEM D auf *Seite 87* angegeben.

### Switching Sticking A (Double Strokes)

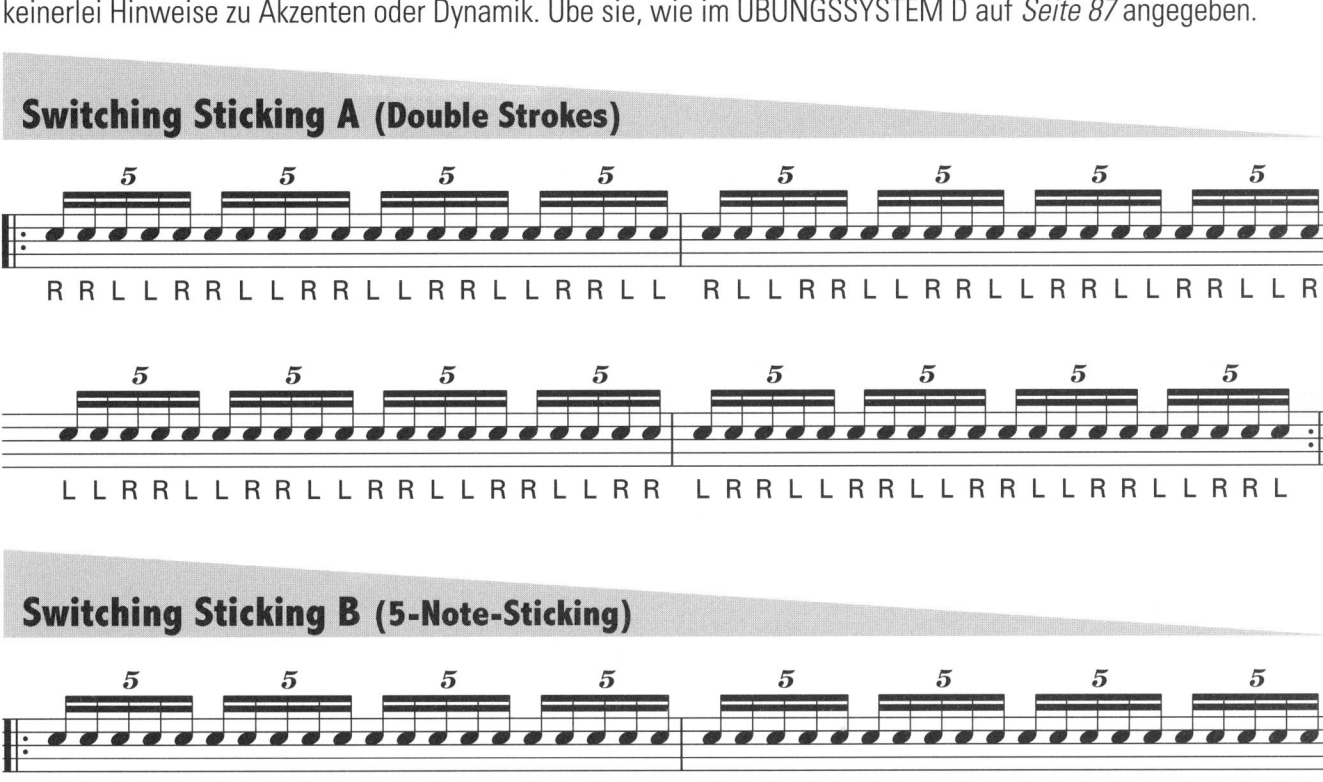

### Switching Sticking B (5-Note-Sticking)

### Switching Sticking C (10-Stroke-Roll-Variation)

85

# PAD BOOK
### FUNDAMENTAL WORKOUTS
**ANIKA NILLES**

KAPITEL I | SUBDIVISION STUDIEN

## Übungssystem A

Wechsle zwischen der Top Line und **jedem einzelnen** Übungstakt [1.] bis [4.] hin und her.

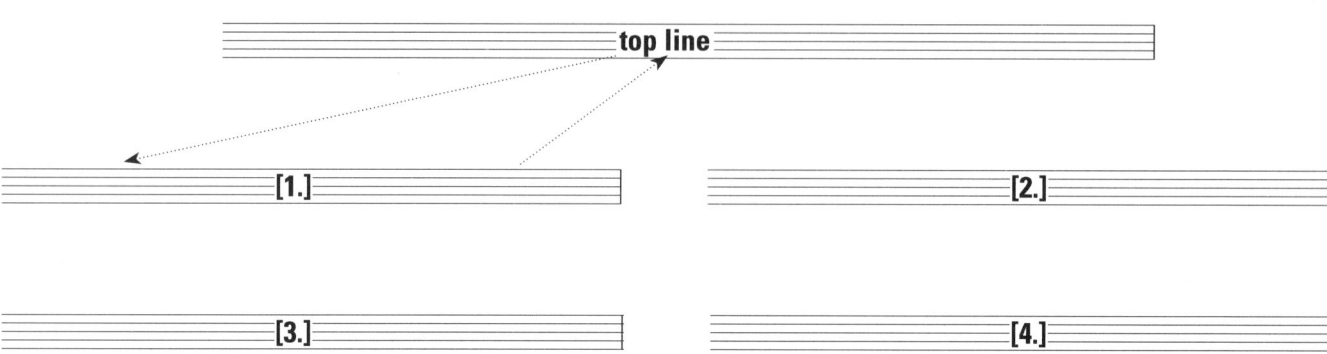

## Übungssystem B

Wechsle zwischen der Top Line und **zwei einzelnen** Übungstakten hin und her.

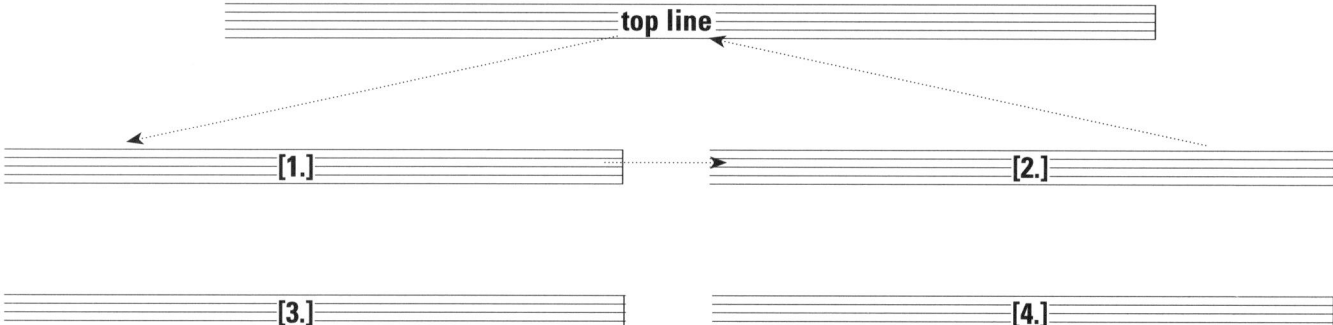

## Übungssystem C

Wechsle zwischen der Top Line und **vier aufeinander folgenden** Übungstakten hin und her.

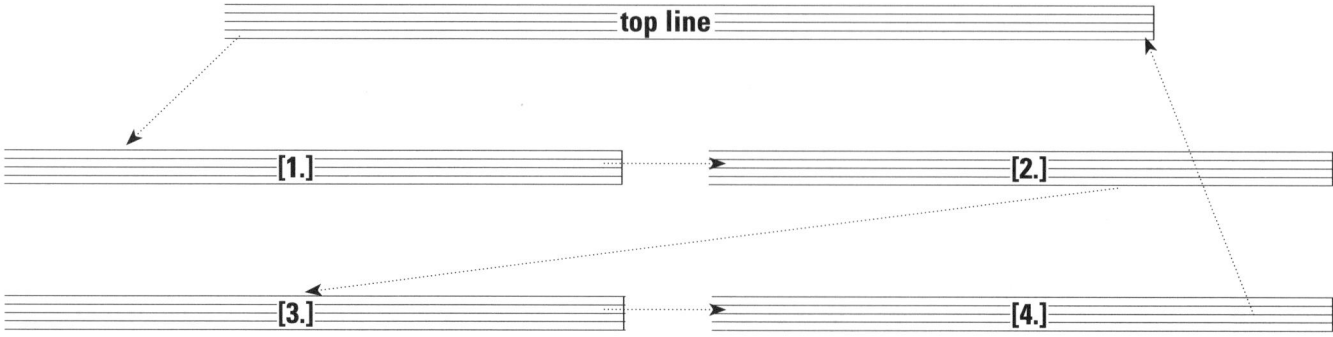

QUINTOLEN | TEIL C

## Übungssystem D

### NUR FÜR „SWITCHING STICKINGS A–C"

In ÜBUNGSSYSTEM D ist deine Aufgabe, die drei 4-taktigen Warm-Ups SWITCHING STICKINGS A–C auf *Seite 86* in einer gleichmäßigen Lautstärke in Schleife zu spielen. Das vorrangige Ziel ist, sie flüssig spielen zu können und die Stickings so zu verinnerlichen, dass sie sich angenehm anfühlen.

Verwende für die folgenden *Switching Stickings 1–8* und *Akzente & Verzierungen 1–8* die **Übungssysteme A–C**.

## Switching Sticking 1

## Switching Sticking 2

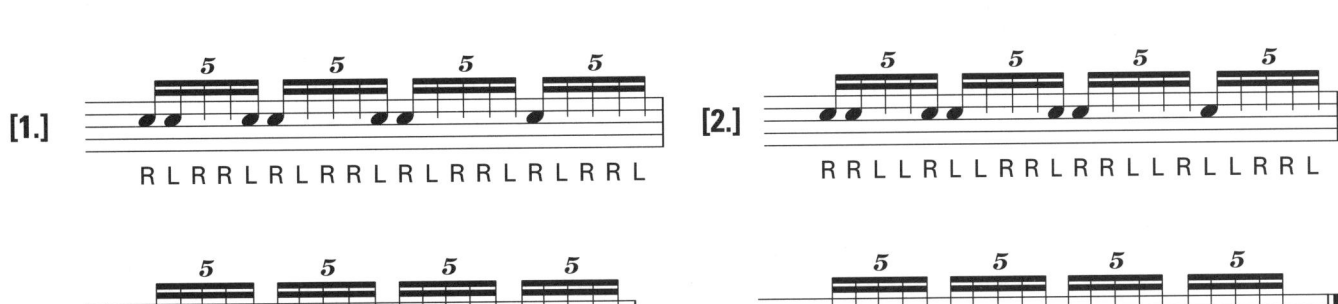

# PAD BOOK
FUNDAMENTAL WORKOUTS
ANIKA NILLES

KAPITEL I | SUBDIVISION STUDIEN

## Switching Sticking 3

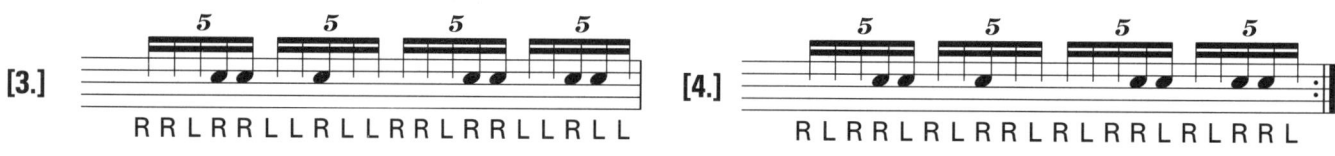

## Switching Sticking 4

QUINTOLEN | TEIL C

## Switching Sticking 5

top line

[1.]

[2.]

[3.]

[4.]

## Switching Sticking 6

top line

[1.]

# PAD BOOK
## FUNDAMENTAL WORKOUTS
### ANIKA NILLES

KAPITEL I | SUBDIVISION STUDIEN

## Switching Sticking 7

## Switching Sticking 8

QUINTOLEN | TEIL C

# PAD BOOK
FUNDAMENTAL WORKOUTS
ANIKA NILLES

## Akzente & Verzierungen 1

## Akzente & Verzierungen 2

# PAD BOOK
FUNDAMENTAL WORKOUTS
ANIKA NILLES

KAPITEL I | SUBDIVISION STUDIEN

## Akzente & Verzierungen 3

## Akzente & Verzierungen 4

QUINTOLEN | TEIL C

# PAD BOOK
FUNDAMENTAL WORKOUTS
**ANIKA NILLES**

## Akzente & Verzierungen 5

## Akzente & Verzierungen 6

# PAD BOOK
**FUNDAMENTAL WORKOUTS**
**ANIKA NILLES**

KAPITEL I | SUBDIVISION STUDIEN

## Akzente & Verzierungen 7

## Akzente & Verzierungen 8

QUINTOLEN | TEIL C

# PAD BOOK
FUNDAMENTAL WORKOUTS
ANIKA NILLES

## AKZENTE in Patterns und Groupings 1

[A] R L R L R  L R L R L  [B] R L L  [C] R L R L L
[D] R L R R L  [E] R L L R R  L R R L L

- Verwende Stickingoption [A] für alle Übungen.
- Verwende Stickingoption [B] bis [E] für Nr. [1.].

top line

### 2ER GRUPPEN MIT 1 AKZENTSCHLAG

[1.]    [2.]

## AKZENTE in Patterns und Groupings 2

[A] R L R L R  L R L R L  [B] R L L  [C] R L R L L
[D] R L R R L  [E] R L L R R  L R R L L

- Verwende Stickingoption [A] für alle Übungen.
- Verwende Stickingoption [B] bis [E] für Nr. [1.].

top line

### 3ER GRUPPEN MIT 1 AKZENTSCHLAG

[1.]    [2.]

[3.]

# PAD BOOK
FUNDAMENTAL WORKOUTS
ANIKA NILLES

KAPITEL I | SUBDIVISION STUDIEN

## AKZENTE in Patterns und Groupings 3

**[A]** R L R L R   L R L R L    **[B]** R L L    **[C]** R L R L L
**[D]** R L R R L    **[E]** R L L R R   L R R L L

- Verwende Stickingoption [A] für alle Übungen.
- Verwende Stickingoption [B] bis [E] für Nr. [1.].

### 4ER GRUPPEN MIT 1 AKZENTSCHLAG

## AKZENTE in Patterns und Groupings 4

**[A]** R L R L R   L R L R L    **[B]** R L R L    **[C]** R L R R L
**[D]** R L L R R   L R R L L    **[E]** R L L R L   R L L R L

- Verwende Stickingoption [A] für alle Übungen.
- Verwende Stickingoption [B] bis [E] für Nr. [1.].

### 6ER GRUPPEN MIT 2 AKZENTSCHLÄGEN

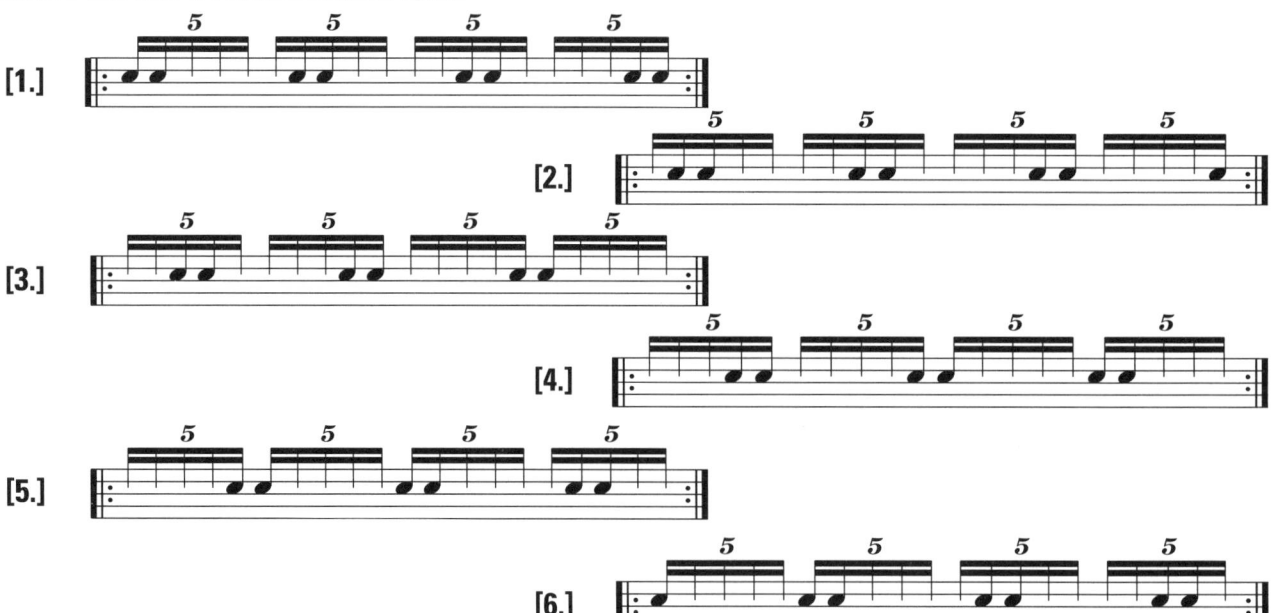

QUINTOLEN | TEIL C

## AKZENTE in Patterns und Groupings 5

[A] R L R L R  L R L R L  [B] R L R L R L L  [C] R L R R L
[D] R L L R R  L R R L L  [E] R L L R L  R L L R L

- Verwende Stickingoption [A] für alle Übungen.
- Verwende Stickingoption [B] bis [E] für Nr. [1.].

top line

R L R L R L R L R L R L R L R L R L R L

### 7ER GRUPPEN MIT 3 AKZENTSCHLÄGEN

[1.]

[2.]

[3.]

[4.]

[5.]

[6.]

[7.]

# PAD BOOK
FUNDAMENTAL WORKOUTS
ANIKA NILLES

KAPITEL I | SUBDIVISION STUDIEN

## AKZENTE in Patterns und Groupings 6

Diese Patterns sind Interpretationen von *Clave* und *Cascara*-Figuren in Quintolen.

top line

### 3/2 SON CLAVE

### 2/3 SON CLAVE

### 3/2 RUMBA CLAVE

### 2/3 RUMBA CLAVE

### CASCARA

# GROUPING-KOMBINATIONEN

Nachdem du jedes Grouping mit verschiedenen Stickings für sich geübt hast, kannst du jetzt beginnen, einige miteinander über einen Takt zu kombinieren. Wähle dazu eine der drei Stickingoptionen auf den *Seiten 14 bis 16* für die folgenden Übungen aus. Mit solchen Grouping-Kombinationen kreierst du viele neue Rhythmen mit Struktur und System. Es ist ein großartiges Tool, um rhythmische Melodien zu komponieren und sie an einen Song oder andere Instrumentalrhythmen anzupassen. Wenn du dich in diesen Kombinationen sicher fühlst, kannst du sie am Schlagzeug ausprobieren und sie auf Snare, Toms und Becken orchestrieren. Mit den folgenden Übungen arbeitest du an der Grundlage, das System und die Rhythmen zu verstehen.

**STELL DIR EINEN TAKT MIT QUINTOLEN VOR ...**

**... UND SPIELE AKZENTE WIE IN DEN FOLGENDEN GROUPINGS:**

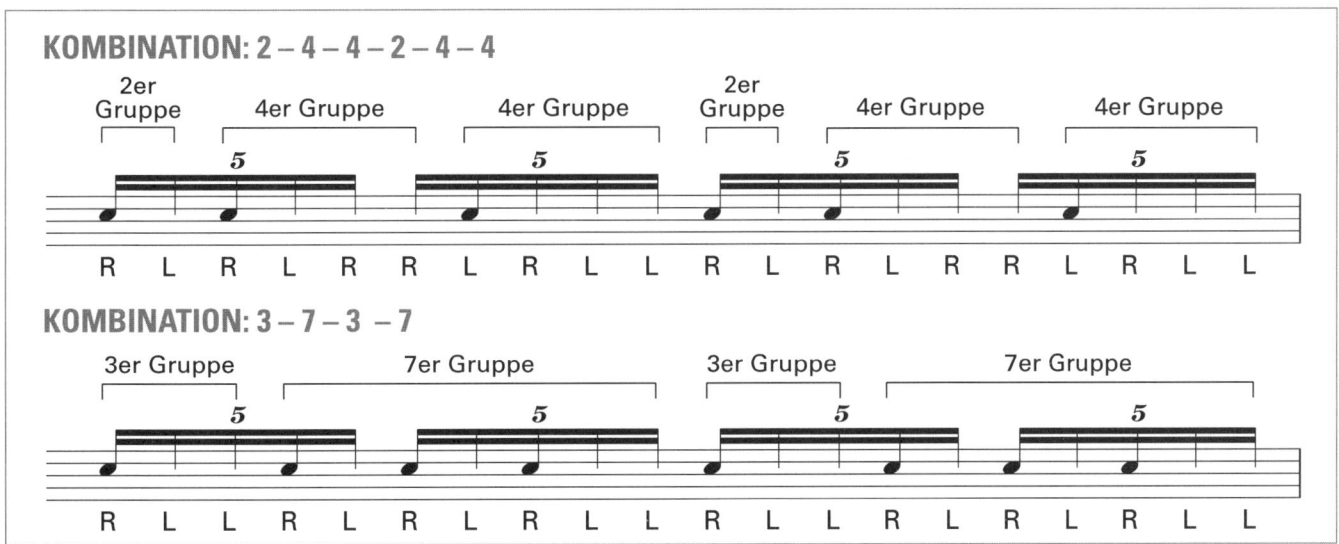

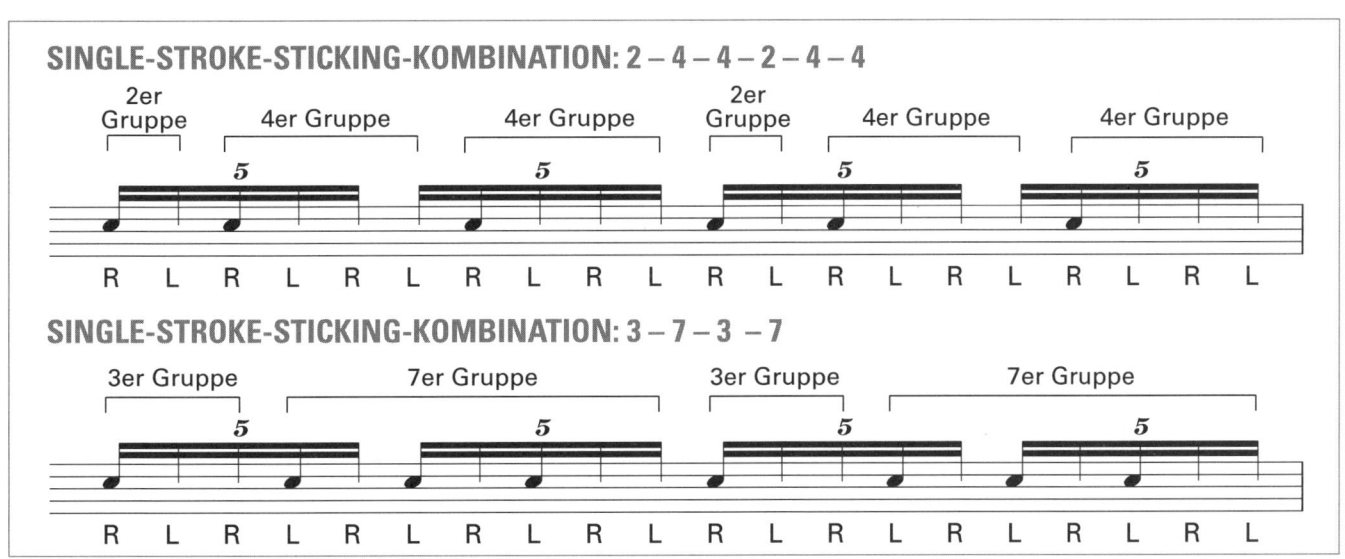

# WEITERE GROUPING-KOMBINATIONEN

Spiele diese Groupings über jeweils einen 4/4-Takt mit Quintolen basierend auf den ÜBUNGSSYSTEMEN A–D.

## Sektion A

| | | | | | | |
|---|---|---|---|---|---|---|
| 2 | 4 | 4 | 2 | 4 | 4 | |
| 4 | 2 | 4 | 4 | 2 | 4 | |
| 4 | 4 | 2 | 4 | 2 | 4 | |
| 4 | 2 | 4 | 2 | 4 | 4 | |
| 2 | 2 | 4 | 2 | 4 | 4 | 2 |

## Sektion B

| | | | | | |
|---|---|---|---|---|---|
| 3 | 5 | 3 | 3 | 5 | +1 |
| 5 | 3 | 3 | 5 | 3 | +1 |
| 3 | 3 | 5 | 5 | 3 | +1 |
| 4 | 4 | 3 | 3 | 5 | +1 |
| 4 | 5 | 3 | 4 | 3 | +1 |

## Sektion C

| | | | | |
|---|---|---|---|---|
| 6 | 4 | 6 | 4 | |
| 6 | 6 | 4 | 4 | |
| 4 | 6 | 6 | 4 | |
| 4 | 3 | 3 | 4 | 6 |
| 3 | 4 | 4 | 3 | 6 |

## Sektion D

| | | | | |
|---|---|---|---|---|
| 3 | 7 | 3 | 7 | |
| 5 | 7 | 4 | 4 | |
| 4 | 7 | 5 | 4 | |
| 7 | 3 | 3 | 4 | 3 |

SEXTOLEN | TEIL A

**PAD BOOK**
FUNDAMENTAL WORKOUTS
**ANIKA NILLES**

# SEXTOLEN
## TEIL A

Schau dir die Basisübung über den Bausteinen auf den folgenden Seiten an. Hier wird angezeigt, wie die Bausteine miteinander kombiniert werden. Schau dir auch nochmal die vorangegangenen **ÜBUNGSSYSTEME 1–3** auf den *Seiten 18–20* an.

 Der erste von beiden Takten zeigt das Steady (*gleichbleibende*) Pattern, auf das du nach Takt 2 immer wieder zum Entspannen zurückkehrst.

 Spiele im zweiten Takt mit den verschiedenen Bausteinen. Spiele beide Takte in einer Schleife (Loop) und konzentriere dich einige Minuten lang auf jeden Baustein, bevor du zum nächsten übergehst.

 Wenn du die Bausteine für den zweiten Takt beherrschst, änderst du den Baustein für den *ersten* Takt der Basisübung und gehst alle anderen Bausteine für Takt 2 erneut durch.

### TIPP:
*Spiele das Steady Pattern und den Takt mit den Bausteinen je zwei Mal. So machst du aus dem zweitaktigen Loop einen viertaktigen Loop. Das räumt dir mehr Zeit für den Wechsel zwischen beiden Takten ein und fühlt sich entspannter an.*

- *Wähle ein Sticking aus!*
- *Übe jeden Baustein einige Minuten lang für sich und stelle sicher, dass es sich gut und stabil anfühlt beim Spielen der verschiedenen Positionen.*
- *Verwende ein Metronom und wähle ein langsames Tempo, bevor du beschleunigst.*
- *Achte auf den Dynamikbereich zwischen Akzent und Ghost Notes. Spiele alle Ghost Notes so leise wie möglich.*

# PAD BOOK
FUNDAMENTAL WORKOUTS
ANIKA NILLES

KAPITEL I | SUBDIVISION STUDIEN

## AKZENTE

Stickingoptionen für alle Bausteine und die Basisübung. Wähle eines der Stickings:

[A] R L R L R L     [B] R L R R L L     [C] R R L L R R
                                            L L R R L L

[D] R L R L R R
    L R L R L L

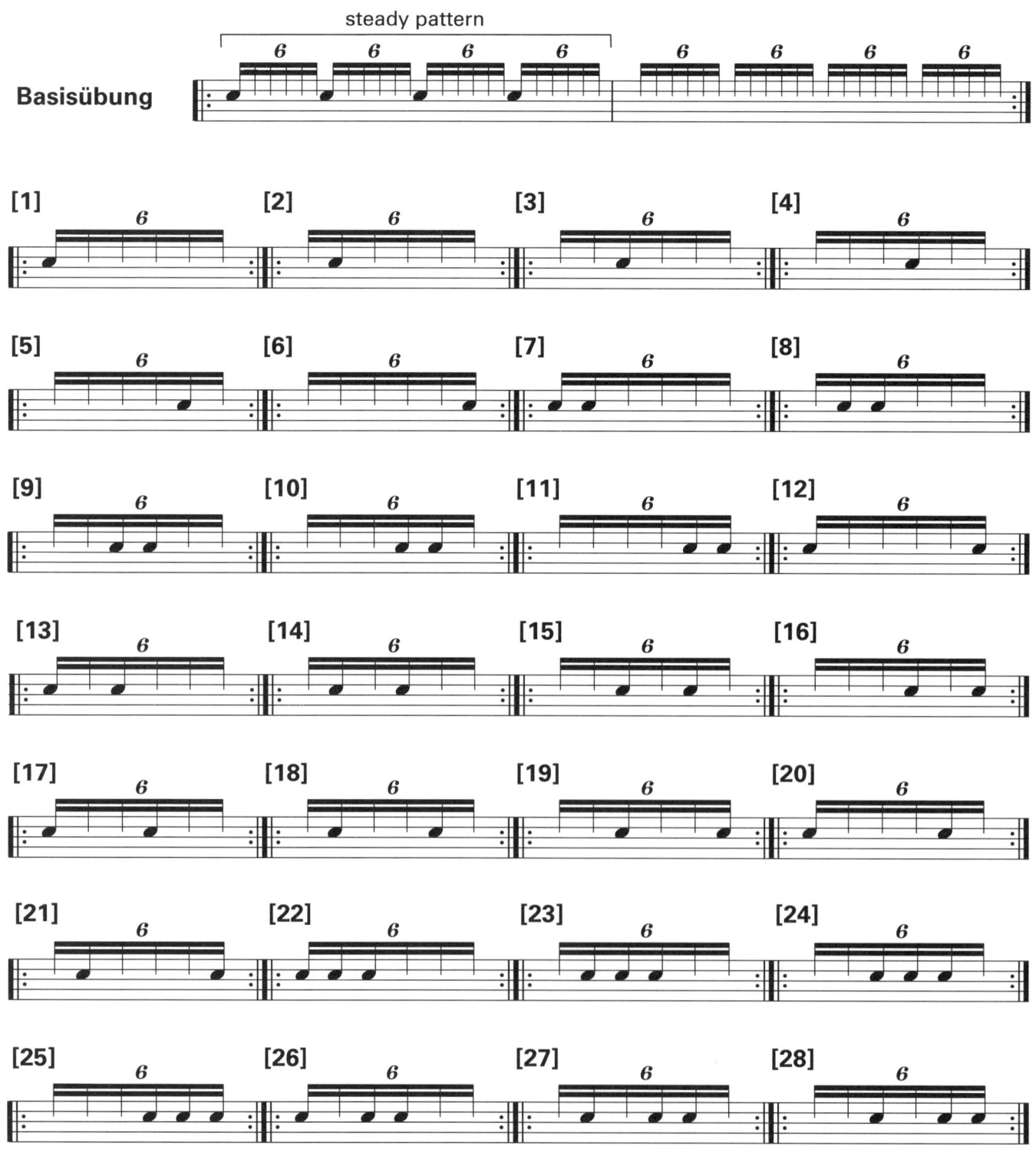

SEXTOLEN | TEIL A

**PAD BOOK**
FUNDAMENTAL WORKOUTS
**ANIKA NILLES**

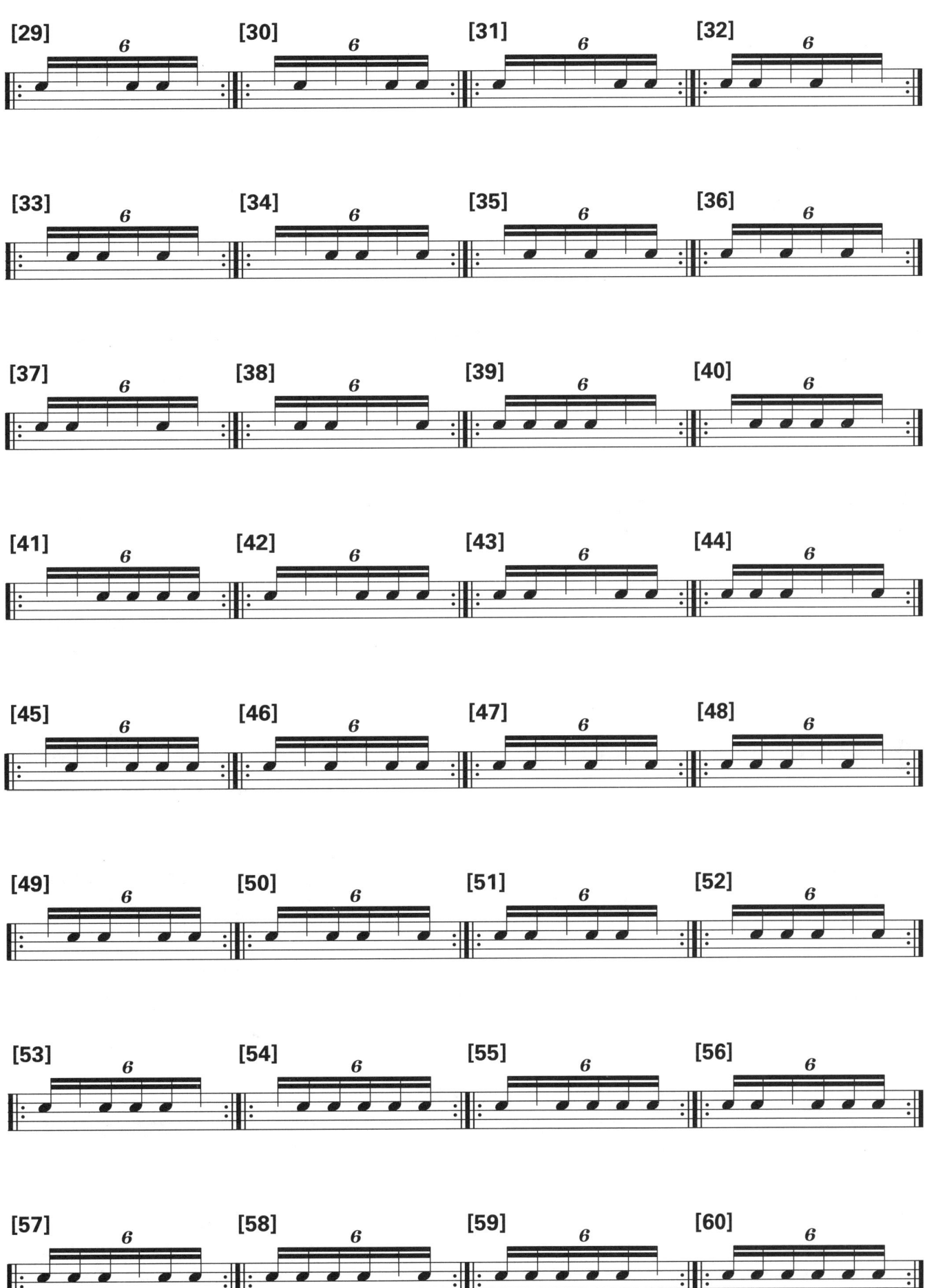

103

# PAD BOOK
FUNDAMENTAL WORKOUTS
ANIKA NILLES

KAPITEL I | SUBDIVISION STUDIEN

## FLAMS

In diesem Abschnitt geht es darum, jedem Akzent einen Flam hinzuzufügen. Beginne mit einem einfachen Single-Stroke-Sticking. Wenn du dich sicher fühlst, kannst du auch eines der anderen Stickings der „Sextuplet-Akzente" von *S. 102 und 103* verwenden.

**Sticking:** R L R L R L    L R L R L R

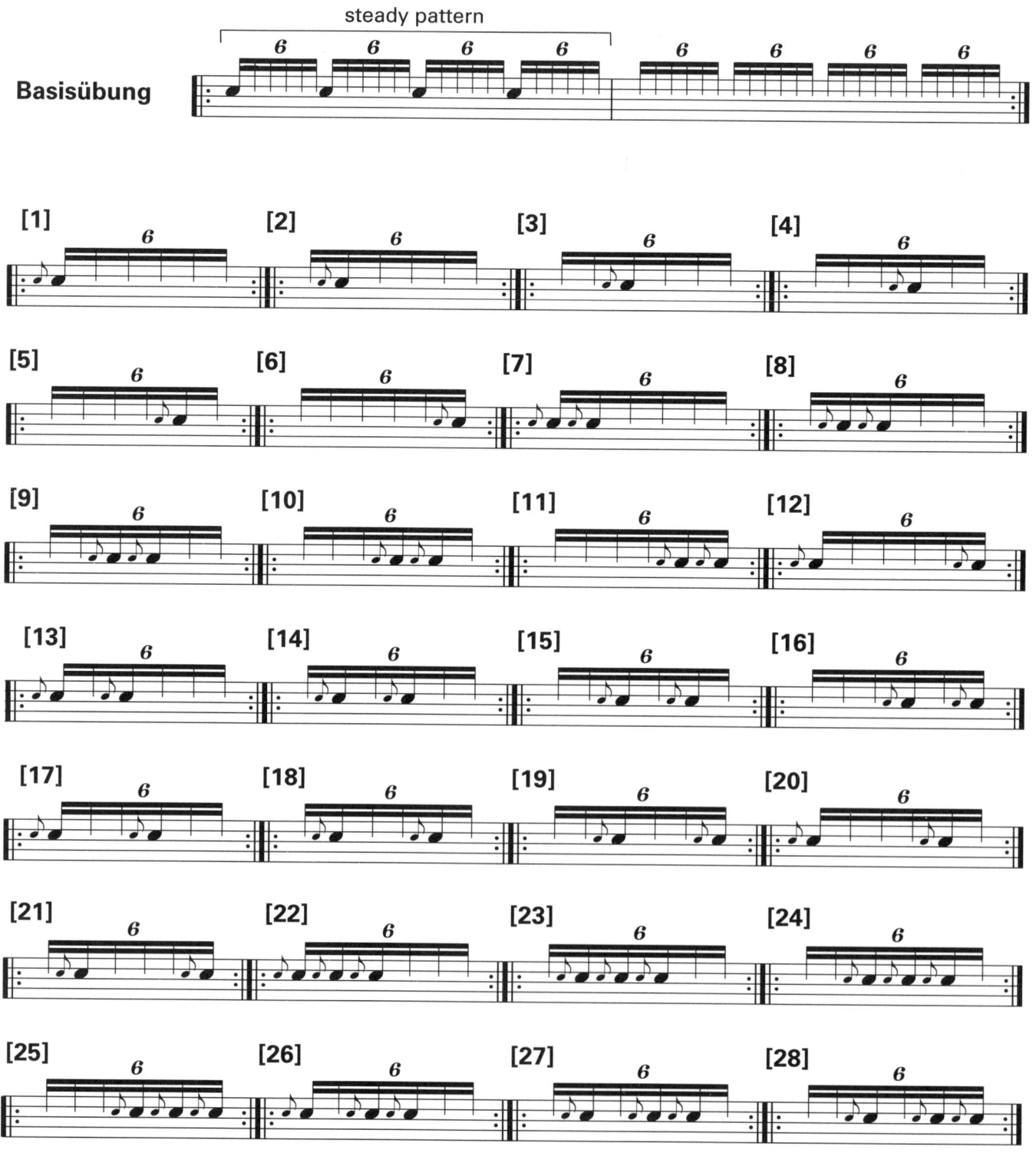

## SEXTOLEN | TEIL A

# PAD BOOK
FUNDAMENTAL WORKOUTS
ANIKA NILLES

KAPITEL I | SUBDIVISION STUDIEN

## Ready, steady, go!

Verwende für alle Übungen ein Single-Stroke-Sticking:

[1] Spiele als Akzente und Ghost Notes.  [2] Füge allen Akzenten in Takt 2 Flams hinzu.

*Photo © by Marius Mischke*

# PAD BOOK
FUNDAMENTAL WORKOUTS
ANIKA NILLES

KAPITEL I | SUBDIVISION STUDIEN

## 32TEL-SEXTOLEN – SINGLE STROKES

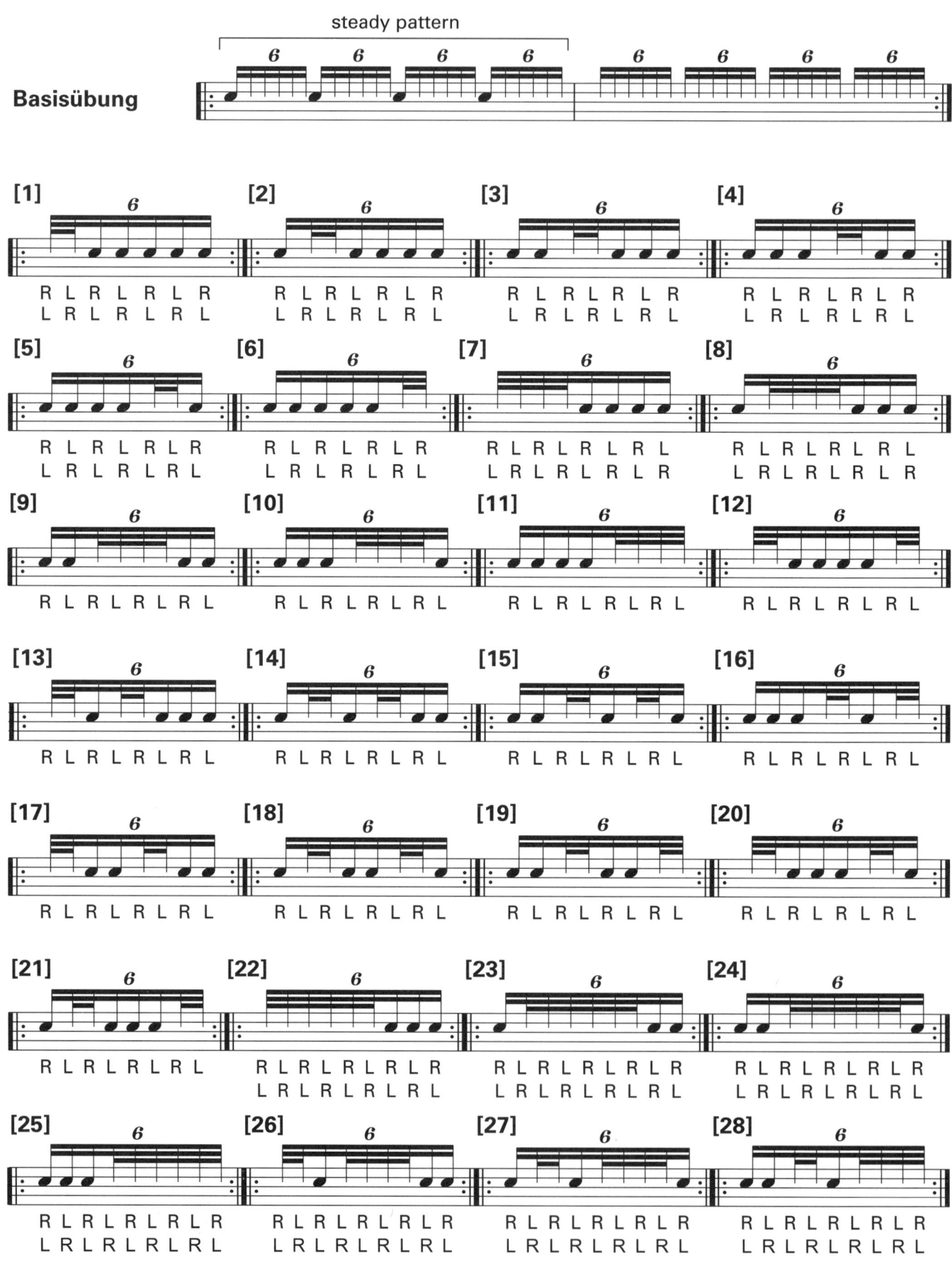

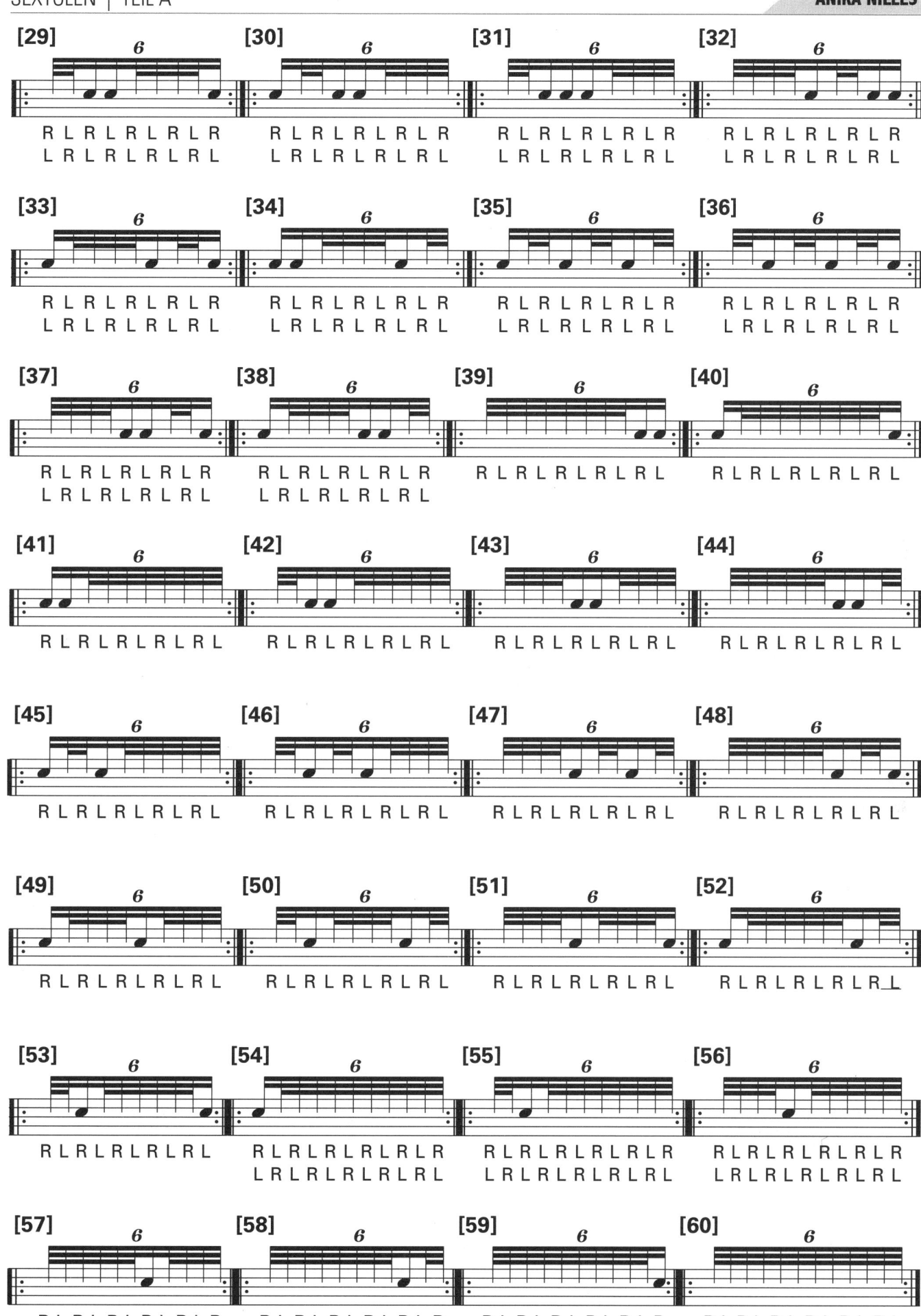

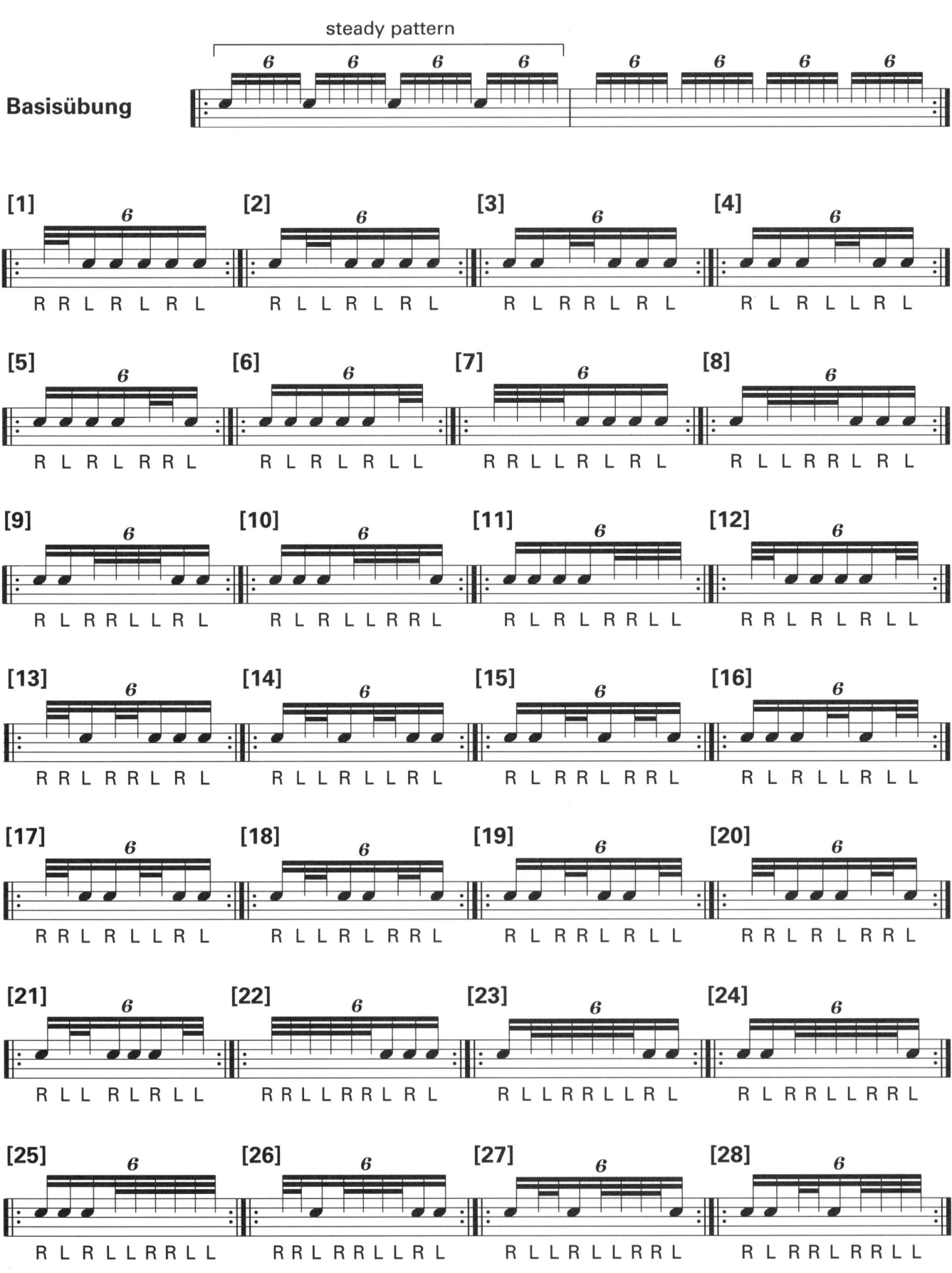

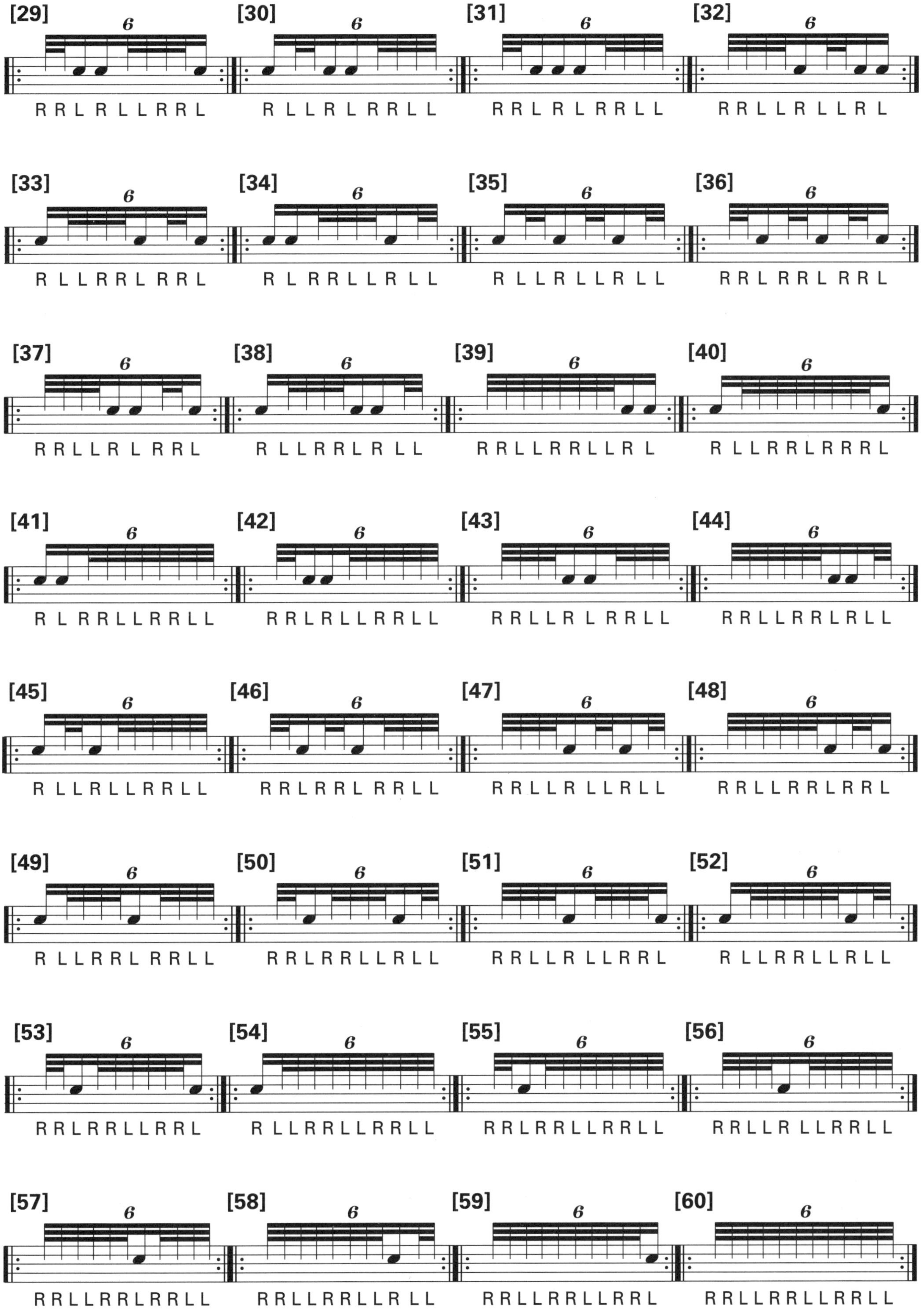

# PAD BOOK
## FUNDAMENTAL WORKOUTS
**ANIKA NILLES**

SEXTOLEN | TEIL A

[29] R R L R L L R R L
[30] R L L R L R R L L
[31] R R L R L R R L L
[32] R R L L R L L R L
[33] R L L R R L R R L
[34] R L R R L L R L L
[35] R L L R L L R L L
[36] R R L R R L R R L
[37] R R L L R L R R L
[38] R L L R R L R L L
[39] R R L L R R L L R L
[40] R L L R R L R R R L
[41] R L R R L L R R L L
[42] R R L R L L R R L L
[43] R R L L R L R R L L
[44] R R L L R R L R L L
[45] R L L R L L R R L L
[46] R R L R R L R R L L
[47] R R L L R L L R L L
[48] R R L L R R L R R L
[49] R L L R R L R R L L
[50] R R L R R L L R L L
[51] R R L L R L R R L
[52] R L L R R L L R L L
[53] R R L R L L R R L
[54] R L L R R L L R L L
[55] R R L R R L L R L L
[56] R R L L R L L R R L L
[57] R R L L R R L R R L L
[58] R R L L R R L L R L L
[59] R R L L R R L L R R L
[60] R R L L R R L L R L L

# PAD BOOK
## FUNDAMENTAL WORKOUTS
### ANIKA NILLES

KAPITEL I | SUBDIVISION STUDIEN

## Ready, steady, go!

### Beispiele mit Single Strokes:

Diese Beispiele zeigen, wie die Single-Stroke-Stickings von *Seite 108/109* auf die Übungen der *Seite 114* übertragen werden können. Stelle sicher, dass du bei allen Übungen die „Regel" einhältst, Einzelschläge zu verwenden.

[1]

[2]

[3]

SEXTOLEN | TEIL A

# PAD BOOK
## FUNDAMENTAL WORKOUTS
### ANIKA NILLES

[4]

[5]

[6]

# PAD BOOK
FUNDAMENTAL WORKOUTS
**ANIKA NILLES**

KAPITEL I | SUBDIVISION STUDIEN

## Ready, steady, go!

Verwende für alle Übungen ein Single-Stroke-Sticking:

[1] Spiele die 32tel-Sextolen als Singles (*siehe S. 108/109*).
[2] Spiele die 32tel-Sextolen als Doubles (*siehe S. 110/111*).

SEXTOLEN | TEIL B

**PAD BOOK**
FUNDAMENTAL WORKOUTS
**ANIKA NILLES**

## TEIL B
# LESETEXT

### HINZUFÜGEN VON VERZIERUNGEN

## LESETEXT-WORKOUTS

Die folgenden Lesetexte sind Kombinationen basierend auf den *Akzente-Seiten 102–103*. Das Ziel ist, Rhythmen in einfacher Form zu lesen und Verzierungen wie *Flams, Double Strokes* und *Single-Note-Doubles* darauf zu übertragen. Eine andere Möglichkeit besteht darin, jede *Ghost Note* als Pause zu belassen und einfach nur die akzentuierten Noten zu spielen.

Die Lesetext-Workouts zu paraphrasieren ist zunächst einmal eine reine Übung und dem ersten Anschein nach nicht sehr musikalisch. Auch kann es sehr ermüdend sein, aus der Vorstellungskraft heraus zu arbeiten. Aber gerade diese Herangehensweise ist sehr hilfreich zur Entwicklung der Interpretationsfähigkeit, Vorstellungskraft und Kreativität. Solche Workouts haben mir sehr geholfen, während des Spielens kreativ zu werden, Grooves und Fills zu kreieren, ohne eine vollständige Notation vorliegen zu haben.

### LESETEXT 1 (*siehe Seite 118*)
*Lesetext 1* auf *Seite 118* zeigt grundsätzlich *jeden Schlag der Sextole*. Diese Form des Lesetextes eignet sich vor allem für all diejenigen, die sich noch nicht so sicher im Lesen von Noten fühlen. Wie bisher kannst du alle Noten spielen oder Pausen zwischen den akzentuierten Noten lassen. Es kommt darauf an, welche „Verzierung" du in die Notation übertragen möchtest.

### LESETEXT 2 (*siehe Seite 119*)
Wer bereits fortgeschrittener im Notenlesen – und vor allem sicher im Umgang mit Pausenwerten und Notenlängen – ist, der kann mit dem Lesetext auf *Seite 119* arbeiten. Hier müssen die Pausenwerte mit Ghost Notes gefüllt werden, während alle ausgeschriebenen Noten die Akzente darstellen.

### WIE MAN ÜBT:

 Wähle die für dich passende Notationsform aus: Lesetext 1 oder 2? Beide Lesetexte sind unterschiedlich in Form und Inhalt!

 Entscheide dich für eine der Verzierungen (*Flams, Double Strokes, Single-Note-Doubles,* oder aber *Pausen*) und übertrage sie in den Lesetext.

 Übe langsam und stelle sicher, dass deine Interpretation korrekt ist.

 Achte auf die Stickings und stelle sicher, dass du sie sauber ausführst.

 Wähle 4–5 Takte zum Üben und wiederhole jeden Takt für 2–3 Minuten mit der Phrasierung, für die du dich entschieden hast.

 Übe die 4–5 Takte über den Zeitraum der nächsten 2–3 Tage (Übe-Sessions), bevor du mit weiteren Takten fortfährst.

# ÜBUNGSSYSTEM
## WIE MAN VERZIERUNGEN ZUM LESETEXT HINZUFÜGT

**BEISPIEL TAKT 1 - LESETEXT**

**BEISPIEL ZUR ÜBERTRAGUNG VON AKZENTEN UND VERZIERUNGEN**

[A] AKZENTE

[B] FLAMS

[C] 32TEL-DOUBLE STROKES

[D] 32TEL-SINGLE STROKES

SEXTOLEN | TEIL B

**PAD BOOK**
FUNDAMENTAL WORKOUTS
**ANIKA NILLES**

# WIE MAN STICKINGS ZUM LESETEXT HINZUFÜGT

Die folgenden Übungen helfen dir, *Akzente* auch über andere Stickings als Single Strokes zu spielen. Stell dir ein *Double-Stroke-Sticking* (*Beispiel 2*) vor und spiele es durch den kompletten Lesetext.

Gehe wie folgt vor:
- Verwende ein Metronom und stelle ein sehr angenehmes, langsames Tempo (55–65 bpm) ein.
- Wähle eine der Stickingoptionen [A] bis [D].
- Wähle einen Takt aus dem Lesetext aus und konzentriere dich darauf, das Sticking korrekt zu übertragen.
- Spiele langsam und stelle sicher, dass die Akzente und Ghost Notes klar herauskommen.
- Spiele den ausgewählten Takt 2–3 Minuten lang fehlerfrei in einer Schleife.

## Stickingoptionen

[A] R L R L R L     [B] R R L L     [C] R L R L R R
                                        L R L R L L

### BEISPIEL 1: SINGLE STROKES

### BEISPIEL 2: DOUBLE STROKES

### BEISPIEL 3: DOUBLE PARADIDDLE

# PAD BOOK
FUNDAMENTAL WORKOUTS
**ANIKA NILLES**

KAPITEL I | SUBDIVISION STUDIEN

## LESETEXT 1: SEXTOLEN

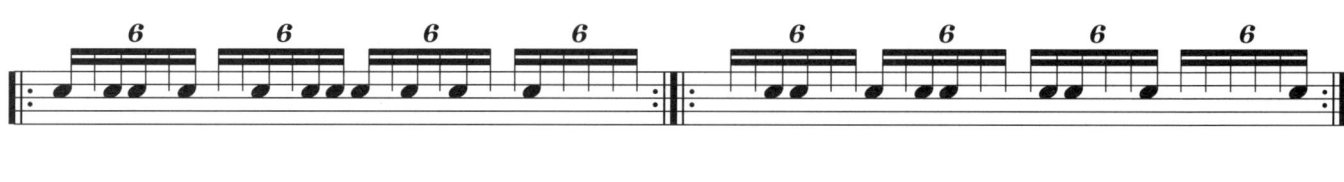

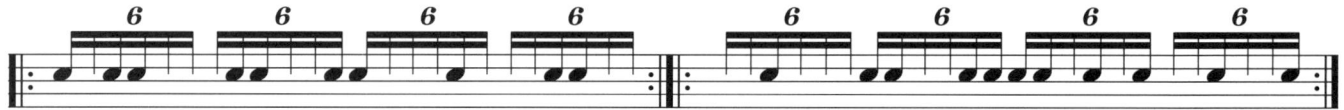

SEXTOLEN | TEIL B

## LESETEXT 2: SEXTOLEN

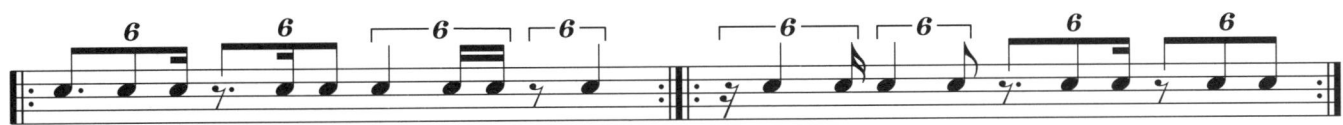

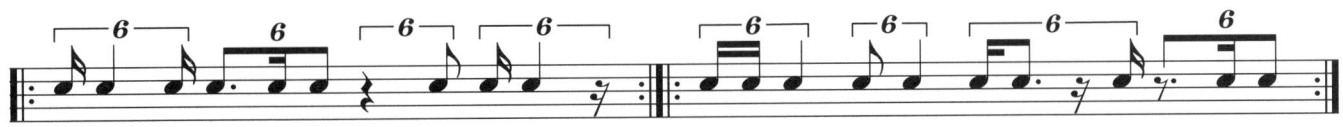

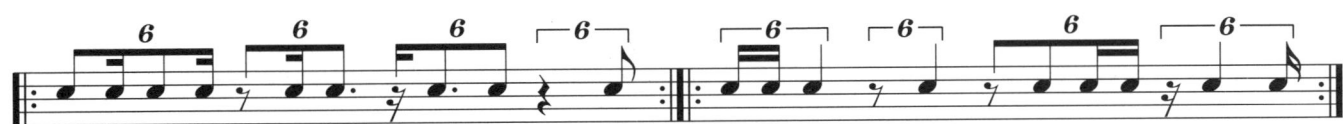

# PAD BOOK
**FUNDAMENTAL WORKOUTS**
ANIKA NILLES

KAPITEL I | SUBDIVISION STUDIEN

## TEIL C
## WARM-UPS
### SEXTOLEN

In den folgenden drei Warm-Ups steht der Wechsel zwischen verschiedenen Stickings im Fokus. Sie enthalten keinerlei Hinweise zu Akzenten oder Dynamik. Übe sie, wie im ÜBUNGSSYSTEM D auf *Seite 122* angegeben.

### Switching Sticking A (Double Strokes)

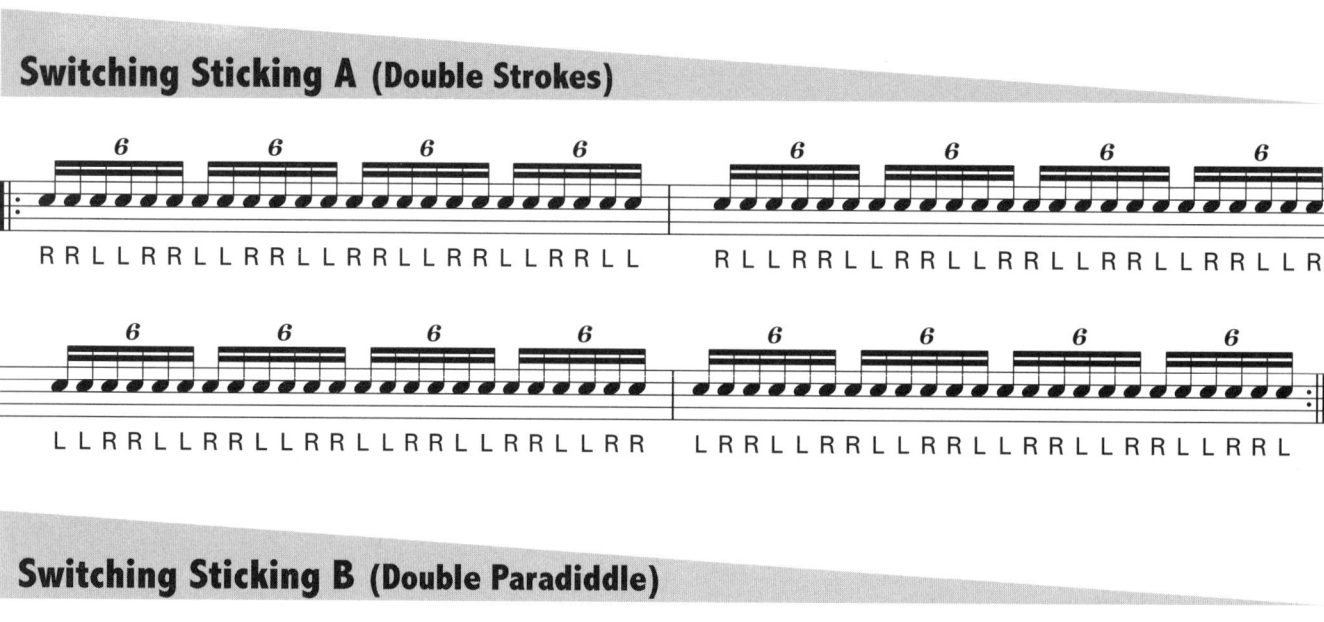

### Switching Sticking B (Double Paradiddle)

### Switching Sticking C (Paradiddle Diddle)

SEXTOLEN | TEIL C

# PAD BOOK
FUNDAMENTAL WORKOUTS
**ANIKA NILLES**

## Übungssystem A

Wechsle zwischen der Top Line und **jedem einzelnen** Übungstakt [1.] bis [4.] hin und her.

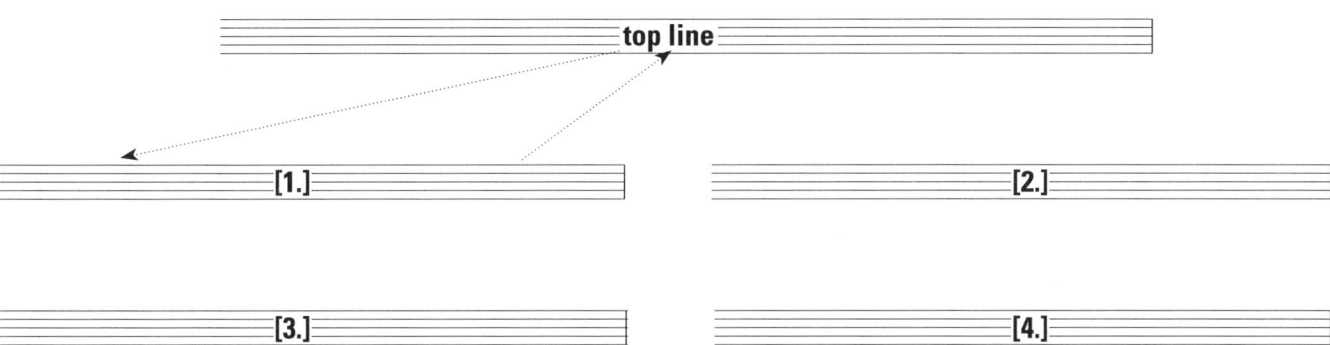

## Übungssystem B

Wechsle zwischen der Top Line und **zwei einzelnen** Übungstakten hin und her.

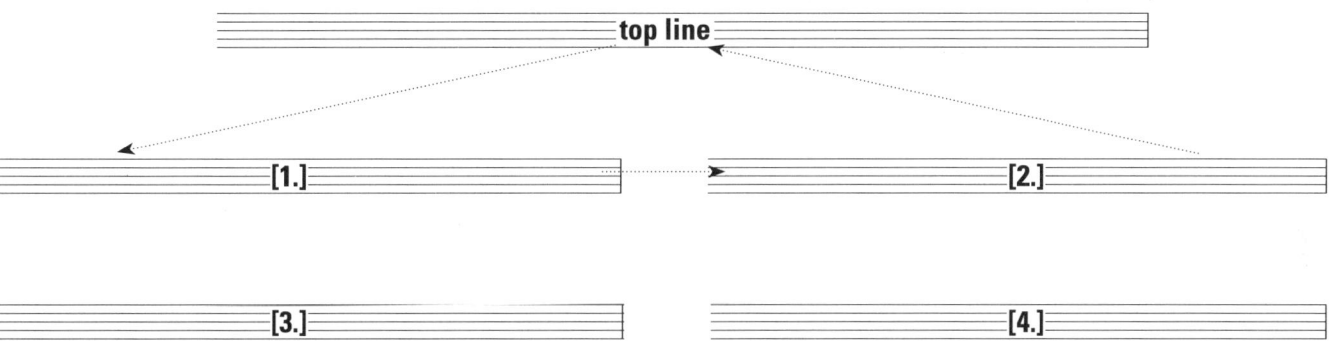

## Übungssystem C

Wechsle zwischen der Top Line und **vier aufeinander folgenden** Übungstakten hin und her.

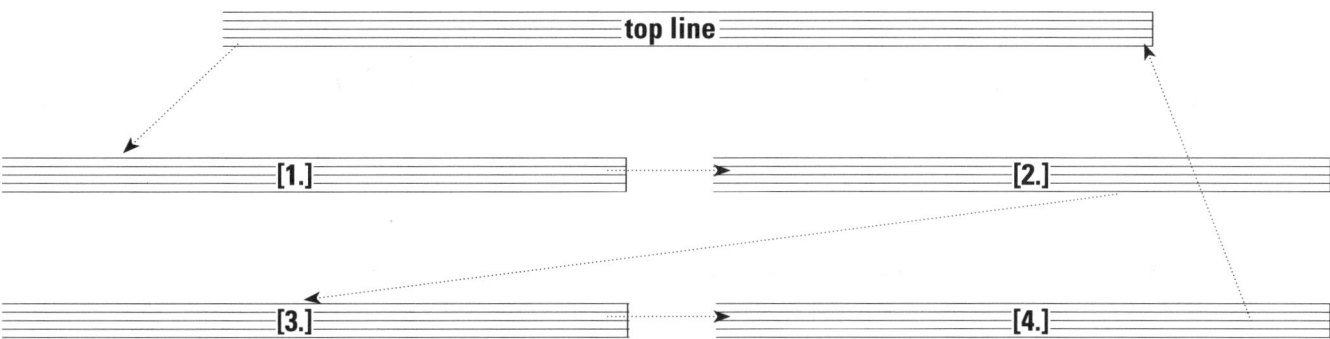

# PAD BOOK
**FUNDAMENTAL WORKOUTS**
**ANIKA NILLES**

KAPITEL I | SUBDIVISION STUDIEN

## Übungssystem D

### NUR FÜR „SWITCHING STICKINGS A–C"

In ÜBUNGSSYSTEM D ist deine Aufgabe, die drei 4-taktigen Warm-Ups SWITCHING STICKINGS A–C auf *Seite 120* in einer gleichmäßigen Lautstärke in Schleife zu spielen. Das vorrangige Ziel ist, sie flüssig spielen zu können und die Stickings so zu verinnerlichen, dass sie sich angenehm anfühlen.

Verwende für die folgenden *Switching Stickings 1–9* und *Akzente & Verzierungen 1–8* die **Übungssysteme A–C**.

## Switching Sticking 1

## Switching Sticking 2

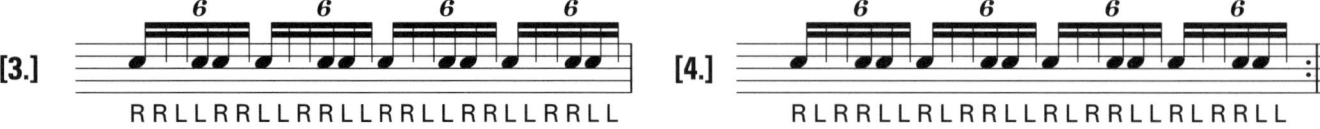

SEXTOLEN | TEIL C

## Switching Sticking 3

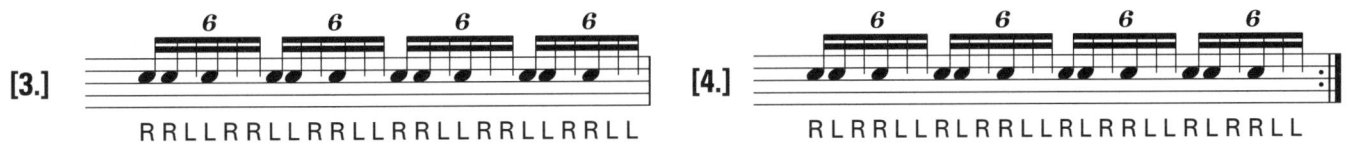

## Switching Sticking 4

# PAD BOOK
**FUNDAMENTAL WORKOUTS**
**ANIKA NILLES**

KAPITEL I | SUBDIVISION STUDIEN

## Switching Sticking 5

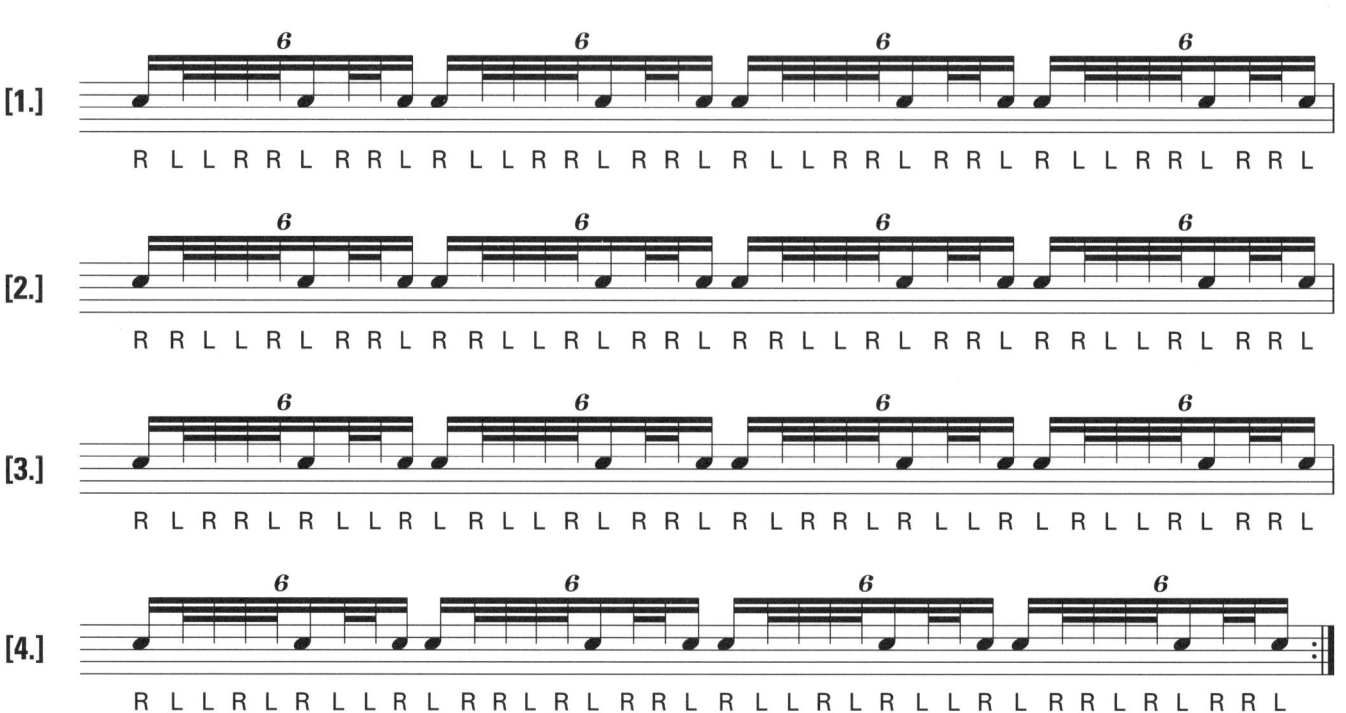

## Switching Sticking 6

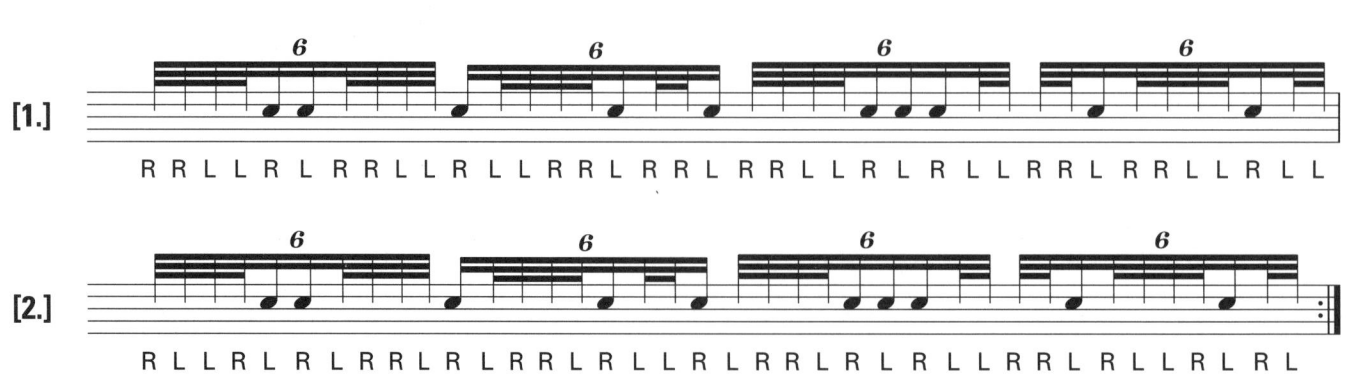

SEXTOLEN | TEIL C

# PAD BOOK
FUNDAMENTAL WORKOUTS
**ANIKA NILLES**

## Switching Sticking 7

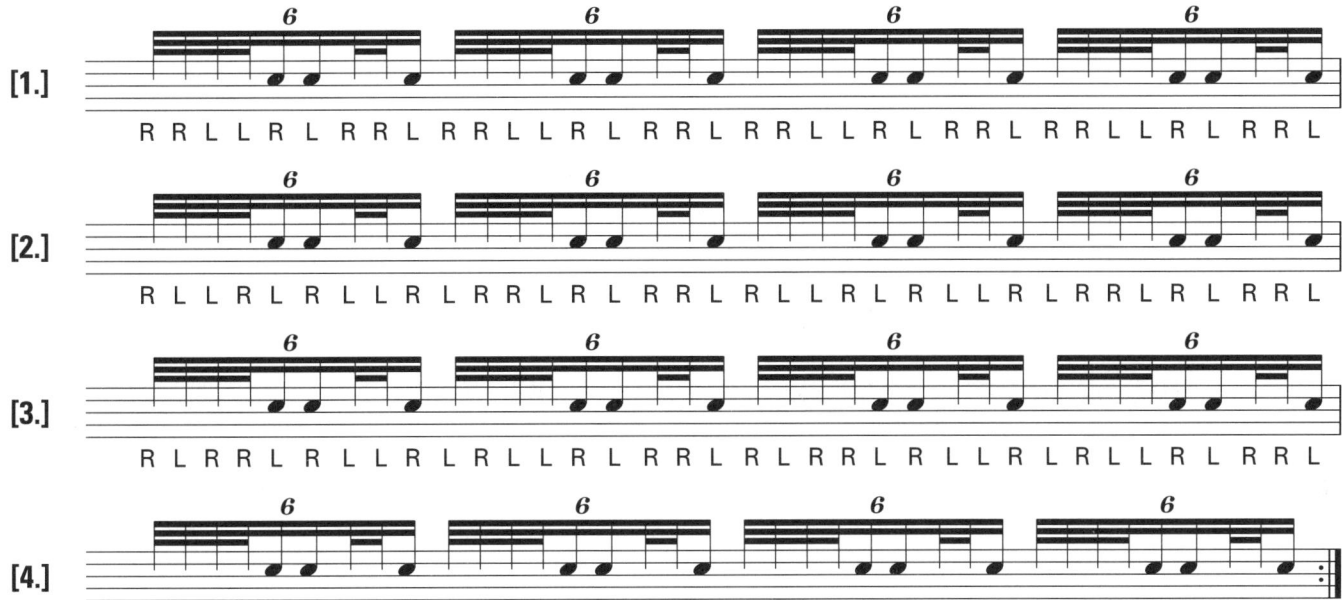

## Switching Sticking 8

# PAD BOOK
FUNDAMENTAL WORKOUTS
**ANIKA NILLES**

KAPITEL I | SUBDIVISION STUDIEN

## Switching Sticking 9

top line

R L R L R L R L R L R L R L R L R L R L R L R L

[1.]

R L L R R L L R L R L L R R L L R L R L L R R L L R L R L L R R L L R L

[2.]

R L R R L L R L R L R L L R R L R L R L R R L L R L R L R L L R R L R L

[3.]

R L R L L R R L R L R L R R L L R L R L L R R L R L R L R R L L R L

[4.]

R L L R R L R L R L R R L L R L R L R L L R R L R L R L R L R R L L R L R L

126

SEXTOLEN | TEIL C

## Akzente & Verzierungen 1

## Akzente & Verzierungen 2

# PAD BOOK
## FUNDAMENTAL WORKOUTS
### ANIKA NILLES

KAPITEL I | SUBDIVISION STUDIEN

## Akzente & Verzierungen 3

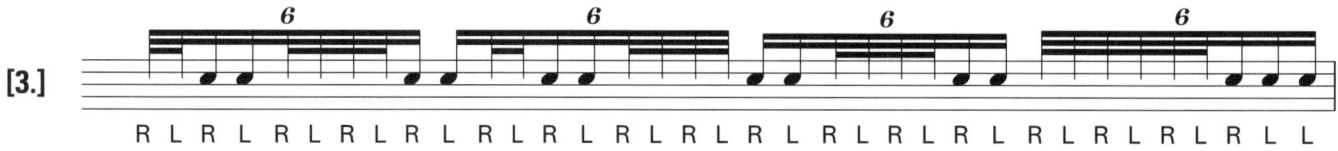

## Akzente & Verzierungen 4

SEXTOLEN | TEIL C

## Akzente & Verzierungen 5

## Akzente & Verzierungen 6

## Akzente & Verzierungen 7

## Akzente & Verzierungen 8

SEXTOLEN | TEIL C

## AKZENTE in Patterns und Groupings 1

**[A]** R L R L R L     **[B]** R L L     **[C]** R L R R L L
**[D]** R L L R R L     **[E]** R R L L R R    L L R R L L

- Verwende Stickingoption [A] für alle Übungen.
- Verwende Stickingoption [B] bis [E] für Nr. [1.].

top line

R L R L R L R L R L R L R L R L R L R L R L R L

### 2ER GRUPPEN MIT 1 AKZENTSCHLAG

[1.]  [2.]

## AKZENTE in Patterns und Groupings 2

**[A]** R L R L R L     **[B]** R L R R    L R L L     **[C]** R R L L

- Verwende Stickingoption [A] für alle Übungen.
- Verwende Stickingoption [B] und [C] für Nr. [1.].

top line

R L R L R L R L R L R L R L R L R L R L R L R L

### 4ER GRUPPEN MIT 1 AKZENTSCHLAG

[1.]  [2.]

[3.]  [4.]

# PAD BOOK
**FUNDAMENTAL WORKOUTS**
**ANIKA NILLES**

KAPITEL I | SUBDIVISION STUDIEN

## AKZENTE in Patterns und Groupings 3

**[A]** R L R L R  **[B]** R L R L L
**[C]** R R L L R   L L R R L  **[D]** R L R R L

- Verwende Stickingoption [A] für alle Übungen.
- Verwende Stickingoption [B] bis [D] für Nr. [1.].

top line

R L R L R L R L R L R L R L R L R L R L R L R L

### 5ER GRUPPEN MIT 2 AKZENTSCHLÄGEN

[1.]

[2.]

[3.]

[4.]

[5.]

SEXTOLEN | TEIL C

## AKZENTE in Patterns und Groupings 4

**[A]** R L R L R L  **[B]** R L R L R L L
**[C]** R R L L R L L  **[D]** R L R R L L

- Verwende Stickingoption [A] für alle Übungen.
- Verwende Stickingoption [B] bis [D] für Nr. [1.].

top line

R L R L R L R L R L R L R L R L R L R L R L R L

### 7ER GRUPPEN MIT 3 AKZENTSCHLÄGEN

[1.]

[2.]

[3.]

[4.]

[5.]

[6.]

[7.]

# PAD BOOK
FUNDAMENTAL WORKOUTS
ANIKA NILLES

KAPITEL I | SUBDIVISION STUDIEN

## AKZENTE in Patterns und Groupings 5

Diese Patterns sind Interpretationen von *Clave* und *Cascara*-Figuren in Sextolen.

### 3/2 SON CLAVE

### 2/3 SON CLAVE

### 3/2 RUMBA CLAVE

### 2/3 RUMBA CLAVE

### CASCARA

# GROUPING-KOMBINATIONEN

Nachdem du jedes Grouping mit verschiedenen Stickings für sich geübt hast, kannst du jetzt beginnen, einige miteinander über einen Takt zu kombinieren. Wähle dazu eine der drei Stickingoptionen auf den *Seiten 14 bis 16* für die folgenden Übungen aus. Mit solchen Grouping-Kombinationen kreierst du viele neue Rhythmen mit Struktur und System. Es ist ein großartiges Tool, um rhythmische Melodien zu komponieren und sie an einen Song oder andere Instrumentalrhythmen anzupassen. Wenn du dich in diesen Kombinationen sicher fühlst, kannst du sie am Schlagzeug ausprobieren und sie auf Snare, Toms und Becken orchestrieren. Mit den folgenden Übungen arbeitest du an der Grundlage, das System und die Rhythmen zu verstehen.

**STELL DIR EINEN TAKT MIT SEXTOLEN VOR ...**

**... UND SPIELE AKZENTE WIE IN DEN FOLGENDEN GROUPINGS:**

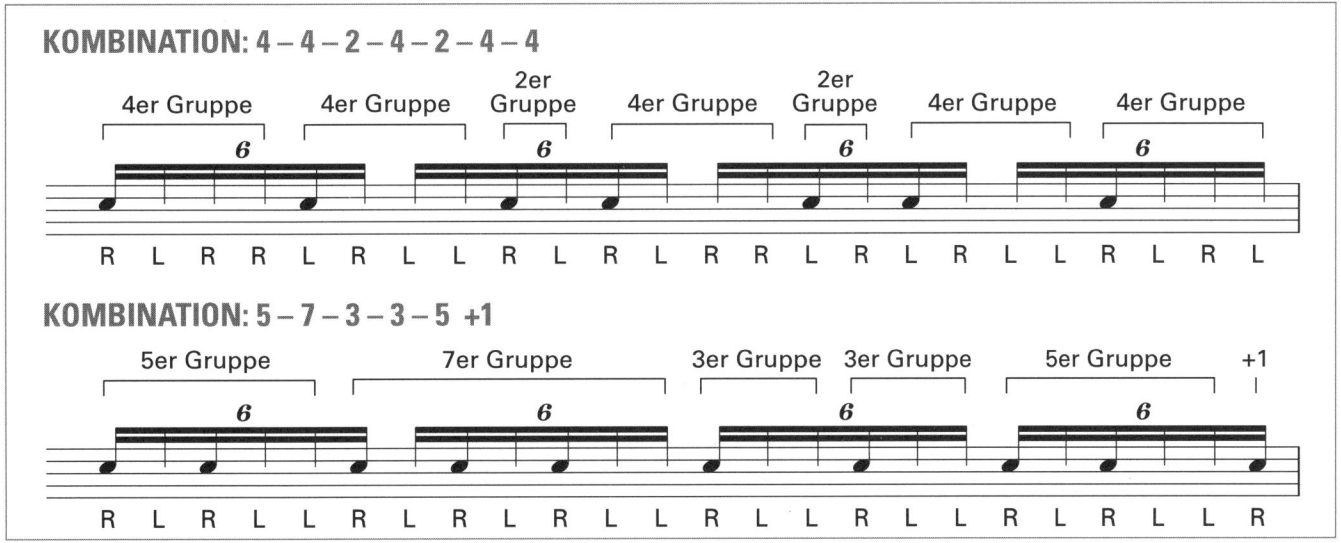

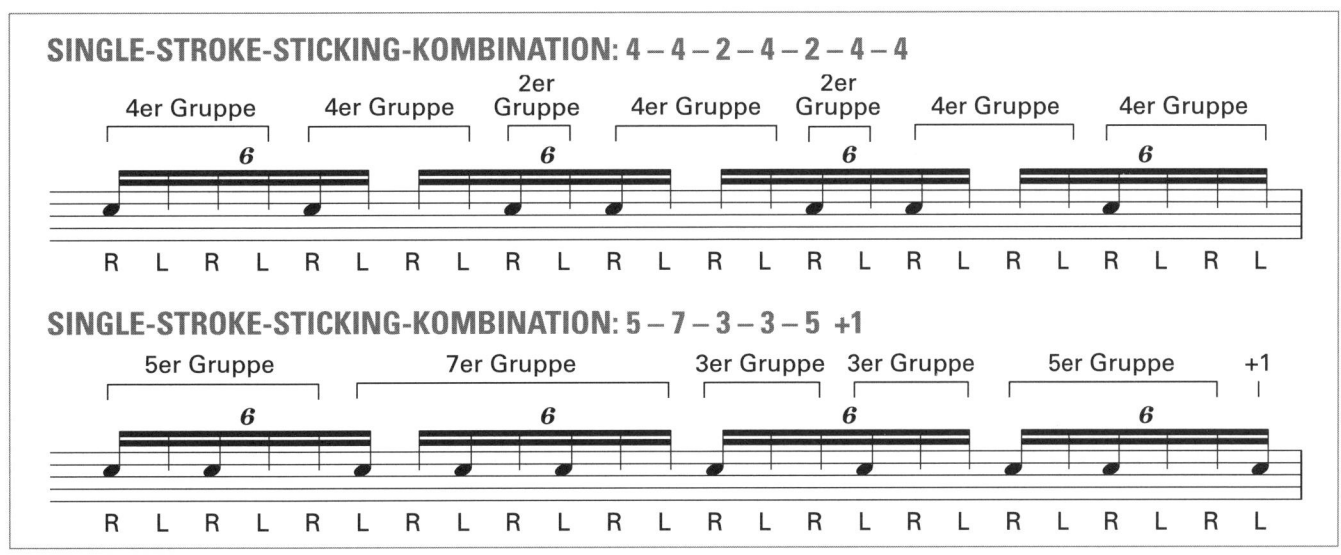

# PAD BOOK
**FUNDAMENTAL WORKOUTS**
**ANIKA NILLES**

KAPITEL I | SUBDIVISION STUDIEN

## WEITERE GROUPING-KOMBINATIONEN

Spiele diese Groupings über jeweils einen $\frac{4}{4}$-Takt mit Sextolen basierend auf den ÜBUNGSSYSTEMEN A–D.

### Sektion A

| | | | | | | |
|---|---|---|---|---|---|---|
| 4 | 4 | 2 | 4 | 2 | 4 | 4 |
| 4 | 2 | 4 | 4 | 4 | 2 | 4 |
| 4 | 4 | 2 | 4 | 4 | 2 | 4 |
| 4 | 6 | 4 | 2 | 4 | 4 | |
| 2 | 4 | 6 | 4 | 4 | 4 | |

### Sektion B

| | | | | | |
|---|---|---|---|---|---|
| 5 | 7 | 3 | 3 | 5 | +1 |
| 7 | 3 | 5 | 5 | 3 | +1 |
| 3 | 5 | 7 | 3 | 5 | +1 |
| 7 | 5 | 3 | 3 | 5 | +1 |
| 3 | 7 | 7 | 3 | 3 | +1 |

### Sektion C

| | | | | | | |
|---|---|---|---|---|---|---|
| 4 | 2 | 5 | 5 | 2 | 4 | 2 |
| 5 | 4 | 2 | 4 | 2 | 5 | 2 |
| 5 | 2 | 5 | 2 | 4 | 2 | 4 |
| 7 | 3 | 5 | 4 | 5 | | |
| 5 | 7 | 4 | 5 | 3 | | |

### Sektion D

| | | | | |
|---|---|---|---|---|
| 4 | 6 | 5 | 4 | 5 |
| 5 | 4 | 6 | 5 | 4 |
| 4 | 4 | 6 | 5 | 5 |
| 5 | 5 | 4 | 6 | 4 |
| 6 | 4 | 5 | 5 | 4 |

SEPTOLEN | TEIL A

**PAD BOOK**
FUNDAMENTAL WORKOUTS
**ANIKA NILLES**

# SEPTOLEN
## TEIL A

Schau dir die Basisübung über den Bausteinen auf den folgenden Seiten an. Hier wird angezeigt, wie die Bausteine miteinander kombiniert werden. Schau dir auch nochmal die vorangegangenen **ÜBUNGSSYSTEME 1–3** auf den *Seiten 18–20* an.

 Der erste von beiden Takten zeigt das Steady (*gleichbleibende*) Pattern, auf das du nach Takt 2 immer wieder zum Entspannen zurückkehrst.

 Spiele im zweiten Takt mit den verschiedenen Bausteinen. Spiele beide Takte in einer Schleife (Loop) und konzentriere dich einige Minuten lang auf jeden Baustein, bevor du zum nächsten übergehst.

 Wenn du die Bausteine für den zweiten Takt beherrschst, änderst du den Baustein für den *ersten* Takt der Basisübung und gehst alle anderen Bausteine für Takt 2 erneut durch.

### TIPP:

*Spiele das Steady Pattern und den Takt mit den Bausteinen je zwei Mal. So machst du aus dem zweitaktigen Loop einen viertaktigen Loop. Das räumt dir mehr Zeit für den Wechsel zwischen beiden Takten ein und fühlt sich entspannter an.*

- *Wähle ein Sticking aus!*
- *Übe jeden Baustein einige Minuten lang für sich und stelle sicher, dass es sich gut und stabil anfühlt beim Spielen der verschiedenen Positionen.*
- *Verwende ein Metronom und wähle ein langsames Tempo, bevor du beschleunigst.*
- *Achte auf den Dynamikbereich zwischen Akzent und Ghost Notes. Spiele alle Ghost Notes so leise wie möglich.*

# PAD BOOK
FUNDAMENTAL WORKOUTS
ANIKA NILLES

KAPITEL I | SUBDIVISION STUDIEN

## AKZENTE

Stickingoptionen für alle Bausteine und die Basisübung. Wähle eines der Stickings:

[A] R L R L R L R
    L R L R L R L

[B] R L R L R L L

[C] R L L R R L L

[D] R L R L L R R
    L R L R R L L

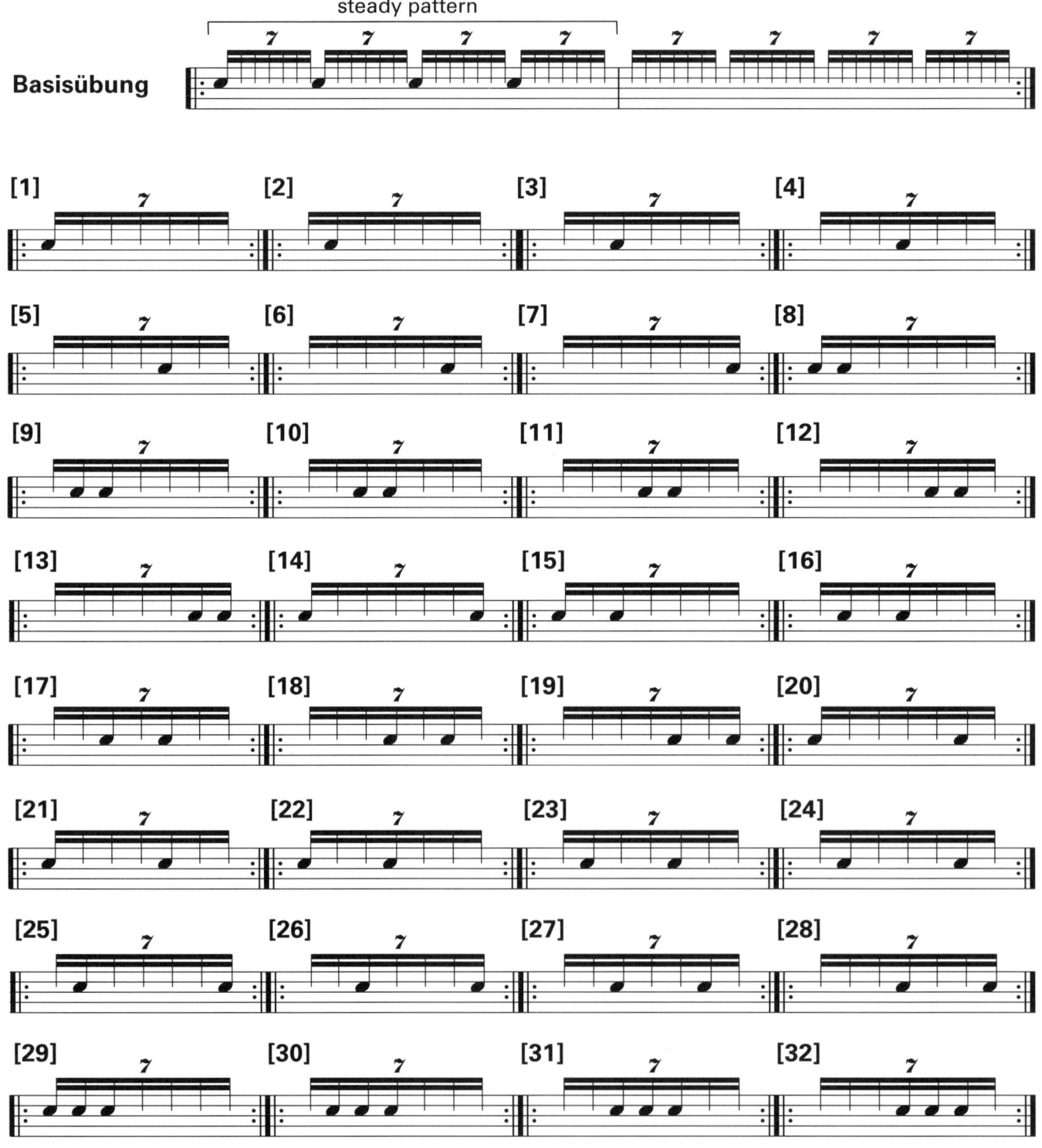

SEPTOLEN | TEIL A

**PAD BOOK**
FUNDAMENTAL WORKOUTS
**ANIKA NILLES**

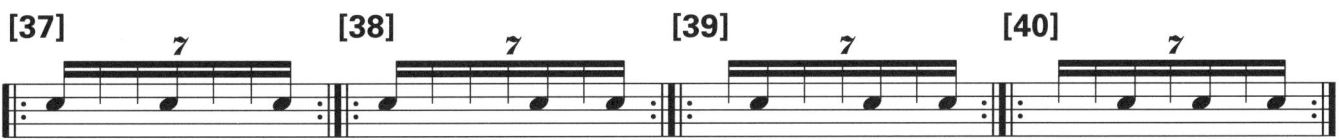

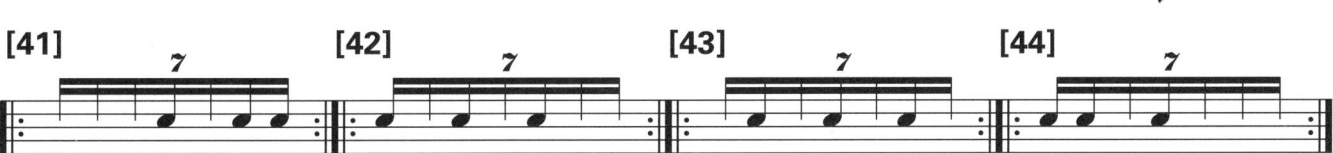

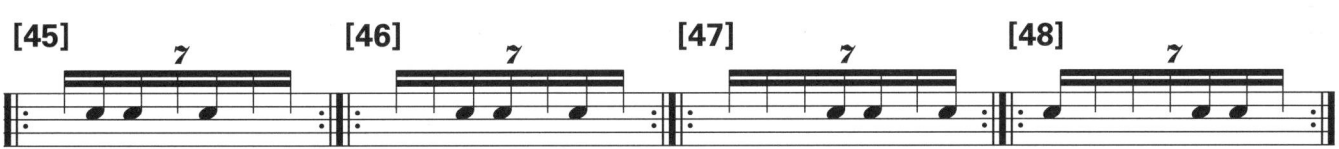

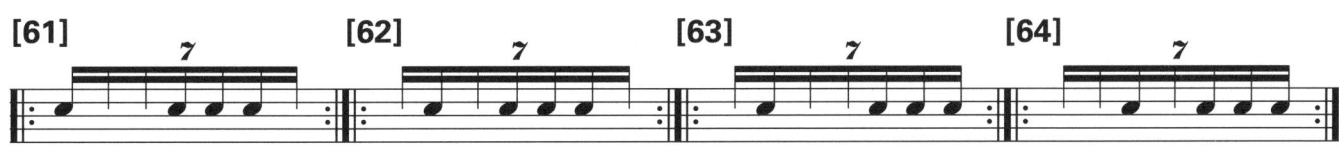

# PAD BOOK
## FUNDAMENTAL WORKOUTS
### ANIKA NILLES

KAPITEL I | SUBDIVISION STUDIEN

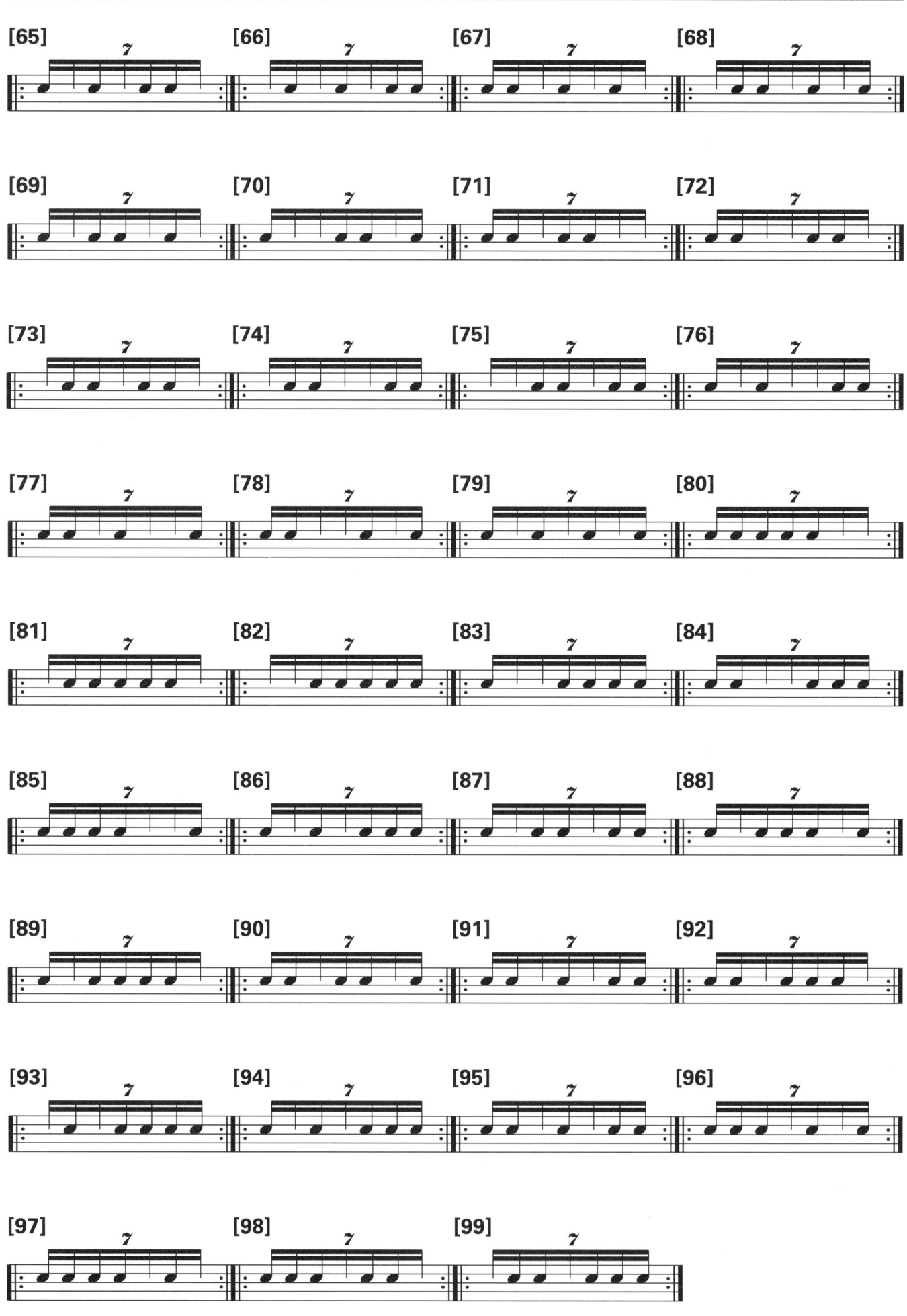

SEPTOLEN | TEIL A

# PAD BOOK
FUNDAMENTAL WORKOUTS
**ANIKA NILLES**

## Ready, steady, go!

Verwende für alle Übungen ein Single-Stroke-Sticking:

[1] Spiele als Akzente und Ghost Notes.  [2] Füge allen Akzenten in Takt 2 Flams hinzu.

# FLAMS

In diesem Abschnitt habe ich einige meiner *bevorzugten Flam-Patterns* zusammengestellt. Sie basieren auf den „Septuplet-Akzenten" auf den *Seiten 138 bis 140*. Spiele Flams auf allen Figuren dieser „Akzent"-Übungen.

**Sticking:** R L R L R L R     L R L R L R L

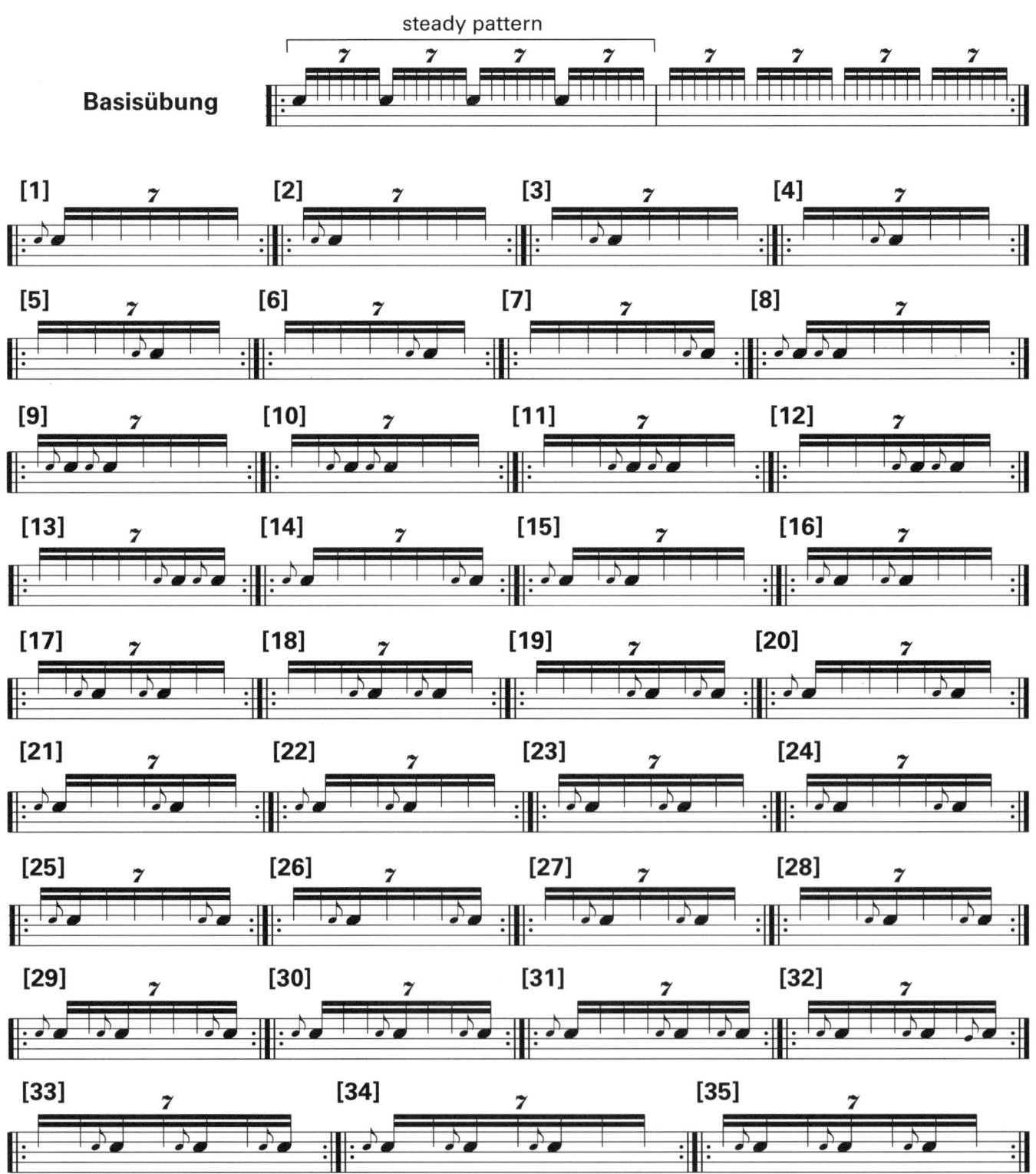

SEPTOLEN | TEIL A

## FLAM-Beispiele für Übungssystem 3

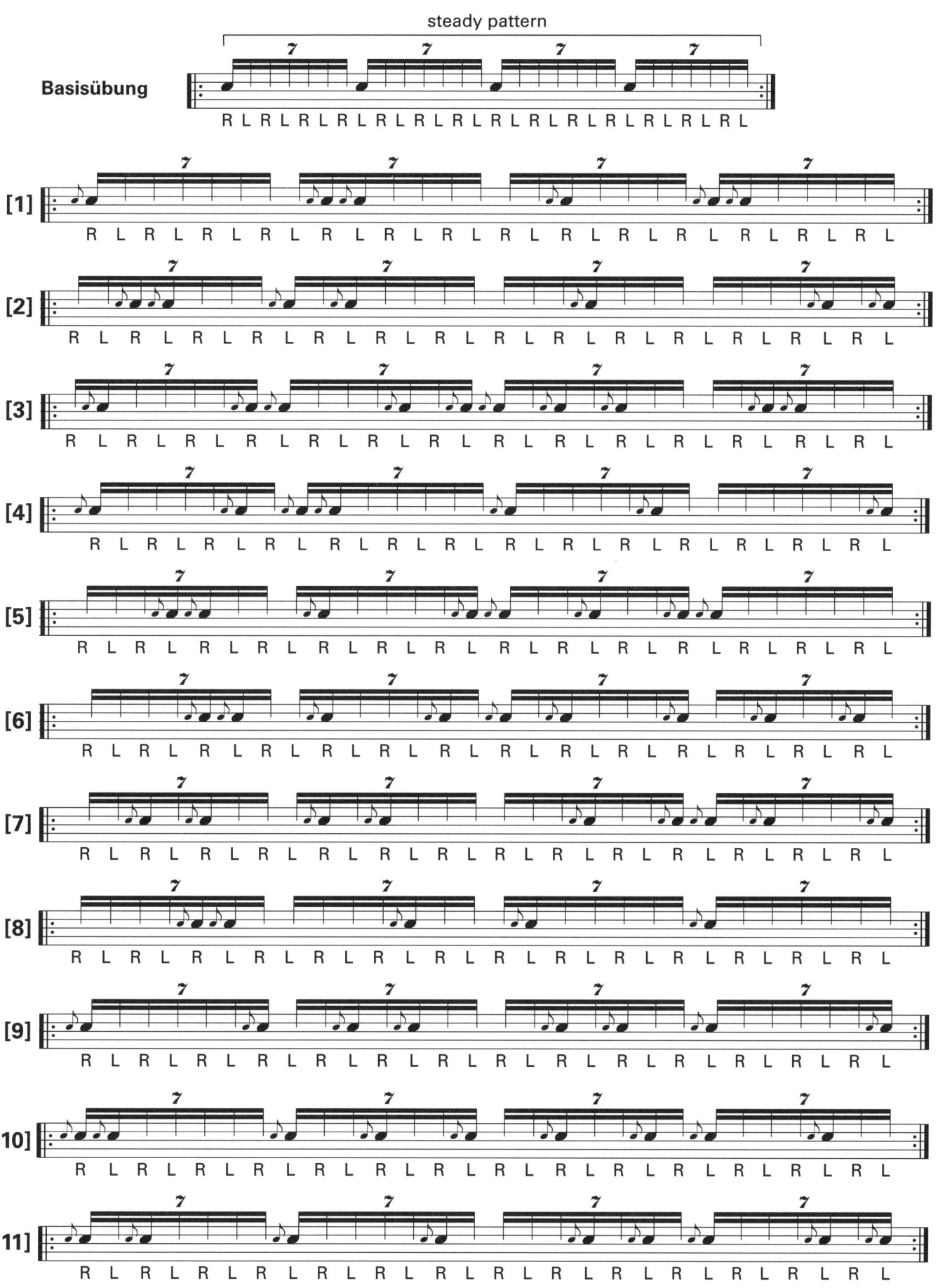

# PAD BOOK
**FUNDAMENTAL WORKOUTS**
**ANIKA NILLES**

KAPITEL I | SUBDIVISION STUDIEN

## 32TEL SEPTOLEN – SINGLES

In diesem Abschnitt habe ich einige meiner Lieblingspatterns zusammengestellt, die auf den einfachen Akzent-Patterns basieren. Um mehr von diesen Double-Note-Patterns auszuprobieren, übertrage die Idee auf alle Figuren der „Septuplet-Akzente" (*S. 138 bis 140*).

**Basisübung**

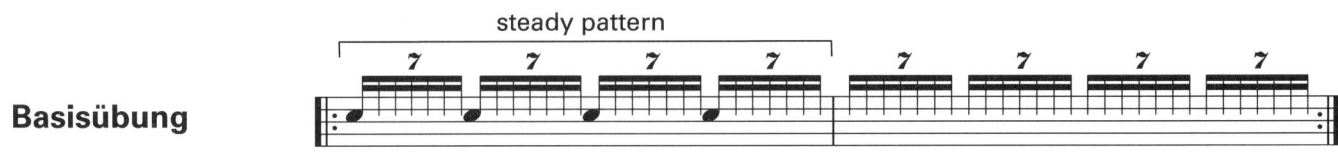

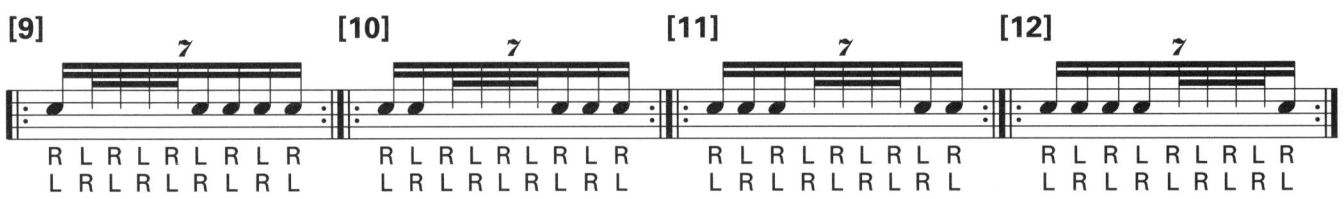

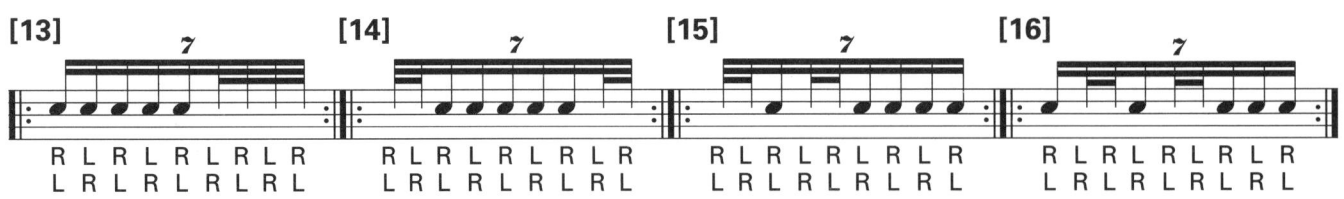

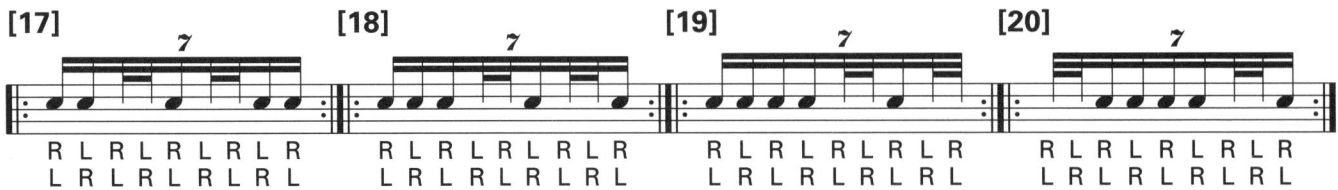

# PAD BOOK
## FUNDAMENTAL WORKOUTS
### ANIKA NILLES

SEPTOLEN | TEIL A

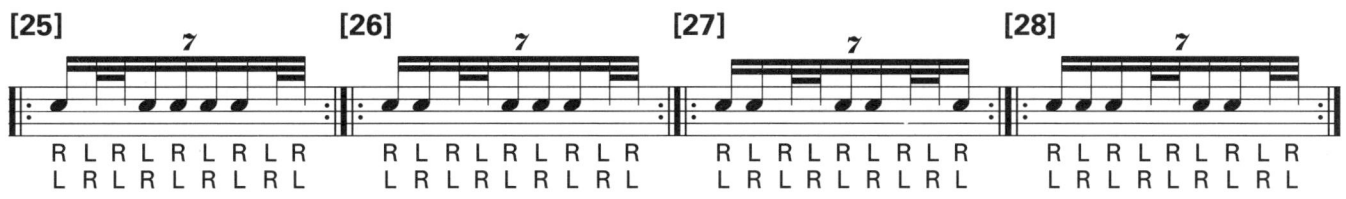
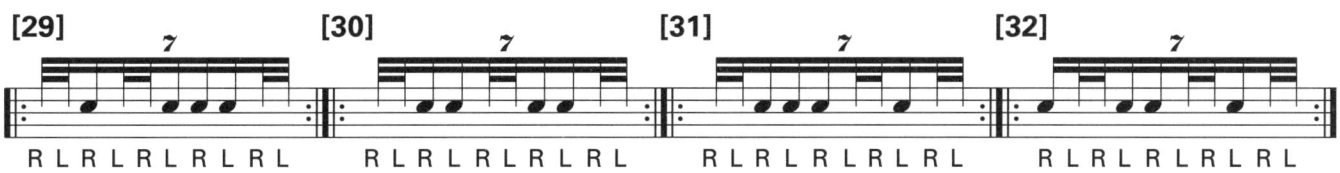
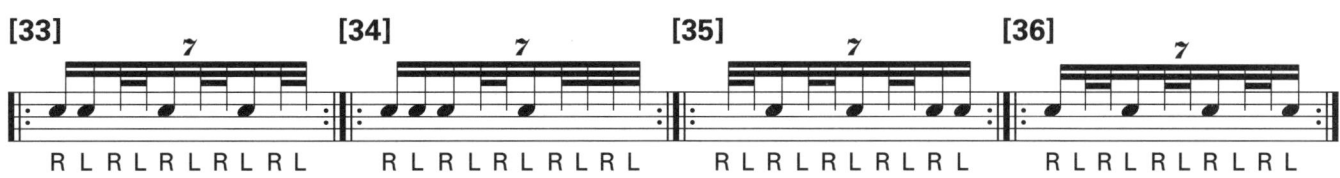
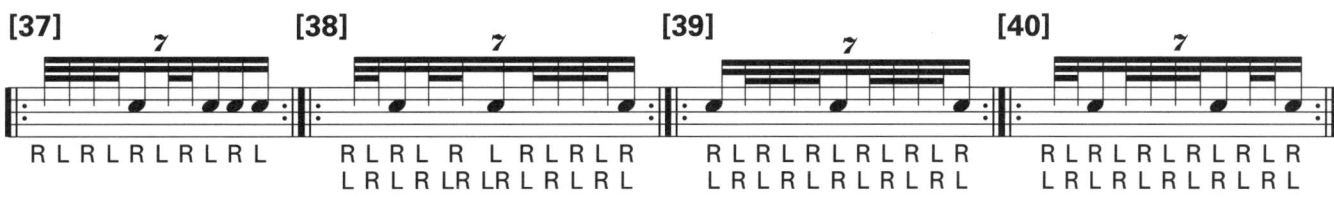

# PAD BOOK
**FUNDAMENTAL WORKOUTS**
ANIKA NILLES

KAPITEL I | SUBDIVISION STUDIEN

## Ready, steady, go!

Hier erhältst du Ideen, wie du dir eigene Übungen aus den Bausteinen (*Seite 144/145*) erstellen kannst. Halte den ersten Takt immer simpel. Tausche einen oder mehrere Bausteine im 2. Takt aus.

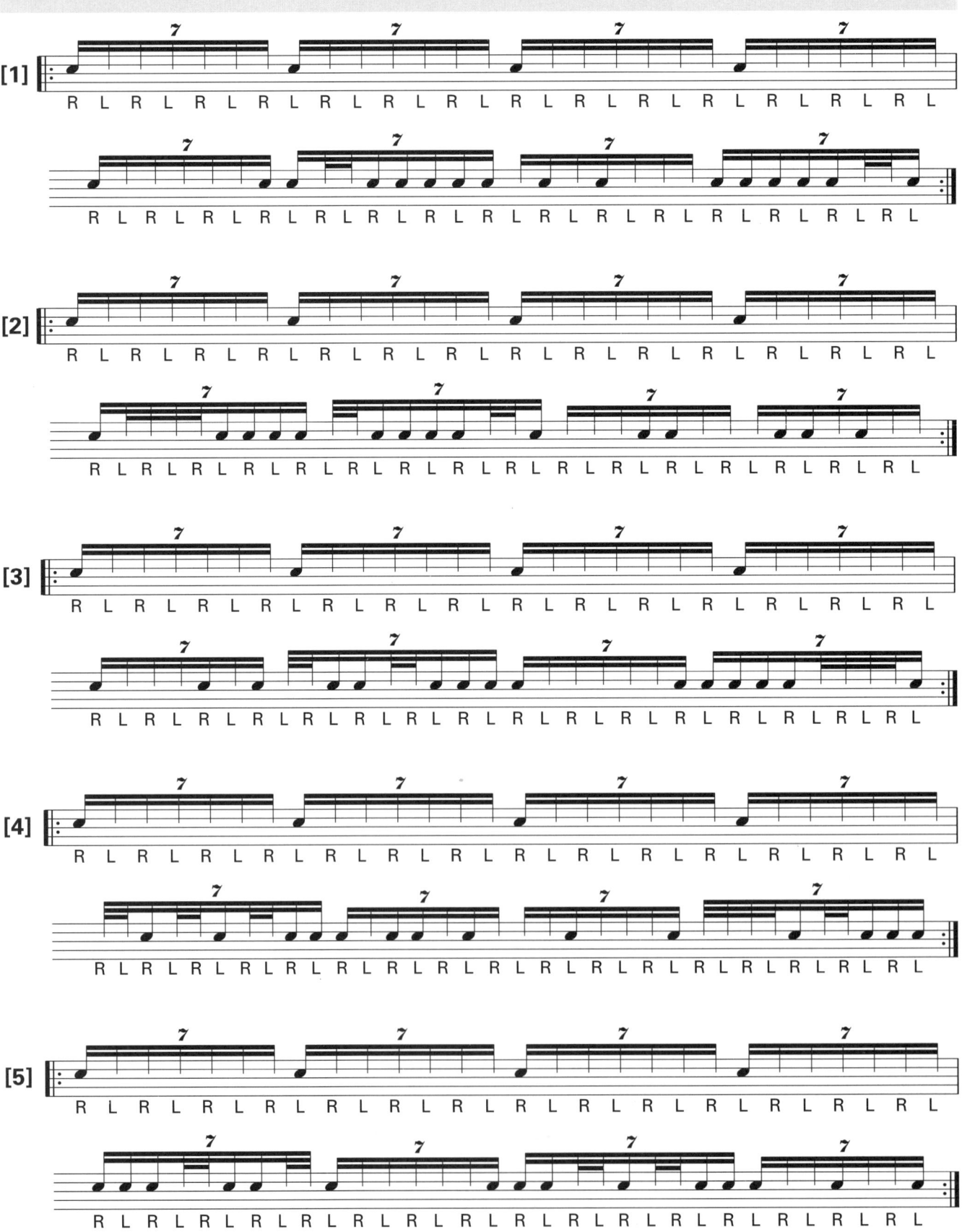

*Photo © by Meinl Taiwan*

# PAD BOOK
**FUNDAMENTAL WORKOUTS**
**ANIKA NILLES**

KAPITEL I | SUBDIVISION STUDIEN

## 32TEL SEPTOLEN – DOUBLES

**Basisübung**

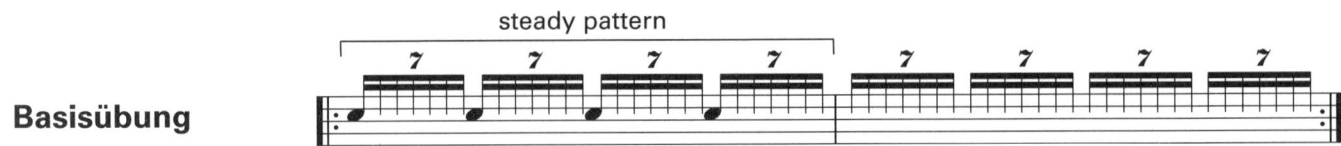

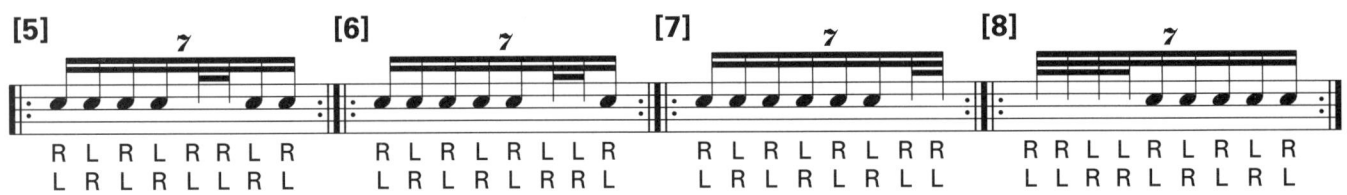

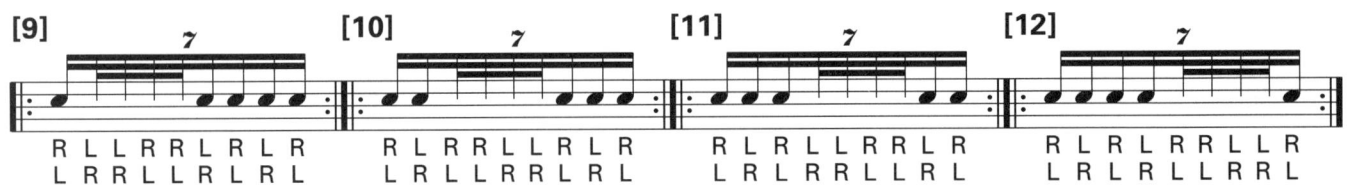

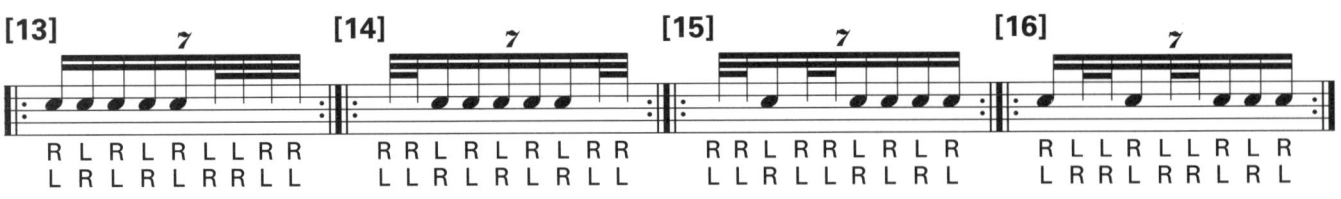

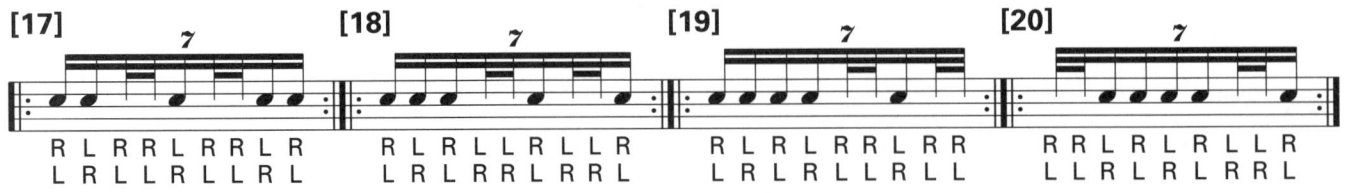

# PAD BOOK
## FUNDAMENTAL WORKOUTS
### ANIKA NILLES

SEPTOLEN | TEIL A

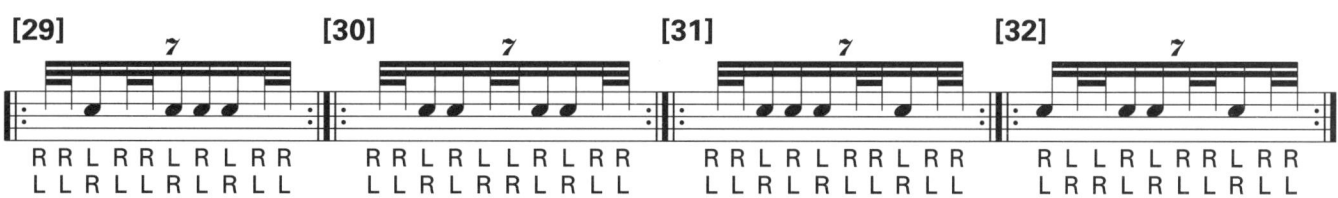

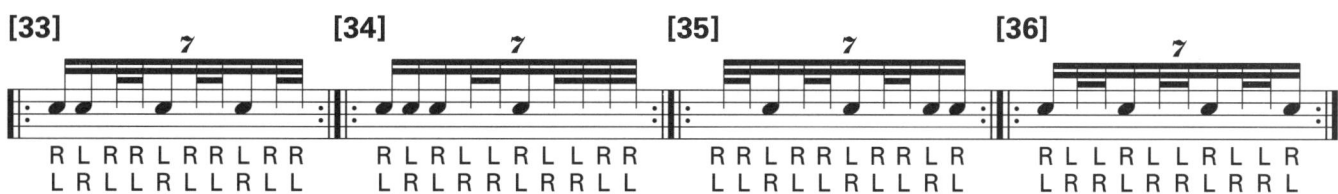

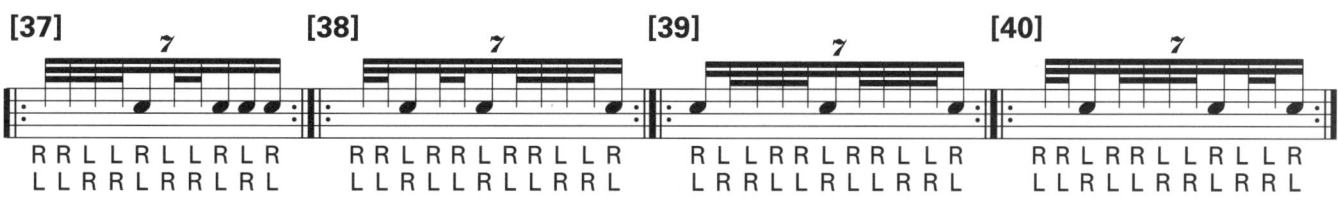

# PAD BOOK
## FUNDAMENTAL WORKOUTS
### ANIKA NILLES

KAPITEL I | SUBDIVISION STUDIEN

## Ready, steady, go!

Hier erhältst du Ideen, wie du dir eigene Übungen aus den Bausteinen (*Seite 148/149*) erstellen kannst. Halte den ersten Takt immer simpel. Tausche einen oder mehrere Bausteine im 2. Takt aus.

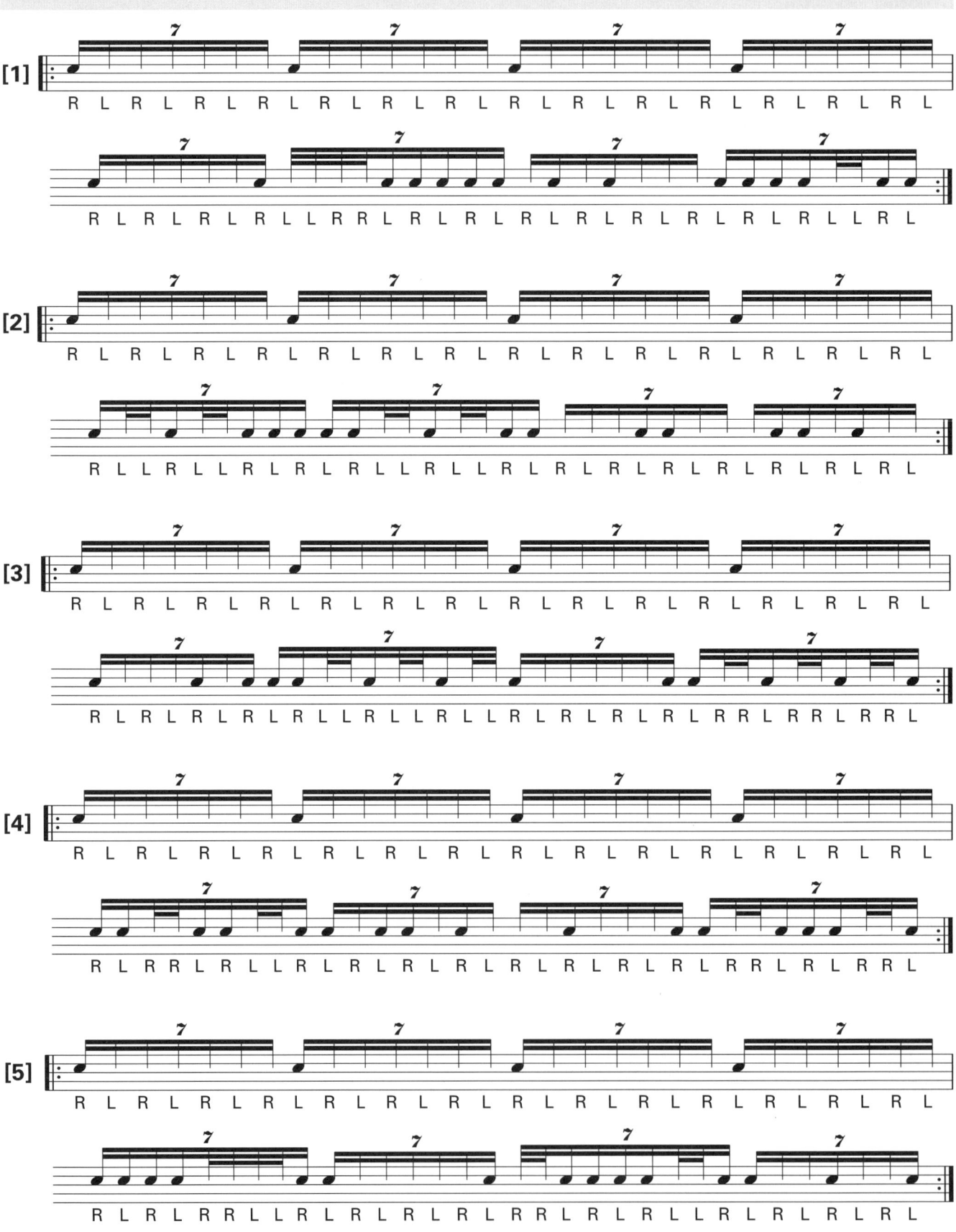

SEPTOLEN | TEIL B

**PAD BOOK**
FUNDAMENTAL WORKOUTS
**ANIKA NILLES**

## TEIL B
# LESETEXT

### HINZUFÜGEN VON VERZIERUNGEN

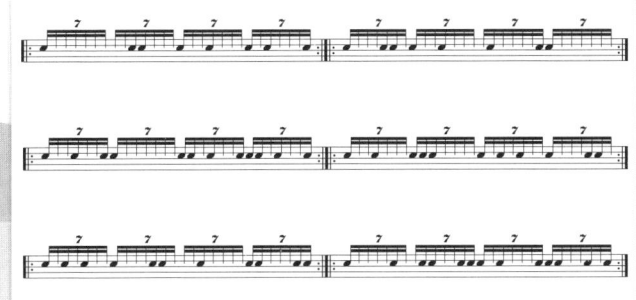

## LESETEXT-WORKOUTS

Die folgenden Lesetexte sind Kombinationen basierend auf den *Akzente-Seiten 138–140*. Das Ziel ist, Rhythmen in einfacher Form zu lesen und Verzierungen wie *Flams, Double Strokes* und *Single-Note-Doubles* darauf zu übertragen. Eine andere Möglichkeit besteht darin, jede *Ghost Note* als Pause zu belassen und einfach nur die akzentuierten Noten zu spielen.

Die Lesetext-Workouts zu paraphrasieren ist zunächst einmal eine reine Übung und dem ersten Anschein nach nicht sehr musikalisch. Auch kann es sehr ermüdend sein, aus der Vorstellungskraft heraus zu arbeiten. Aber gerade diese Herangehensweise ist sehr hilfreich zur Entwicklung der Interpretationsfähigkeit, Vorstellungskraft und Kreativität. Solche Workouts haben mir sehr geholfen, während des Spielens kreativ zu werden, Grooves und Fills zu kreieren, ohne eine vollständige Notation vorliegen zu haben.

### LESETEXT 1 (*siehe Seite 154*)
*Lesetext 1* auf *Seite 154* zeigt grundsätzlich *jeden Schlag der Septole*. Diese Form des Lesetextes eignet sich vor allem für all diejenigen, die sich noch nicht so sicher im Lesen von Noten fühlen. Wie bisher kannst du alle Noten spielen oder Pausen zwischen den akzentuierten Noten lassen. Es kommt darauf an, welche „Verzierung" du in die Notation übertragen möchtest.

### LESETEXT 2 (*siehe Seite 155*)
Wer bereits fortgeschrittener im Notenlesen – und vor allem sicher im Umgang mit Pausenwerten und Notenlängen – ist, der kann mit dem Lesetext auf *Seite 155* arbeiten. Hier müssen die Pausenwerte mit Ghost Notes gefüllt werden, während alle ausgeschriebenen Noten die Akzente darstellen.

### WIE MAN ÜBT:

 Wähle die für dich passende Notationsform aus: Lesetext 1 oder 2? Beide Lesetexte sind unterschiedlich in Form und Inhalt!

 Entscheide dich für eine der Verzierungen (*Flams, Double Strokes, Single-Note-Doubles,* oder aber *Pausen*) und übertrage sie in den Lesetext.

 Übe langsam und stelle sicher, dass deine Interpretation korrekt ist.

 Achte auf die Stickings und stelle sicher, dass du sie sauber ausführst.

 Wähle 4–5 Takte zum Üben und wiederhole jeden Takt für 2–3 Minuten mit der Phrasierung, für die du dich entschieden hast.

 Übe die 4–5 Takte über den Zeitraum der nächsten 2–3 Tage (Übe-Sessions), bevor du mit weiteren Takten fortfährst.

# PAD BOOK
**FUNDAMENTAL WORKOUTS**
ANIKA NILLES

KAPITEL I | SUBDIVISION STUDIEN

## ÜBUNGSSYSTEM
### WIE MAN VERZIERUNGEN ZUM LESETEXT HINZUFÜGT

**BEISPIEL TAKT 1 - LESETEXT**

**BEISPIEL ZUR ÜBERTRAGUNG VON AKZENTEN UND VERZIERUNGEN**

**[A] AKZENTE**

**[B] FLAMS**

**[C] 32TEL-DOUBLE STROKES**

**[D] 32TEL-SINGLE STROKES**

# PAD BOOK
FUNDAMENTAL WORKOUTS
**ANIKA NILLES**

SEPTOLEN | TEIL B

## WIE MAN STICKINGS ZUM LESETEXT HINZUFÜGT

Die folgenden Übungen helfen dir, *Akzente* auch über andere Stickings als Single Strokes zu spielen. Stell dir ein *Double-Stroke-Sticking* (*Beispiel 2*) vor und spiele es durch den kompletten Lesetext.

### Gehe wie folgt vor:
- Verwende ein Metronom und stelle ein sehr angenehmes, langsames Tempo (55–65 bpm) ein.
- Wähle eine der Stickingoptionen [A] bis [D].
- Wähle einen Takt aus dem Lesetext aus und konzentriere dich darauf, das Sticking korrekt zu übertragen.
- Spiele langsam und stelle sicher, dass die Akzente und Ghost Notes klar herauskommen.
- Spiele den ausgewählten Takt 2–3 Minuten lang fehlerfrei in einer Schleife.

### Stickingoptionen

[A]  R L R L R L R  
     L R L R L R L

[B]  R R L L

[C]  R L R L L R R  
     L R L R R L L

### BEISPIEL 1: SINGLE STROKES

### BEISPIEL 2: DOUBLE STROKES

### BEISPIEL 3: 7-NOTE-STICKING

# PAD BOOK
FUNDAMENTAL WORKOUTS
**ANIKA NILLES**

KAPITEL I | SUBDIVISION STUDIEN

## LESETEXT 1: SEPTOLEN

SEPTOLEN | TEIL B

# LESETEXT 2: SEPTOLEN

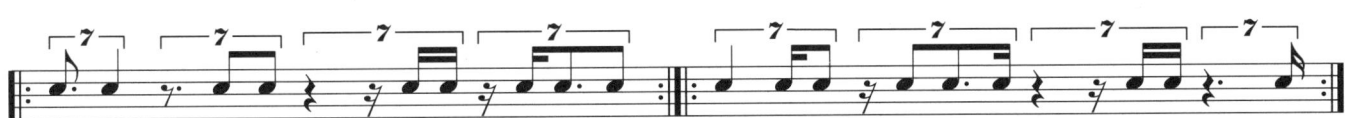
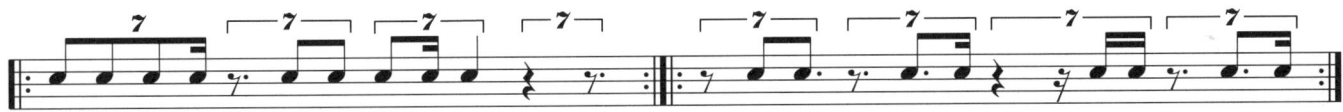
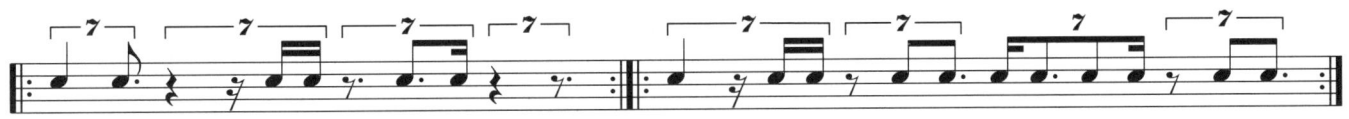

# PAD BOOK
FUNDAMENTAL WORKOUTS
ANIKA NILLES

KAPITEL I | SUBDIVISION STUDIEN

## TEIL C
# WARM-UPS

### SEPTOLEN

In den folgenden drei Warm-Ups steht der Wechsel zwischen verschiedenen Stickings im Fokus. Sie enthalten keinerlei Hinweise zu Akzenten oder Dynamik. Übe sie, wie im ÜBUNGSSYSTEM D auf *Seite 158* angegeben.

### Switching Sticking A (Double Strokes)

### Switching Sticking B (Paradiddle Diddle und Single Stroke)

### Switching Sticking C (7-Note-Sticking-Variation)

SEPTOLEN | TEIL C

PAD BOOK
FUNDAMENTAL WORKOUTS
ANIKA NILLES

## Übungssystem A

Wechsle zwischen der Top Line und **jedem einzelnen** Übungstakt [1.] bis [4.] hin und her.

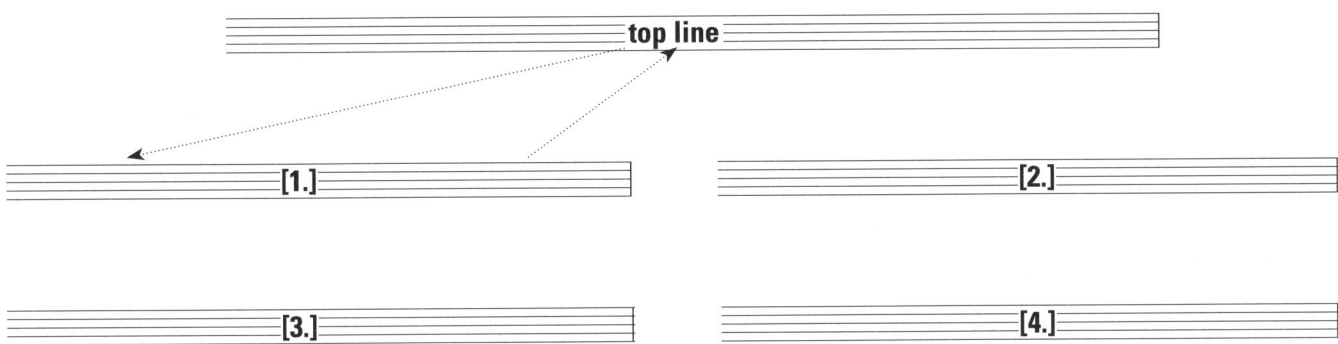

## Übungssystem B

Wechsle zwischen der Top Line und **zwei einzelnen** Übungstakten hin und her.

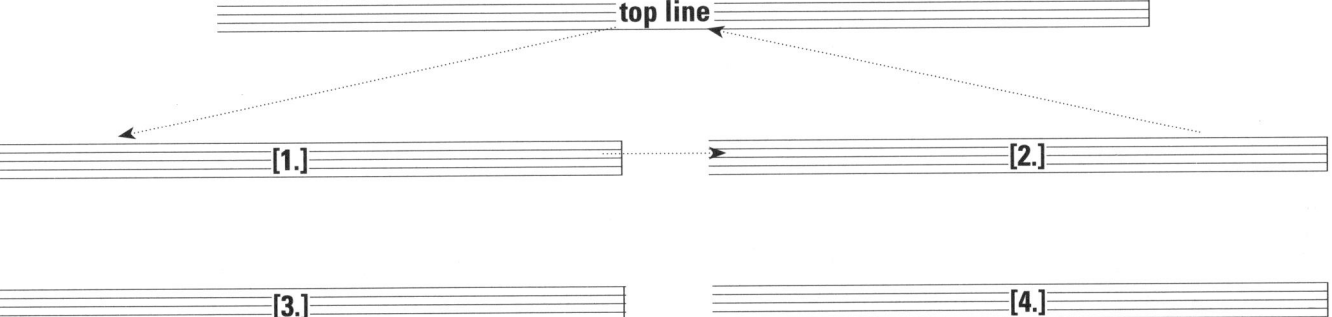

## Übungssystem C

Wechsle zwischen der Top Line und **vier aufeinander folgenden** Übungstakten hin und her.

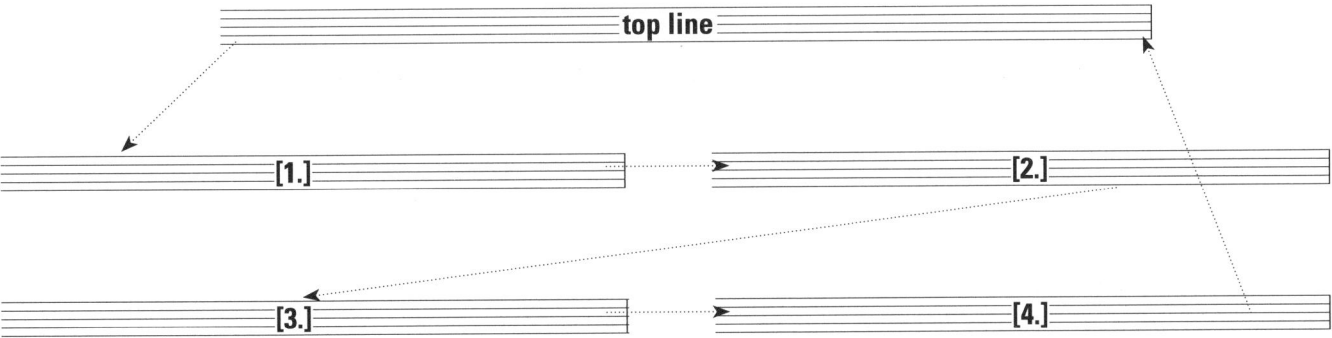

157

# PAD BOOK
**FUNDAMENTAL WORKOUTS**
ANIKA NILLES

KAPITEL I | SUBDIVISION STUDIEN

## Übungssystem D

### NUR FÜR „SWITCHING STICKINGS A–C"

In ÜBUNGSSYSTEM D ist deine Aufgabe, die drei 4-taktigen Warm-Ups SWITCHING STICKINGS A–C auf *Seite 156* in einer gleichmäßigen Lautstärke in Schleife zu spielen. Das vorrangige Ziel ist, sie flüssig spielen zu können und die Stickings so zu verinnerlichen, dass sie sich angenehm anfühlen.

Verwende für die folgenden *Switching Stickings 1–5* und *Akzente & Verzierungen 1–6* die **Übungssysteme A–C**.

### Switching Sticking 1 – 5

Für die nächsten **Switching Stickings 1 – 5** gehst du wie folgt vor:
1. Übe jede Notenzeile einzeln im Loop.
2. Kombiniere die „top line" mit einer der Zeilen [1.] bis [4.] abwechselnd und spiele sie im Loop.
3. Kombiniere die „top line" mit zwei Zeilen deiner Wahl und spiele sie im Loop.
4. Spiele alle Zeilen von der „top line" bis zu Zeile [4.] ohne Unterbrechung.

## Switching Sticking 1

SEPTOLEN | TEIL C

## Switching Sticking 2

[1.]

[2.]

[3.]

[4.]

# PAD BOOK
## FUNDAMENTAL WORKOUTS
### ANIKA NILLES

KAPITEL I | SUBDIVISION STUDIEN

**Switching Sticking 3**

**Switching Sticking 4**

SEPTOLEN | TEIL C

# Switching Sticking 5

top line: R L R L R L R L R L R L R L R L R L R L R L R L R L R L

[1.] R L R R L L R L R L L R R L R L R R L L R L R L L R R L

[2.] R L R L L R R L R L R R L L R L R L L R R L R L R R L L

[3.] R R L L R L R L L R R L R L R R L L R L R L L R R L R L

[4.] R R L R L R R L L R L R L L R R L R L R R L L R L R L L

*Photo © by Marius Mischke*

# PAD BOOK
FUNDAMENTAL WORKOUTS
**ANIKA NILLES**

KAPITEL I | SUBDIVISION STUDIEN

## Akzente & Verzierungen 1 – 6

Übe die folgenden **Akzente & Verzierungen 1 – 6** wie folgt:
1. Übe jede Notenzeile einzeln im Loop.
2. Spiele alle Zeilen von der „top line" bis zu Zeile [4.] ohne Unterbrechung.

## Akzente & Verzierungen 1

SEPTOLEN | TEIL C

## Akzente & Verzierungen 2

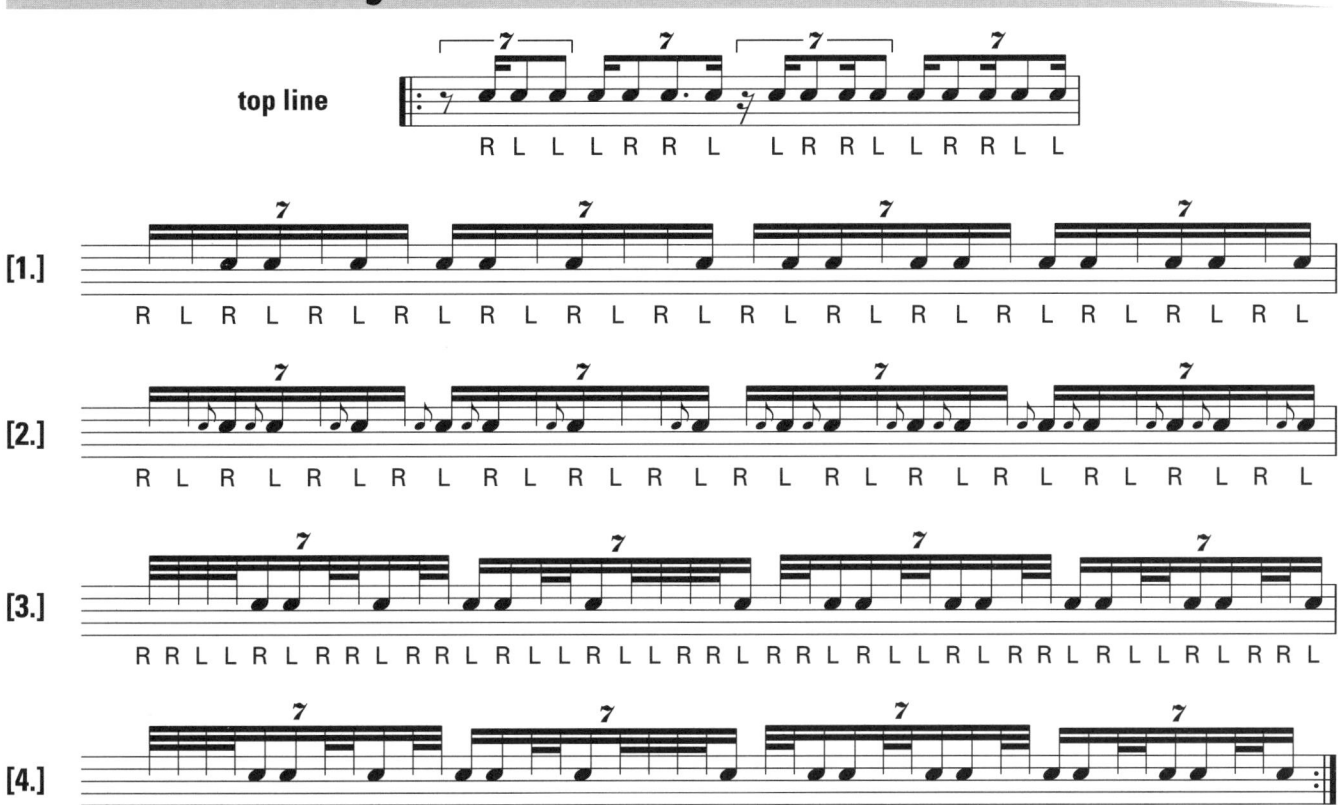

## Akzente & Verzierungen 3

# PAD BOOK
FUNDAMENTAL WORKOUTS
ANIKA NILLES

KAPITEL I | SUBDIVISION STUDIEN

## Akzente & Verzierungen 4

## Akzente & Verzierungen 5

SEPTOLEN | TEIL C

## Akzente & Verzierungen 6

*Photo © by Marius Mischke*

# PAD BOOK
FUNDAMENTAL WORKOUTS
ANIKA NILLES

KAPITEL I | SUBDIVISION STUDIEN

## AKZENTE in Patterns und Groupings 1 – 6

Übe die folgenden AKZENTE in Patterns und Groupings 1 – 6 wie folgt:
- Verwende die Stickingoption [A] für alle Übungen.
- Verwende die Stickingoptionen [B] und [C] für Nummer [1.].

## AKZENTE in Patterns und Groupings 1

[A] R L R L R L R
    L R L R L R L

[B] R R L L

[C] R L L R

top line

R L R L R L R L R L R L R L R L R L R L R L R L R L R L

**2ER GRUPPEN MIT 1 AKZENTSCHLAG**

[1.]

[2.]

## AKZENTE in Patterns und Groupings 2

[A] R L R L R L R
    L R L R L R L

[B] R L L

[C] R R L L

top line

R L R L R L R L R L R L R L R L R L R L R L R L R L R L

**3ER GRUPPEN MIT 1 AKZENTSCHLAG**

[1.]

[2.]

[3.]

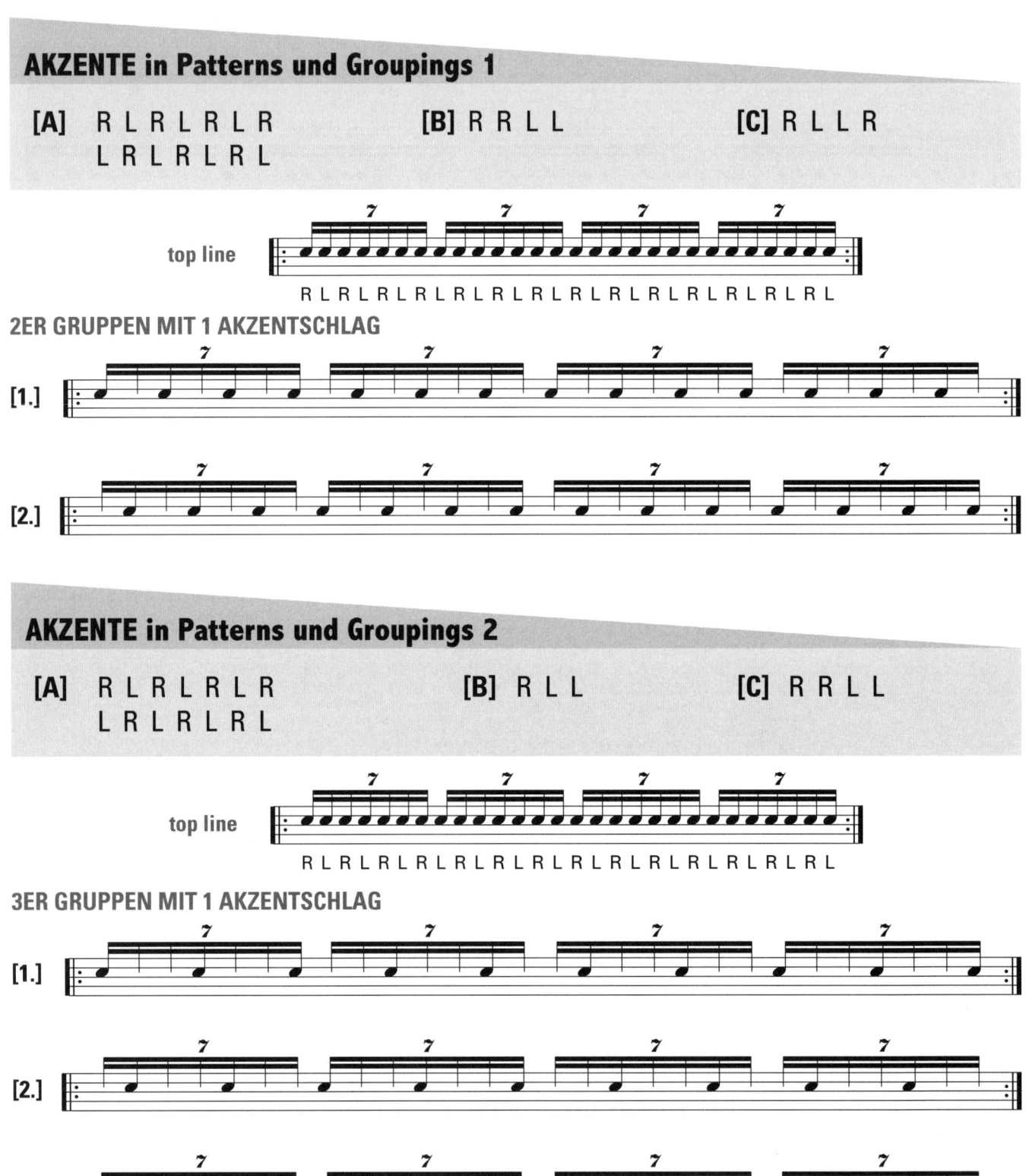

# SEPTOLEN | TEIL C

## AKZENTE in Patterns und Groupings 3

**[A]** R L R L R L R
L R L R L R L    **[B]** R R L L    **[C]** R L R R L R L L

### 4ER GRUPPEN MIT 1 AKZENTSCHLAG

## AKZENTE in Patterns und Groupings 4

**[A]** R L R L R L R
L R L R L R L    **[B]** R L R L L    **[C]** R L L R R L R R L L

### 5ER GRUPPEN MIT 2 AKZENTSCHLÄGEN

# PAD BOOK
## FUNDAMENTAL WORKOUTS
### ANIKA NILLES

KAPITEL I | SUBDIVISION STUDIEN

## AKZENTE in Patterns und Groupings 5

**[A]** R L R L R L R L R L R L     **[B]** R L R L L     **[C]** R L L R R  L R R L L

top line

R L R L R L R L R L R L R L R L R L R L R L R L R L R L R L

### 6ER GRUPPEN MIT 2 AKZENTSCHLÄGEN

[1.]

[2.]

[3.]

[4.]

[5.]

[6.]

SEPTOLEN | TEIL C

## AKZENTE in Patterns und Groupings 6

Diese Patterns sind Interpretationen von *Clave* und *Cascara*-Figuren in Septolen.

top line

### 3/2 SON CLAVE

### 2/3 SON CLAVE

### 3/2 RUMBA CLAVE

### 2/3 RUMBA CLAVE

### CASCARA

# GROUPING-KOMBINATIONEN

Nachdem du jedes Grouping mit verschiedenen Stickings für sich geübt hast, kannst du jetzt beginnen, einige miteinander über einen Takt zu kombinieren. Wähle dazu eine der drei Stickingoptionen auf den *Seiten 14 bis 16* für die folgenden Übungen aus. Mit solchen Grouping-Kombinationen kreierst du viele neue Rhythmen mit Struktur und System. Es ist ein großartiges Tool, um rhythmische Melodien zu komponieren und sie an einen Song oder andere Instrumentalrhythmen anzupassen. Wenn du dich in diesen Kombinationen sicher fühlst, kannst du sie am Schlagzeug ausprobieren und sie auf Snare, Toms und Becken orchestrieren. Mit den folgenden Übungen arbeitest du an der Grundlage, das System und die Rhythmen zu verstehen.

**STELL DIR EINEN TAKT MIT SEPTOLEN VOR ...**

**... UND SPIELE AKZENTE WIE IN DEN FOLGENDEN GROUPINGS:**

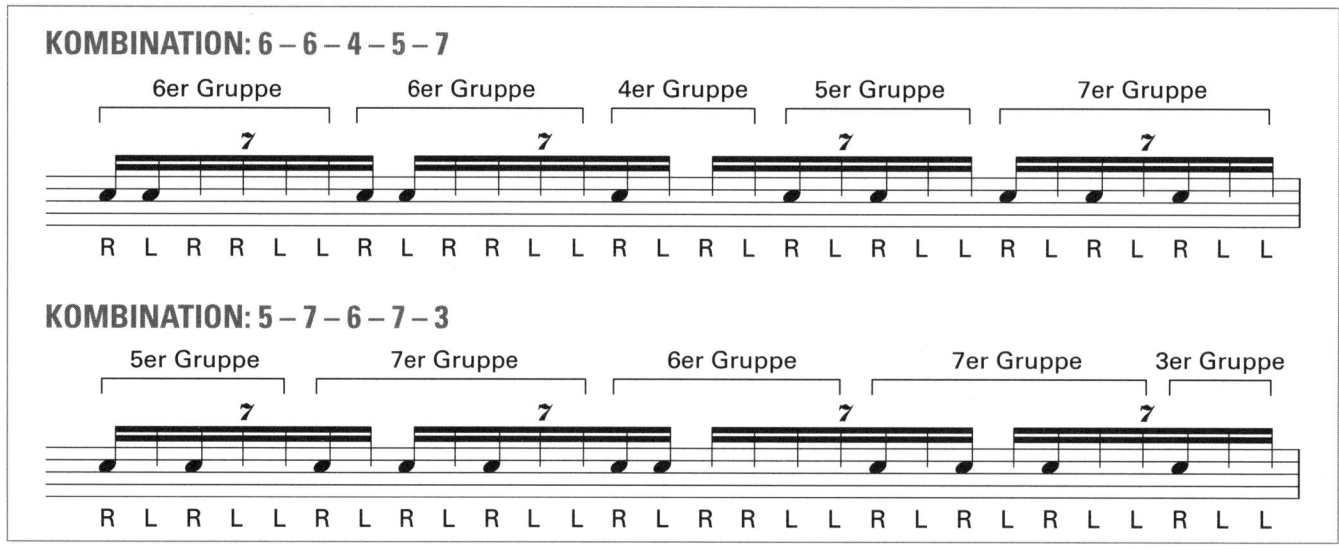

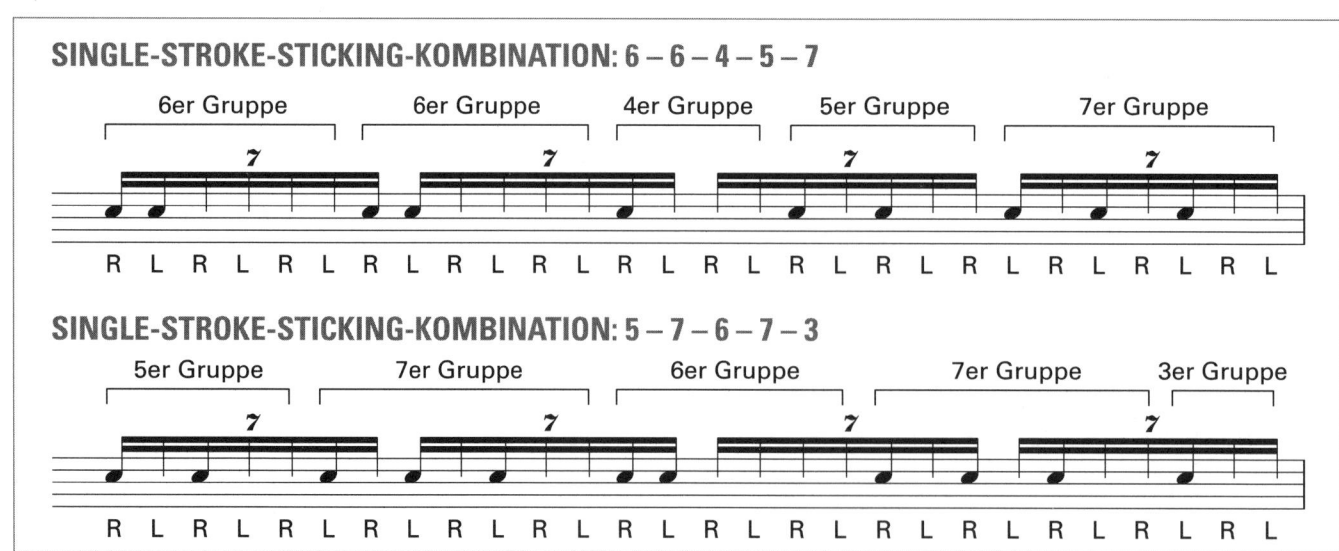

SEPTOLEN | TEIL C

# WEITERE GROUPING-KOMBINATIONEN

Spiele diese Groupings über jeweils einen $\frac{4}{4}$-Takt mit Septolen basierend auf den ÜBUNGSSYSTEMEN A–D.

## Sektion A

| | | | | | | |
|---|---|---|---|---|---|---|
| 4 | 4 | 2 | 6 | 6 | 2 | 4 |
| 4 | 2 | 6 | 4 | 2 | 6 | 4 |
| 6 | 4 | 2 | 4 | 4 | 2 | 6 |
| 6 | 6 | 2 | 4 | 2 | 4 | 4 |
| 4 | 6 | 6 | 2 | 4 | 2 | 4 |

## Sektion B

| | | | | | |
|---|---|---|---|---|---|
| 5 | 7 | 5 | 5 | 3 | 3 |
| 3 | 3 | 5 | 5 | 7 | 5 |
| 5 | 5 | 3 | 7 | 3 | 5 |
| 3 | 7 | 5 | 5 | 5 | 3 |
| 5 | 5 | 7 | 3 | 3 | 5 |

## Sektion C

| | | | | |
|---|---|---|---|---|
| 6 | 6 | 4 | 5 | 7 |
| 4 | 6 | 7 | 5 | 6 |
| 4 | 5 | 6 | 7 | 6 |
| 6 | 7 | 6 | 5 | 4 |
| 6 | 4 | 7 | 5 | 6 |

## Sektion D

| | | | | |
|---|---|---|---|---|
| 6 | 5 | 3 | 7 | 7 |
| 5 | 7 | 6 | 7 | 3 |
| 3 | 7 | 7 | 6 | 5 |
| 6 | 3 | 7 | 7 | 5 |
| 7 | 5 | 3 | 6 | 7 |

# KAPITEL II
# MIXED METERS

MIXED METERS | EINFÜHRUNG

# MIXED METERS
## EINFÜHRUNG

*Kapitel II* beschäftigt sich mit den sogenannten **Mixed Meters**. Dahinter verbirgt sich im Grunde der Umgang mit verschiedenen Taktarten wie z.B. dem Wechsel zwischen einem $\frac{5}{4}$- und einem $\frac{2}{4}$-Takt. Dabei sind die Taktarten der „große musikalische Rahmen", der in weitere kleinere Metren unterteilt werden kann wie etwa in die verschiedenen Subdivisions (Notenwerte). Es können „gerade Notenwerte" (*binär*) sein oder „ungerade Notenwerte" (*ternär, quinär usw.*).

In diesem Kapitel treffen gerade und ungerade Noten innerhalb eines Taktes oder gar über mehrere Takte hinweg aufeinander. Du findest viele einfache und komplexe Übungen, die deine Fähigkeiten, unterschiedliche Rhythmen zu kombinieren, entscheidend erweitern werden. Die Hauptidee besteht darin, den Viertelpuls zu fühlen und gleichzeitig den Zwischenraum zwischen den Vierteln mit so vielen Noten zu füllen, wie es die vorgegebenen Notenwerte erfordern. Allen folgenden Übungen liegt ein $\frac{4}{4}$-Takt zugrunde, auch wenn die Notenwerte einen Mix aus geraden und ungeraden Subdivisions darstellen.

Hier sind die **Hauptziele** für dieses Kapitel:

 Hör-Training: Hören und Verstehen jedes Notenwerts und wie er im Vergleich zu anderen Notenwerten klingt.

 Fließender Wechsel zwischen unterschiedlichen Notenwerten, indem du das Tempo exakt aufnimmst.

 Fließende, flexible Verwendung unterschiedlicher Stickings innerhalb eines Notenwerts.

 Trainieren des Gefühls für Time und Microtime jedes Notenwerts (alle Noten/Schläge, die zwischen dem Viertelpuls stattfinden).

 Training der Handsätze und deiner Ohren für rhythmische Melodien mit Akzenten und Akzentpatterns.

> **TIPP:**
> *Übe langsam, um die Zeit und das Gefühl jedes Notenwerts zu verinnerlichen. Es geht nicht darum, schnell zu spielen. Es ist wichtiger, ein Gefühl für jede Subdivision und deren Kombination zu schaffen und zu entwickeln.*

KAPITEL II: MIXED METERS

Dieses Kapitel besteht aus **vier Teilen**:

**TEIL A** | Die Pyramide

gibt eine **Übersicht über die Notenwerte** und wie sie auf der Basis eines regulären Single-Stroke-Stickings ausgeführt werden. **Die Pyramide** ist der erste Schritt in weitere Kombinationen der Subdivisions. Neben dem chronologischen Spiel jeder Seite empfehle ich die folgenden **Übungsoptionen**:

OPTION 1: Zeile [1.] ist deine Ausgangsbasis.
  Springe für jeden Takt zwischen [1.] und [2.] bis [7.] hin und her.

OPTION 2: Zeile [2.] ist deine Ausgangsbasis.
  Springe von Zeile [2.] in die anderen Zeilen wie bei Option 1.

OPTION 3: Wähle deine eigene Ausgangsbasis und springe spontan in eine der anderen Zeilen.
  Springe weiter frei zwischen den Zeilen hin und her und stelle sicher, dass du stabil und „on time" spielst.

**TEIL B** | Halb & Halb

Hier geht es einfach darum, die Subdivisions aus der Pyramide innerhalb eines Taktes zu kombinieren, beginnend mit einem bestimmten Notenwert auf jeder Seite. Diese Übungen lassen dich langsam verinnerlichen, wie unterschiedlich es sich anfühlt, von einer Subdivision zur anderen zu wechseln. Der **Halb & Halb**-Abschnitt ermöglicht, dir nach und nach das korrekte Tempo und Feel jeder Subdivision zu merken und eine stabile Time für die Kombinationen zu erzielen.

**TEIL C** | Die Lotterie

**Die Lotterie-Workouts** enthalten mehr als zwei Notenwerte innerhalb eines Taktes. Hier gewöhnst du dich an fortlaufende Wechsel und erreichst die Fähigkeit einer präzisen Artikulation für alle Subdivisions. Folgende **Übungsoptionen** schlage ich vor:

OPTION 1: **Übe jede Zeile der Lotterie 1–3 einzeln** unter der Verwendung von Single-Stroke-Stickings.
OPTION 2: **Übe jede Zeile der Lotterie 1–3 einzeln** unter der Verwendung von Double-Stroke-Stickings.

**TEIL D** | Warm-Ups

Hier findest du einige Kombinationen verschiedener Themen aus TEIL A bis C. Diese sollten dir Inspiration sein und einige Ideen geben, wie du deine eigenen Pad-Warm-Ups und Workouts fürs Drumset entwickeln kannst.

## NOTENVERWANDTSCHAFT

Diese Übersicht zeigt die Verwandtschaft zwischen *binären* (*zweigeteilten*) und *ternären* (*dreigeteilten*) Notenwerten untereinander:

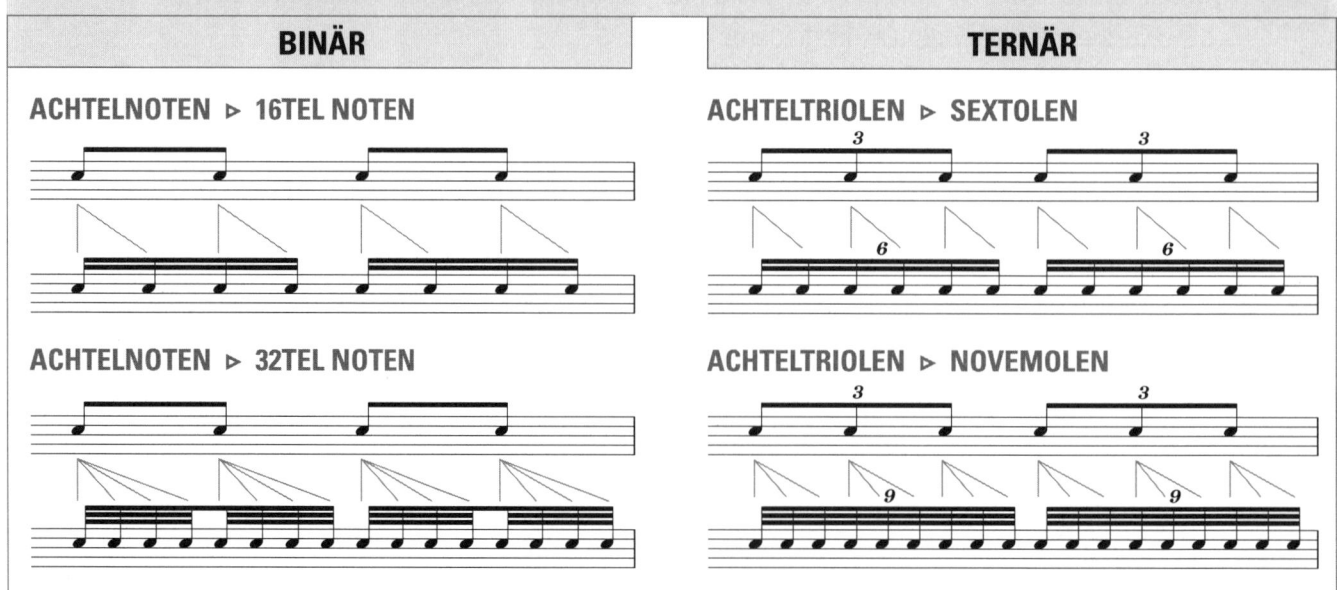

# TEIL A
# DIE PYRAMIDE: SINGLE STROKES

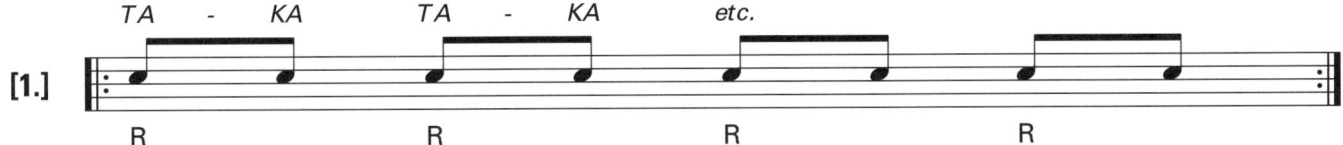

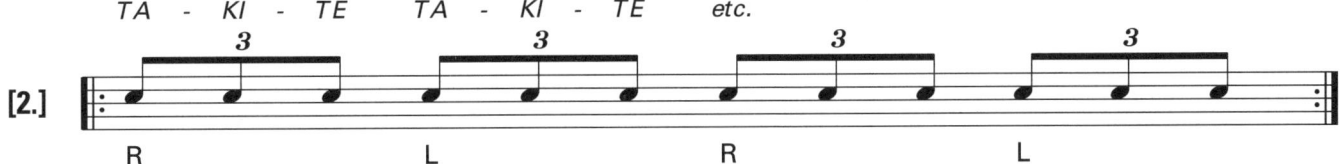

# PAD BOOK
**FUNDAMENTAL WORKOUTS**
**ANIKA NILLES**

KAPITEL II: MIXED METERS

## DIE PYRAMIDE: DOUBLE STROKES

Verwende Übungssystem A für diese Seite.

♩ = 55 – 65 bpm (Leicht)  |  65 – 80 bpm (Mittel)  |  80 – 100 bpm (Schwer)

176

TEIL B | HALB & HALB

# TEIL B
# HALB & HALB 1

Sticking:  [A] Nur Single Strokes   [B] Nur Double Strokes

♩ = 55 – 65 bpm (Leicht)  |  65 – 80 bpm (Mittel)  |  80 – 100 bpm (Schwer)

[1.]

[2.]

[3.]

[4.]

[5.]

[6.]

[7.]

177

# PAD BOOK
FUNDAMENTAL WORKOUTS
ANIKA NILLES

KAPITEL II: MIXED METERS

## HALB & HALB 2

Sticking: [A] Nur Single Strokes   [B] Nur Double Strokes

♩ = 55 – 65 bpm (Leicht) | 65 – 80 bpm (Mittel) | 80 – 100 bpm (Schwer)

[1.]

[2.]

[3.]

[4.]

[5.]

[6.]

[7.]

TEIL B | HALB & HALB

# HALB & HALB 3

Sticking:   [A] Nur Single Strokes    [B] Nur Double Strokes

♩ = 55 – 65 bpm (Leicht)   |   65 – 80 bpm (Mittel)   |   80 – 100 bpm (Schwer)

[1.]

[2.]

[3.]

[4.]

[5.]

[6.]

[7.]

# PAD BOOK
**FUNDAMENTAL WORKOUTS**
ANIKA NILLES

KAPITEL II: MIXED METERS

## HALB & HALB 4

Sticking:   [A] Nur Single Strokes    [B] Nur Double Strokes

♩ = 55 – 65 bpm (Leicht)   |   65 – 80 bpm (Mittel)   |   80 – 100 bpm (Schwer)

[1.]

[2.]

[3.]

[4.]

[5.]

[6.]

[7.]

TEIL B | HALB & HALB

## HALB & HALB 5

Sticking: [A] Nur Single Strokes  [B] Nur Double Strokes

♩ = 55 – 65 bpm (Leicht) | 65 – 80 bpm (Mittel) | 80 – 100 bpm (Schwer)

[1.]

[2.]

[3.]

[4.]

[5.]

[6.]

[7.]

# PAD BOOK
FUNDAMENTAL WORKOUTS
ANIKA NILLES

KAPITEL II: MIXED METERS

## HALB & HALB 6

Sticking:   [A] Nur Single Strokes    [B] Nur Double Strokes

♩ = 55 – 65 bpm (Leicht)   |   65 – 80 bpm (Mittel)   |   80 – 100 bpm (Schwer)

[1.]

[2.]

[3.]

[4.]

[5.]

[6.]

[7.]

TEIL B | HALB & HALB

**PAD BOOK**
FUNDAMENTAL WORKOUTS
**ANIKA NILLES**

## HALB & HALB 7

Sticking: [A] Nur Single Strokes    [B] Nur Double Strokes

♩ = 55 – 65 bpm (Leicht)  |  65 – 80 bpm (Mittel)  |  80 – 100 bpm (Schwer)

[1.]

[2.]

[3.]

[4.]

[5.]

[6.]

[7.]

# PAD BOOK
FUNDAMENTAL WORKOUTS
ANIKA NILLES

KAPITEL II: MIXED METERS

## HALB & HALB 8

Sticking:   [A] Nur Single Strokes    [B] Nur Double Strokes

♩ = 55 – 65 bpm (Leicht)   |   65 – 80 bpm (Mittel)   |   80 – 100 bpm (Schwer)

[1.]

[2.]

[3.]

[4.]

[5.]

[6.]

[7.]

TEIL C | DIE LOTTERIE

**PAD BOOK**
FUNDAMENTAL WORKOUTS
**ANIKA NILLES**

# TEIL C
# DIE LOTTERIE 1

Sticking: Single Strokes

♩ = 55 – 65 bpm (Leicht)  |  65 – 80 bpm (Mittel)  |  80 – 100 bpm (Schwer)

[1.]

[2.]

[3.]

[4.]

[5.]

[6.]

[7.]

# PAD BOOK
FUNDAMENTAL WORKOUTS
ANIKA NILLES

KAPITEL II: MIXED METERS

## DIE LOTTERIE 2

Sticking: Single Strokes

♩ = 55 – 65 bpm (Leicht)　|　65 – 80 bpm (Mittel)　|　80 – 100 bpm (Schwer)

[1.]

[2.]

[3.]

[4.]

[5.]

[6.]

[7.]

TEIL C | DIE LOTTERIE

**PAD BOOK**
FUNDAMENTAL WORKOUTS
**ANIKA NILLES**

## DIE LOTTERIE 3

Sticking: Single Strokes

♩ = 55 – 65 bpm (Leicht)  |  65 – 80 bpm (Mittel)  |  80 – 100 bpm (Schwer)

[1.]

[2.]

[3.]

[4.]

[5.]

[6.]

[7.]

# PAD BOOK
FUNDAMENTAL WORKOUTS
**ANIKA NILLES**

KAPITEL II: MIXED METERS

## DIE LOTTERIE 4

Sticking: Single Strokes

♩ = 55 – 65 bpm (Leicht)  |  65 – 80 bpm (Mittel)  |  80 – 100 bpm (Schwer)

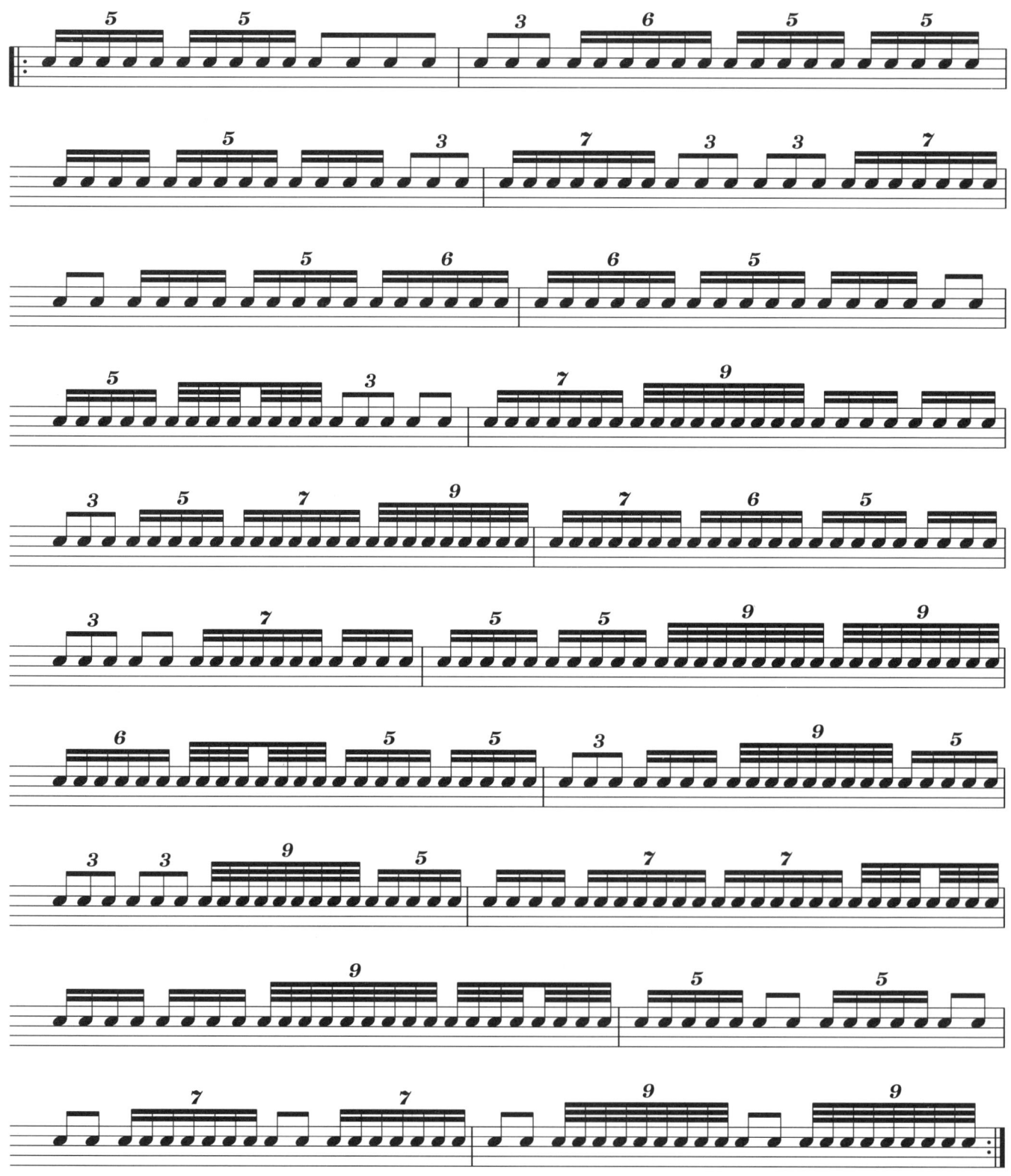

TEIL C | DIE LOTTERIE

**PAD BOOK**
FUNDAMENTAL WORKOUTS
**ANIKA NILLES**

## DIE LOTTERIE 5

Sticking: Single Strokes

♩ = 55 – 65 bpm (Leicht) | 65 – 80 bpm (Mittel) | 80 – 100 bpm (Schwer)

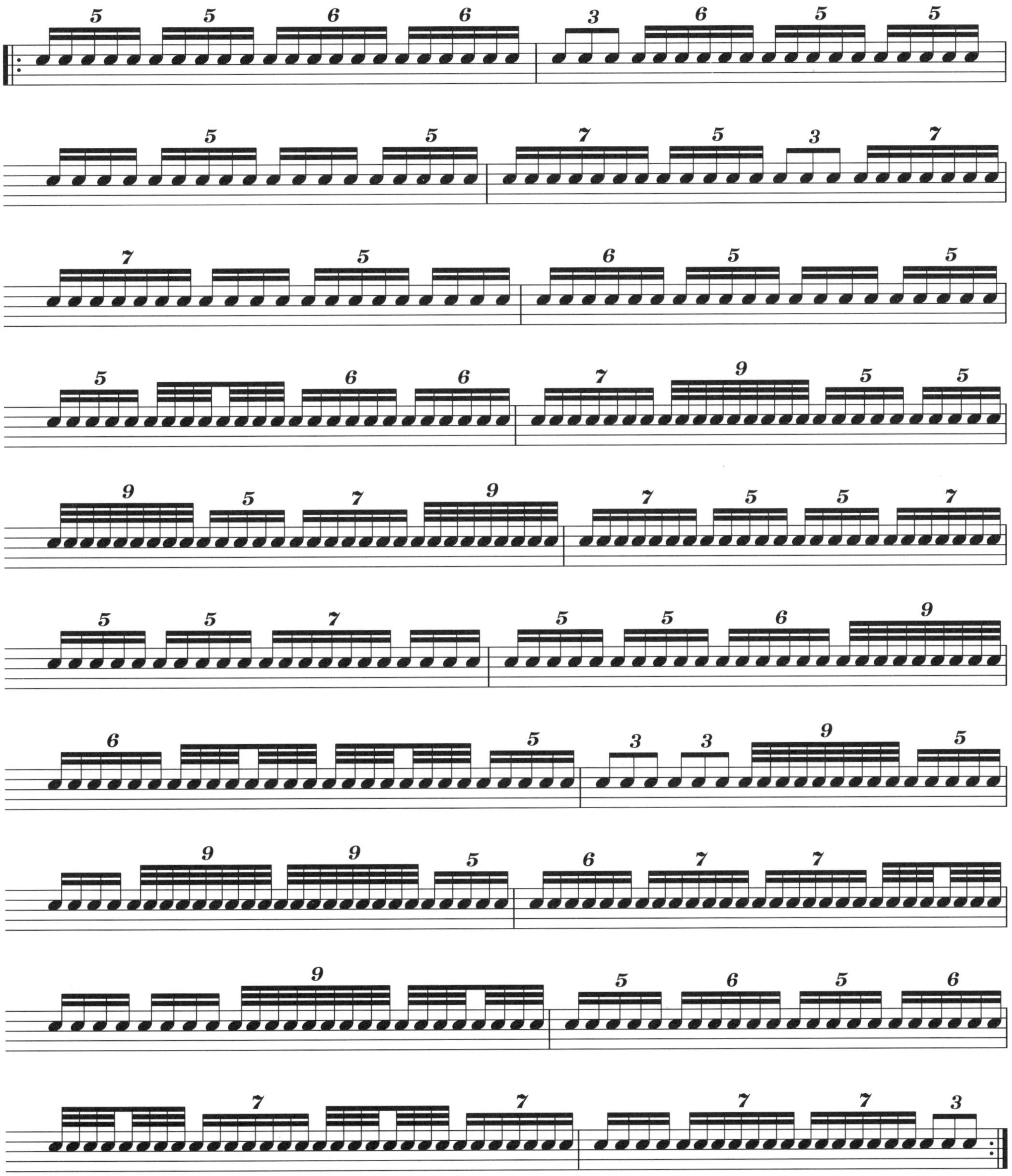

# AKZENTE 1 – 4

Füge den Rhythmen Akzentschläge hinzu. Dadurch wirkt jedes Pattern weitaus melodischer. Die Patterns klingen großartig, wenn du sie am Drumset verwendest. Einige der Subdivisions erfordern, die Führungshand von rechts nach links und umgekehrt von links nach rechts zu wechseln.

Sticking: Single Strokes

♩ = 55 – 65 bpm (Leicht)  |  65 – 80 bpm (Mittel)  |  80 – 100 bpm (Schwer)

## AKZENTE 1

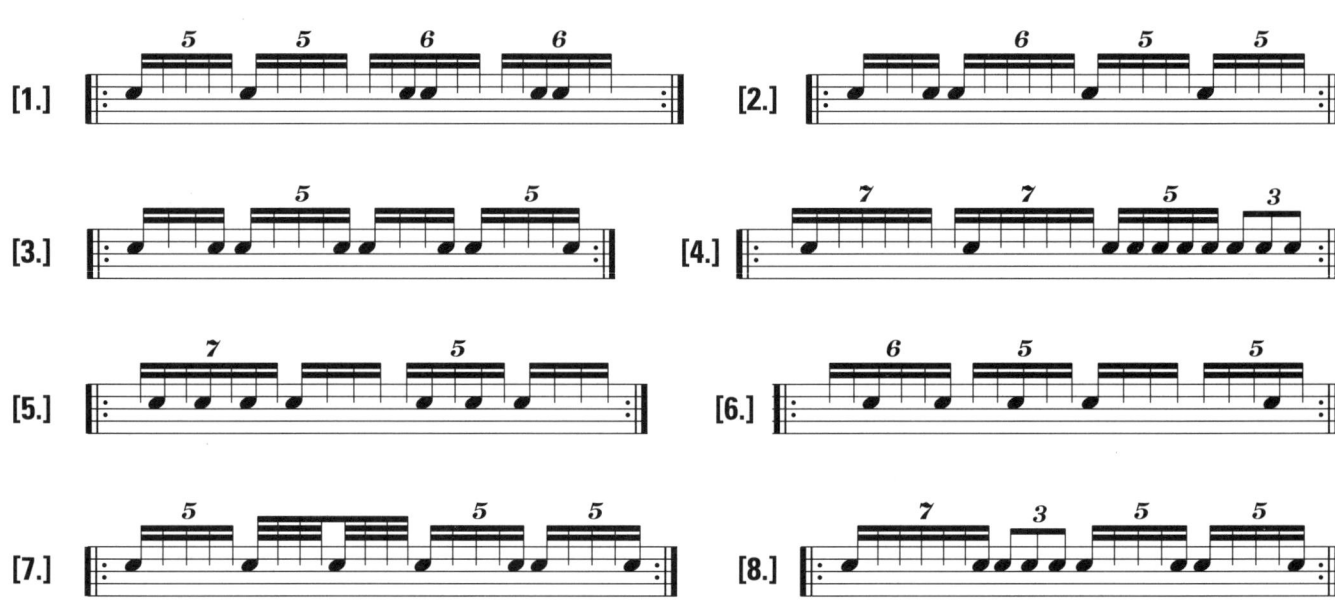

## AKZENTE 2

TEIL C | DIE LOTTERIE

## AKZENTE 3

## AKZENTE 4

# PAD BOOK
FUNDAMENTAL WORKOUTS
**ANIKA NILLES**

KAPITEL II: MIXED METERS

## KOMPLETTE AKZENTSTUDIE: 'The dancing dots'

Verwende für alle Notenwerte Single Strokes. Bei einigen Takten wechselt die Führungshand von rechts nach links, sodass die linke Hand am Taktanfang beginnt.

♩ = 55 – 65 bpm (Leicht)  |  65 – 80 bpm (Mittel)  |  80 – 95 bpm (Schwer)

TEIL D | ÜBUNGSSYSTEM A–D

**PAD BOOK**
FUNDAMENTAL WORKOUTS
**ANIKA NILLES**

# TEIL D
# WARM-UPS

## MIXED METERS

### Übungssystem A

Wechsle zwischen der Top Line und **jedem einzelnen** Übungstakt [1.] bis [4.] hin und her.

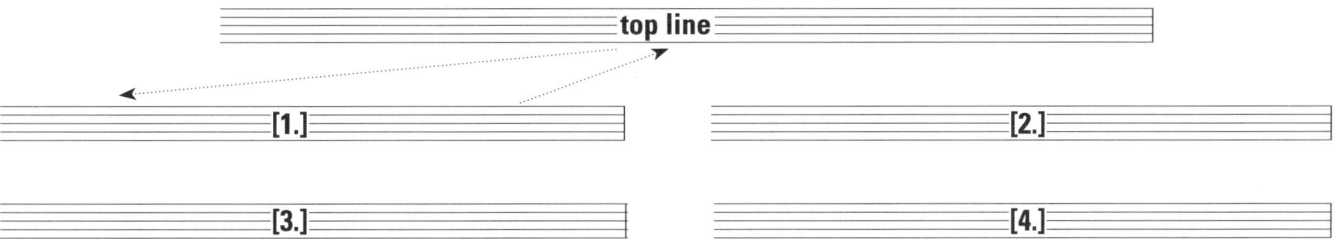

### Übungssystem B

Wechsle zwischen der Top Line und **zwei einzelnen** Übungstakten hin und her.

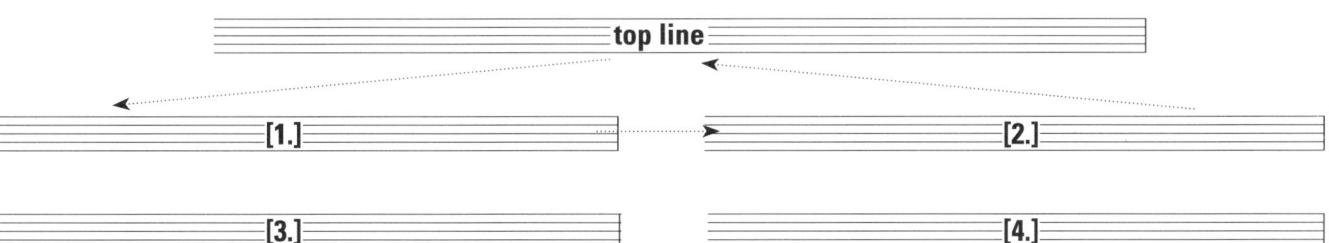

### Übungssystem C

Wechsle zwischen der Top Line und **vier aufeinander folgenden** Übungstakten hin und her.

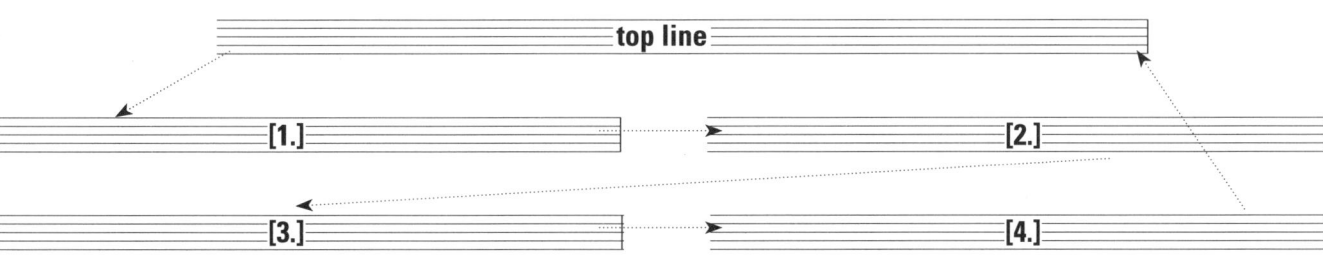

193

# PAD BOOK
**FUNDAMENTAL WORKOUTS**
ANIKA NILLES

KAPITEL II: MIXED METERS

## Übungssystem D
### NUR FÜR 'SPEEDING UP WITH CONTROL'

In ÜBUNGSSYSTEM D findest du Warm-Ups mit dem Titel „SPEEDING UP WITH CONTROL" (*vgl. S. 199 bis 202*), die Groupings über mehrere Subdivisions enthalten. Es ist wichtig, die Bewegung der Groupings durch alle Subdivisions zu verstehen. Spiele langsam und flüssig.

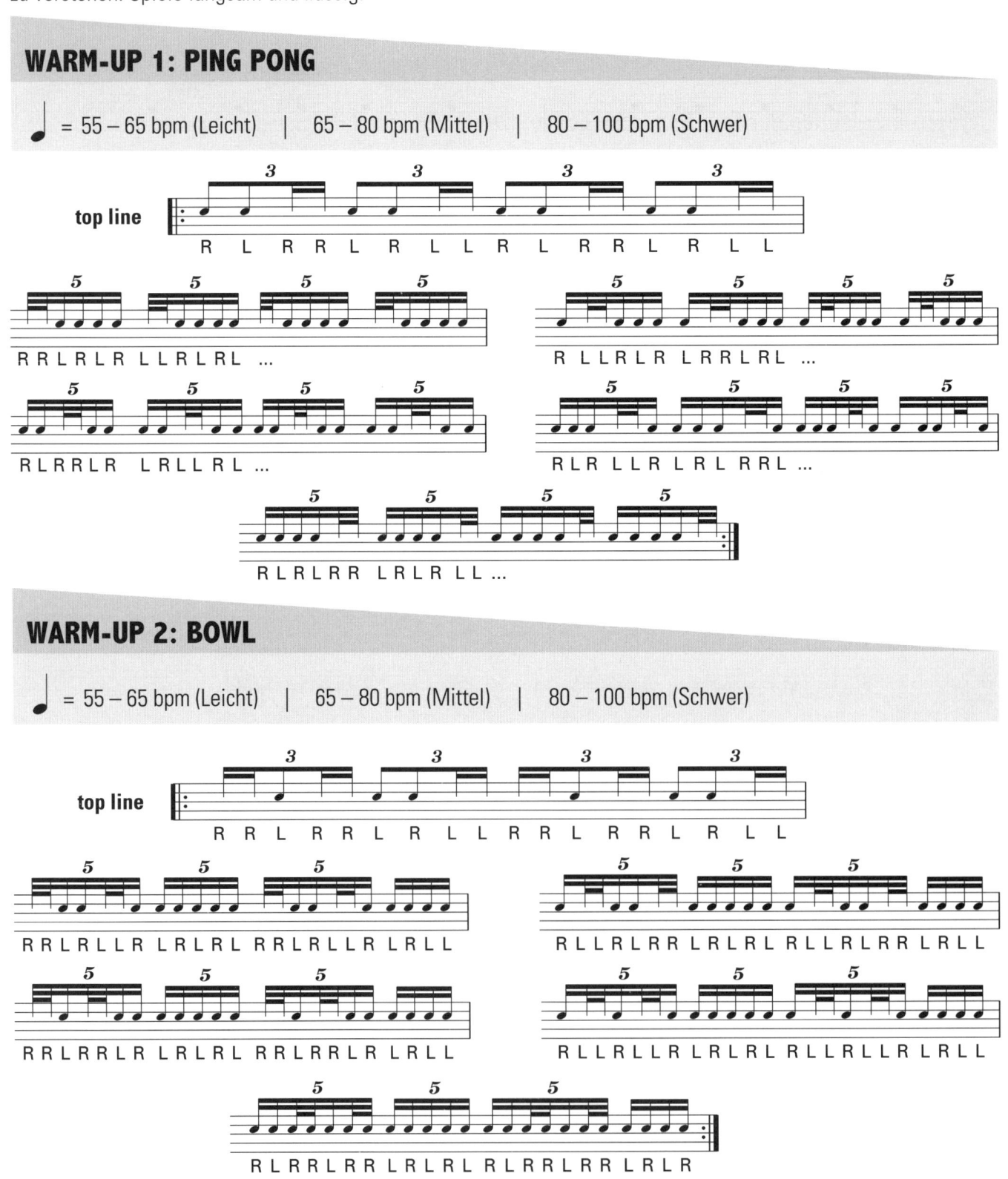

TEIL D | ÜBUNGSSYSTEM A–D

**PAD BOOK**
FUNDAMENTAL WORKOUTS
**ANIKA NILLES**

## WARM-UP 3: 2-STEP

♩ = 55 – 75 bpm (Leicht) | 75 – 100 bpm (Mittel) | 100 – 135 bpm (Schwer)

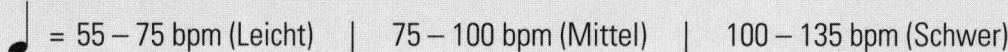

 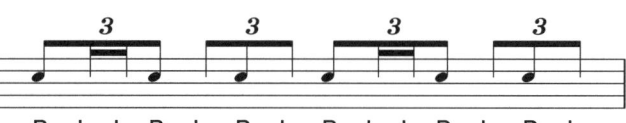

## WARM-UP 4: 5 & 6

♩ = 55 – 65 bpm (Leicht) | 65 – 80 bpm (Mittel) | 80 – 100 bpm (Schwer)

195

# PAD BOOK
## FUNDAMENTAL WORKOUTS
### ANIKA NILLES

KAPITEL II: MIXED METERS

## WARM-UP 5: STAIRWAY

♩ = 55 – 65 bpm (Leicht)  |  65 – 75 bpm (Mittel)  |  75 – 85 bpm (Schwer)

## WARM-UP 6: THE SNAKE

♩ = 55 – 65 bpm (Leicht)  |  65 – 75 bpm (Mittel)  |  75 – 85 bpm (Schwer)

TEIL D | ÜBUNGSSYSTEM A–D

**PAD BOOK**
FUNDAMENTAL WORKOUTS
ANIKA NILLES

## WARM-UP 7: RAPTOR

♩ = 55 – 70 bpm (Leicht)  |  70 – 80 bpm (Mittel)  |  80 – 95 bpm (Schwer)

## WARM-UP 8: RAPTOR BABY

♩ = 55 – 70 bpm (Leicht)  |  70 – 80 bpm (Mittel)  |  80 – 95 bpm (Schwer)

# PAD BOOK
FUNDAMENTAL WORKOUTS
**ANIKA NILLES**

KAPITEL II: MIXED METERS

## WARM-UP 9: SNOWFLAKE

♩ = 55 – 70 bpm (Leicht)  |  70 – 80 bpm (Mittel)  |  80 – 95 bpm (Schwer)

## WARM-UP 10: BUTTERFLY

♩ = 55 – 70 bpm (Leicht)  |  70 – 80 bpm (Mittel)  |  80 – 95 bpm (Schwer)

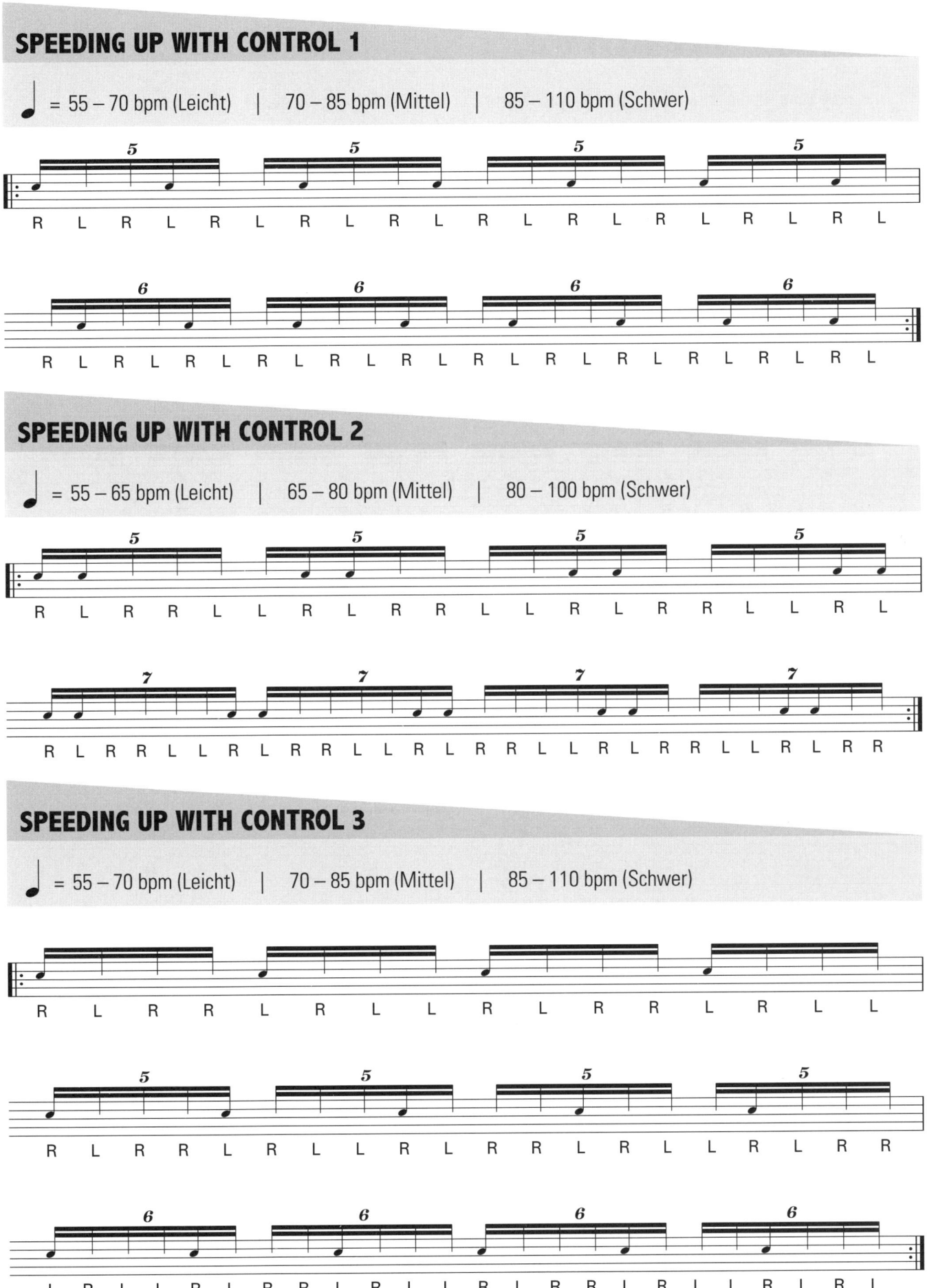

# PAD BOOK
FUNDAMENTAL WORKOUTS
ANIKA NILLES

KAPITEL II: MIXED METERS

## SPEEDING UP WITH CONTROL 4

♩ = 55 – 65 bpm (Leicht)  |  65 – 80 bpm (Mittel)  |  80 – 95 bpm (Schwer)

## SPEEDING UP WITH CONTROL 5

♩ = 55 – 70 bpm (Leicht)  |  70 – 85 bpm (Mittel)  |  85 – 110 bpm (Schwer)

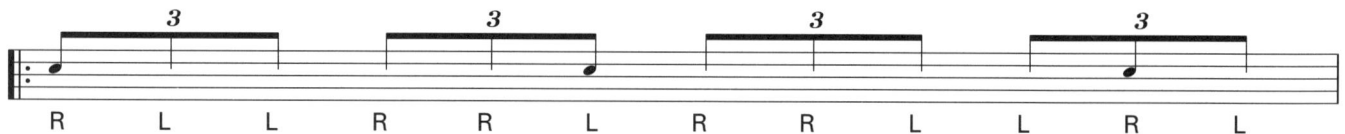

# PAD BOOK
FUNDAMENTAL WORKOUTS
**ANIKA NILLES**

TEIL D | ÜBUNGSSYSTEM A–D

## SPEEDING UP WITH CONTROL 6

♩ = 55 – 70 bpm (Leicht) | 70 – 85 bpm (Mittel) | 85 – 100 bpm (Schwer)

## SPEEDING UP WITH CONTROL 7

♩ = 55 – 70 bpm (Leicht) | 70 – 85 bpm (Mittel) | 85 – 100 bpm (Schwer)

# PAD BOOK
FUNDAMENTAL WORKOUTS
**ANIKA NILLES**

KAPITEL II: MIXED METERS

## SPEEDING UP WITH CONTROL 8

♩ = 55 – 70 bpm (Leicht)　|　70 – 80 bpm (Mittel)　|　80 – 90 bpm (Schwer)

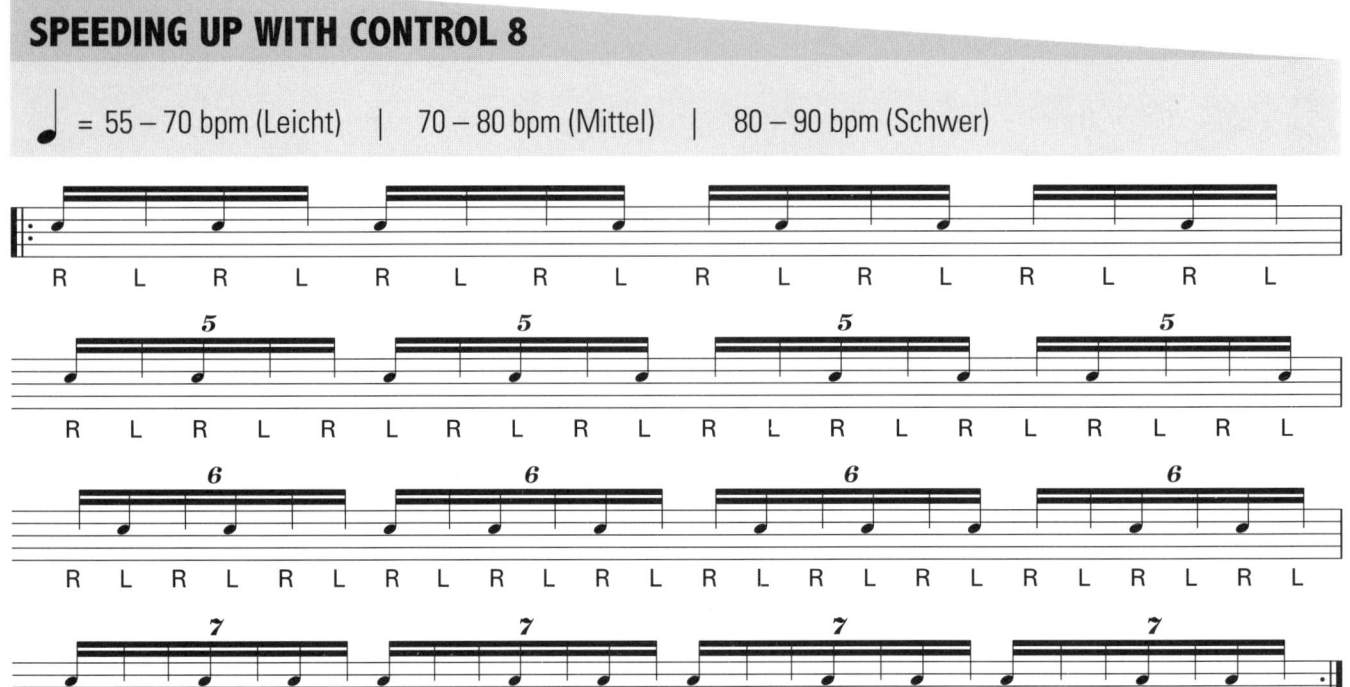

## MELODIC STRUCTURE WARM-UPS

In diesen Warm-Ups trainierst du, ein bestimmtes Sticking und Grouping auf einen anderen Notenwert zu übertragen. Höre bewusst, wie sich Sticking und Grouping aus dem ersten Takt verändern, wenn sie auf den zweiten Takt übertragen werden. Vorwiegend geht es darum, die spezifische Melodiestruktur wahrzunehmen und ein Gefühl für Akzent, Puls und Time mit dem jeweiligen Sticking zu verinnerlichen. Es geht nicht ums schnell spielen. Das kommt später. Übe jedes Beispiel für einige, wenige Minuten als Loop.

## MELODIC STRUCTURE 1

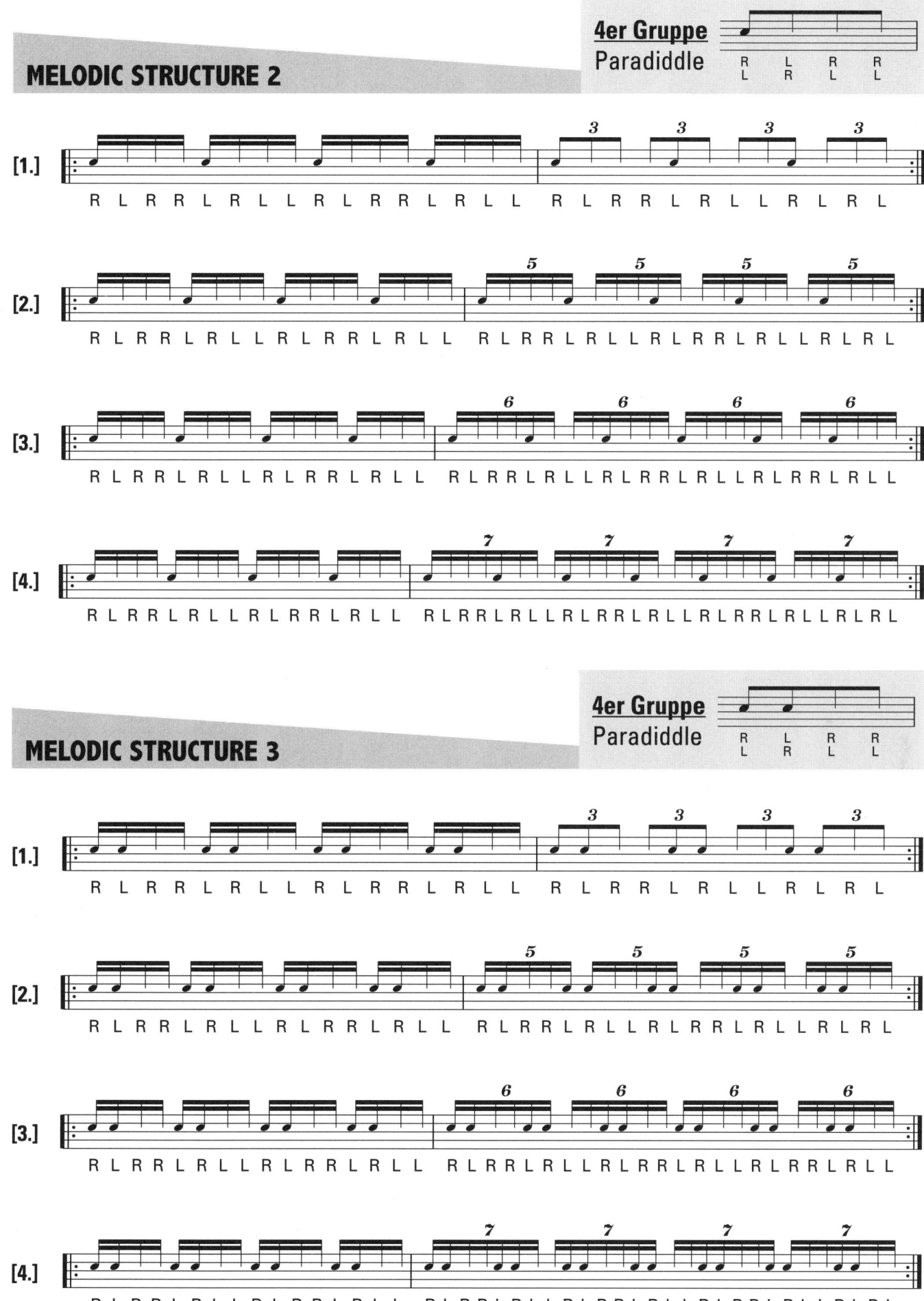

# PAD BOOK
**FUNDAMENTAL WORKOUTS**
**ANIKA NILLES**

KAPITEL II: MIXED METERS

## MELODIC STRUCTURE 4

[1.] R R L L R R L L R R L L R R L L   R R L L R R L L R R L L

[2.] R R L L R R L L R R L L R R L L   R R L L R R L L R R L L R R L L R R L L

[3.] R R L L R R L L R R L L R R L L   R R L L R R L L R R L L R R L L R R L L R R L L

[4.] R R L L R R L L R R L L R R L L   R R L L R R L L R R L L R R L L R R L L R R L L R R L L

## MELODIC STRUCTURE 5

[1.]

[2.]

[3.] R L R L L R L R L L R L R L L R L R L L   R L R L L R L R L L R L R L L R L R L L R L R L L R L R L L

[4.]

TEIL D | ÜBUNGSSYSTEM A–D

**PAD BOOK**
FUNDAMENTAL WORKOUTS
**ANIKA NILLES**

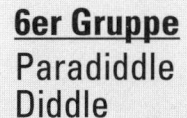

**6er Gruppe**
Paradiddle
Diddle

## MELODIC STRUCTURE 6

# PAD BOOK
FUNDAMENTAL WORKOUTS
ANIKA NILLES

KAPITEL II: MIXED METERS

## MELODIC STRUCTURE 7

**7er Gruppe**

# KAPITEL III
# UNABHÄNGIGKEIT DER HÄNDE & UNISONOSPIEL

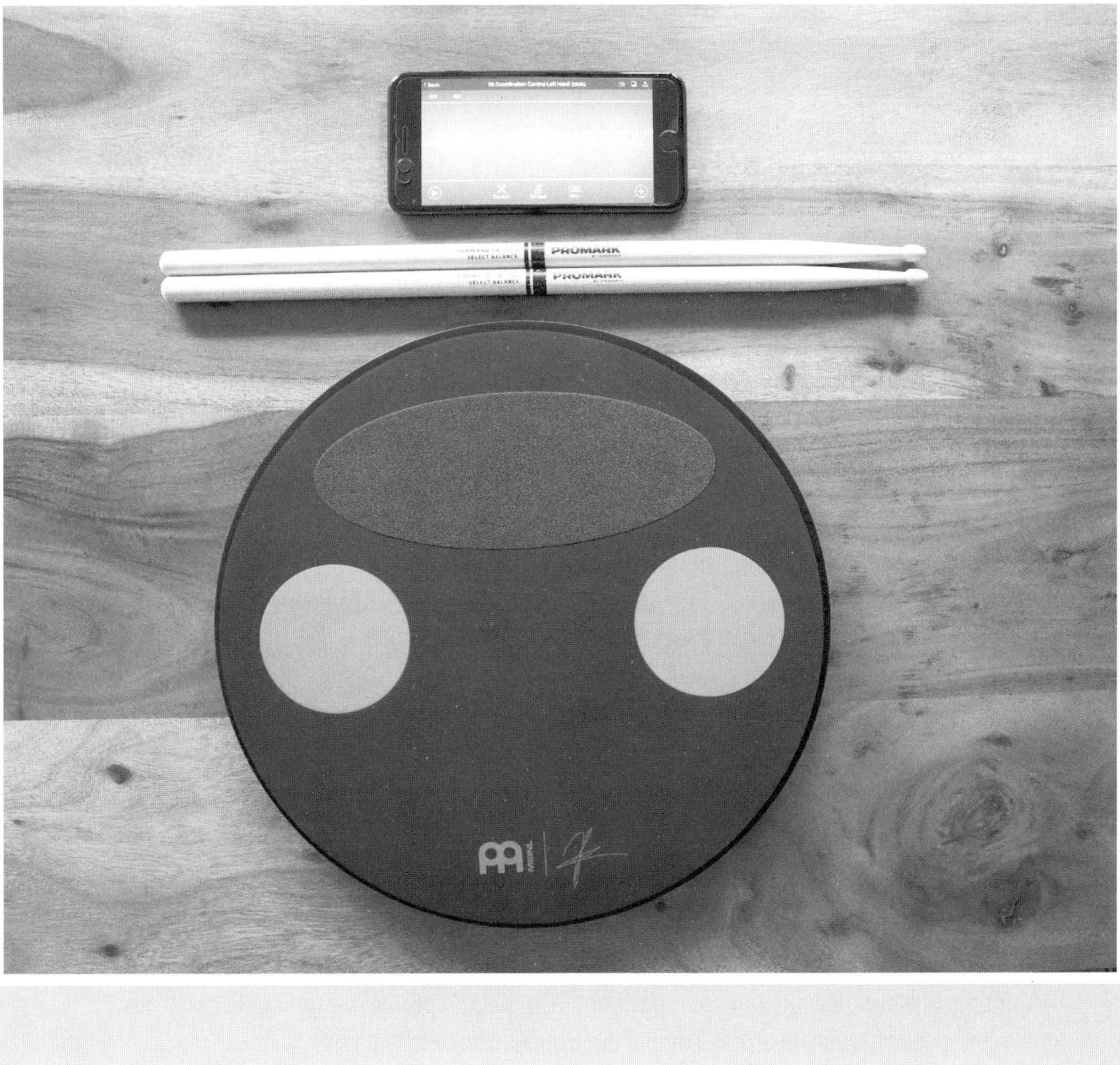

# UNABHÄNGIGKEIT DER HÄNDE & UNISONOSPIEL

## KOORDINATION DER HÄNDE

In diesem Kapitel geht es um die Entwicklung einer stabilen, bewusst ausgeführten und kontrollierten Koordination und Unabhängigkeit der Hände. Es ist eine der größten Herausforderungen am Schlagzeug, Handbewegungen zu synchronisieren oder zu trennen. Deshalb habe ich mein persönliches Koordinationssystem heruntergebrochen. Dieser Ansatz ist sehr systematisch und ein großartiges Tool, um die eigenen Stärken und Schwächen sehr schnell wahrzunehmen. Darüber hinaus schlage ich vor, alle diese Übungen aus drei Perspektiven zu hören:

1. ‚Melodie' der linken Hand
2. ‚Melodie' der rechten Hand
3. kombinierte ‚Melodie'

Wenn du an der Unabhängigkeit deiner Hände übst, empfehle ich, zwei leicht unterschiedliche Klangquellen auf deinem Übungspad zu verwenden, um beide Hände getrennt voneinander hören zu können. Falls du nicht mit dem Split-Tone-Pad übst, benutze z.B. die Kante deines Pads als weitere Soundquelle oder drehe einen Stick um und spiele mit dem Stockende auf dem Pad. Für den zweiten, aber leiseren Sound kannst auf einem Kissen, Oberschenkel oder einfach in der Luft die entsprechenden Schläge ausführen. Übst du mit dem Split-Tone-Pad, hast du alle wichtigen Soundquellen vor dir liegen. In den Noten ist nicht vorgegeben, welche Hand welchen Sound bedient. Es liegt hier an dir auszuprobieren, wie sich die Melodien anders wahrnehmen lassen, sobald du mit einer Hand z.B. auf dem Mute-Bereich des Split-Tone Pads spielst. Viele der folgenden Übungen lassen sich dadurch viel schneller erarbeiten und verinnerlichen.

Achte beim Üben der nächsten Seiten auf Folgendes:

 **Präzision!** Wenn beide Hände gleichzeitig spielen, solltest du auf das Timing beider Hände achten. Versuche, beide Hände exakt zur gleichen Zeit zu spielen (auch *Flat Flams* genannt). Vermeide das Spielen von *Flams* (zwei kurz aufeinander folgende Schläge).

 **Langsam üben!** Es geht nicht darum, schnell und nachlässig zu spielen, sondern darum, deine Präzision beim Unisonospiel zu trainieren. Das Üben in langsameren Tempi hilft dabei, deine Ohren darauf zu trainieren, auf Genauigkeit und Timing beider Hände zu achten.

 **Bewegungen beider Hände!** Achte darauf, wie du die Patterns in jeder Hand spielst. Versuche, gleichzeitige Bewegungen beider Hände zu erkennen und diese bewusst umzusetzen. Versuche, wechselnde und gegenläufige Bewegungen zu erkennen und bewusst zu spielen.

 **Wiederhole die Übungen über mehrere Wochen!** Wiederhole die Workouts über einen längeren Zeitraum, um diese Bewegungen zu verinnerlichen und in deinem langfristigen Muskelgedächtnis zu speichern. Du wirst spüren, wenn du Fortschritte gemacht hast und wann es an der Zeit ist, die Übungen zu wechseln.

In diesem Abschnitt findest du Übungen und Workouts zu allen Notenwerten. Wenn du Probleme mit einer dieser Subdivisions hast, kehre zu *Kapitel I* zurück und arbeite an einigen grundlegenden Übungen zu diesem Notenwert.

# KOORDINATION DER HÄNDE
## TRIOLEN

### HÄNDE GEGENEINANDER A

Verwende Übungssystem A.

top line

[1.] R L

[2.]

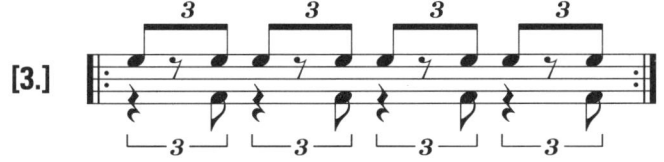
[3.]

[4.]

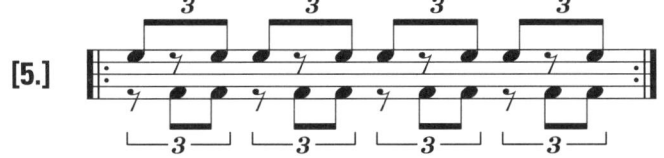
[5.]

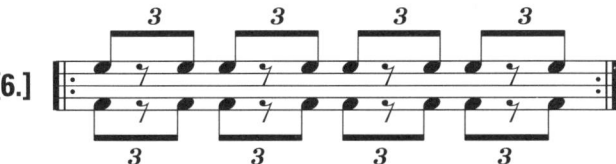
[6.]

[7.]

[8.]

[9.]

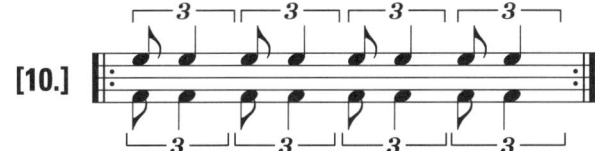
[10.]

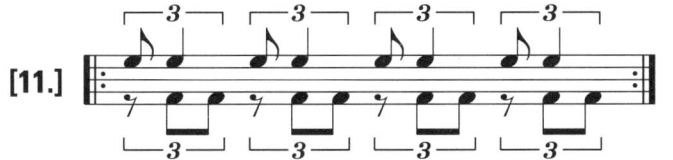
[11.]

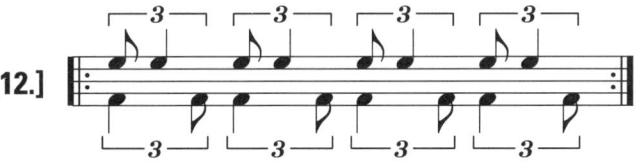
[12.]

# PAD BOOK
### FUNDAMENTAL WORKOUTS
**ANIKA NILLES**

KAPITEL III | UNABHÄNGIGKEIT DER HÄNDE & UNISONOSPIEL

## HÄNDE GEGENEINANDER B

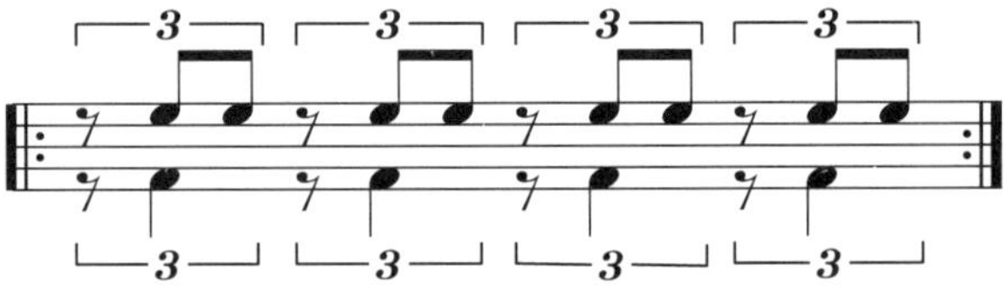

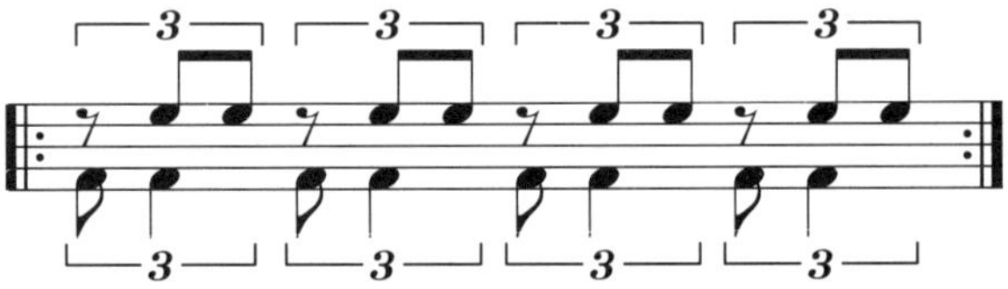

Verwende Übungssystem A.

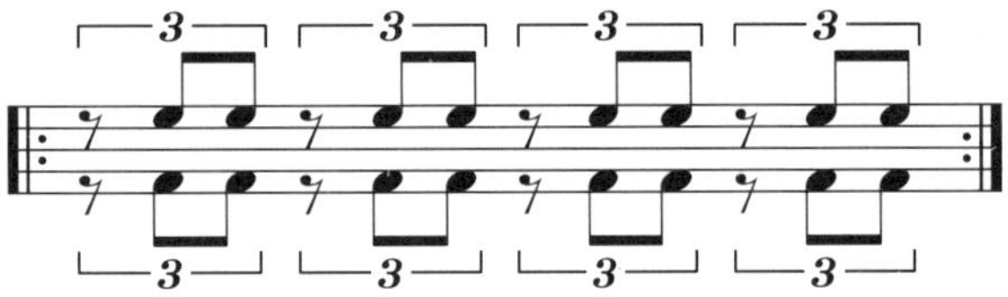

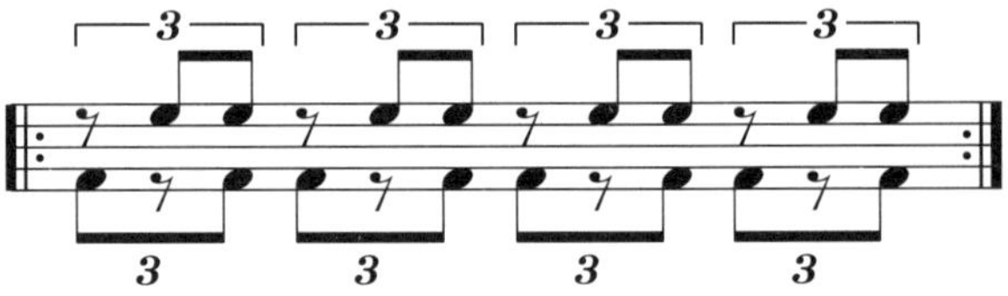

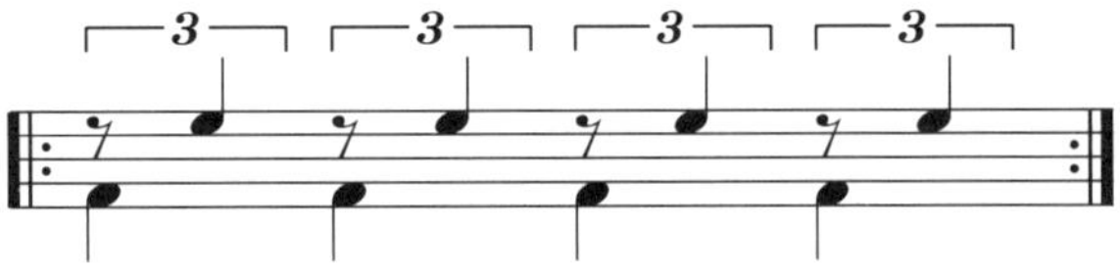

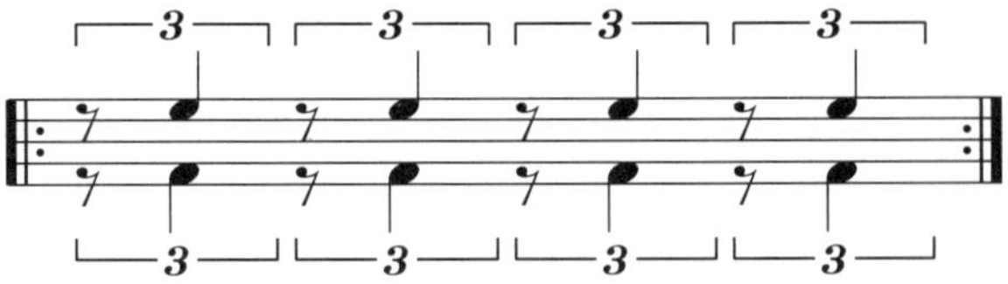

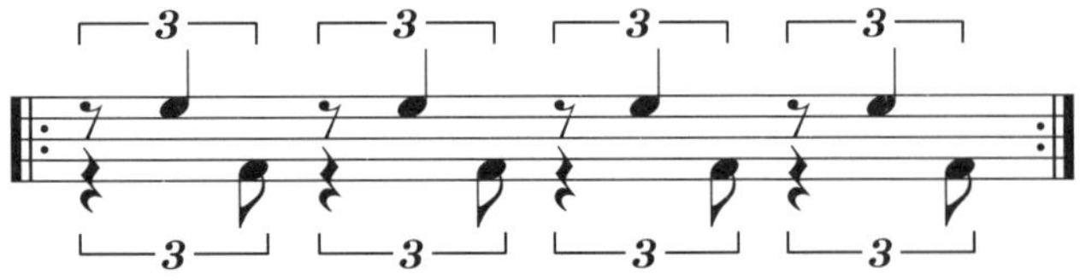

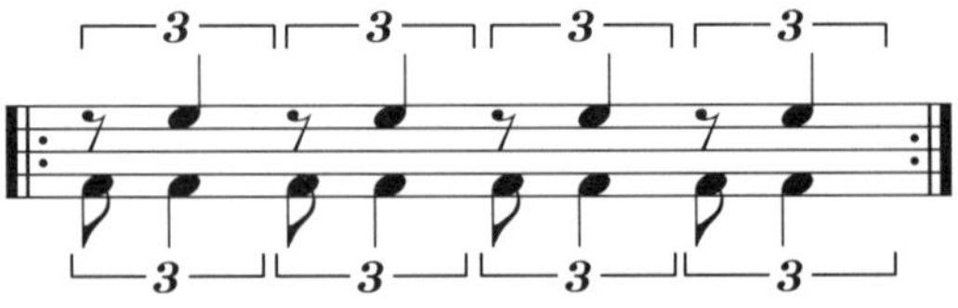

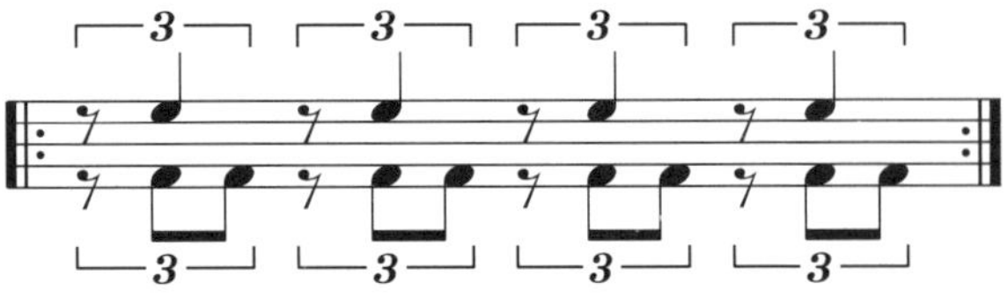

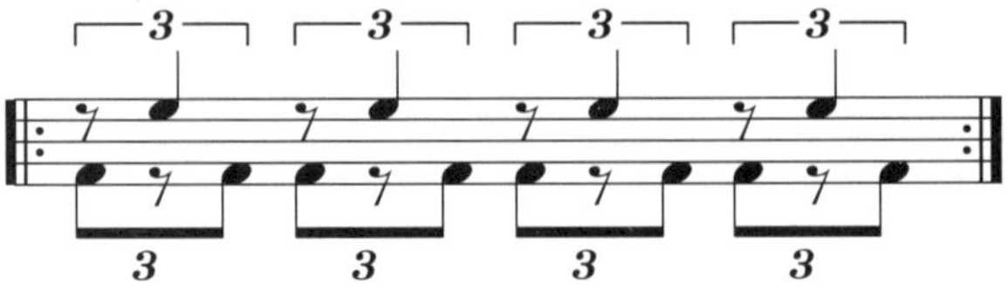

KOORDINATION DER HÄNDE | TRIOLEN

## HÄNDE GEGENEINANDER C

Verwende Übungssystem A.

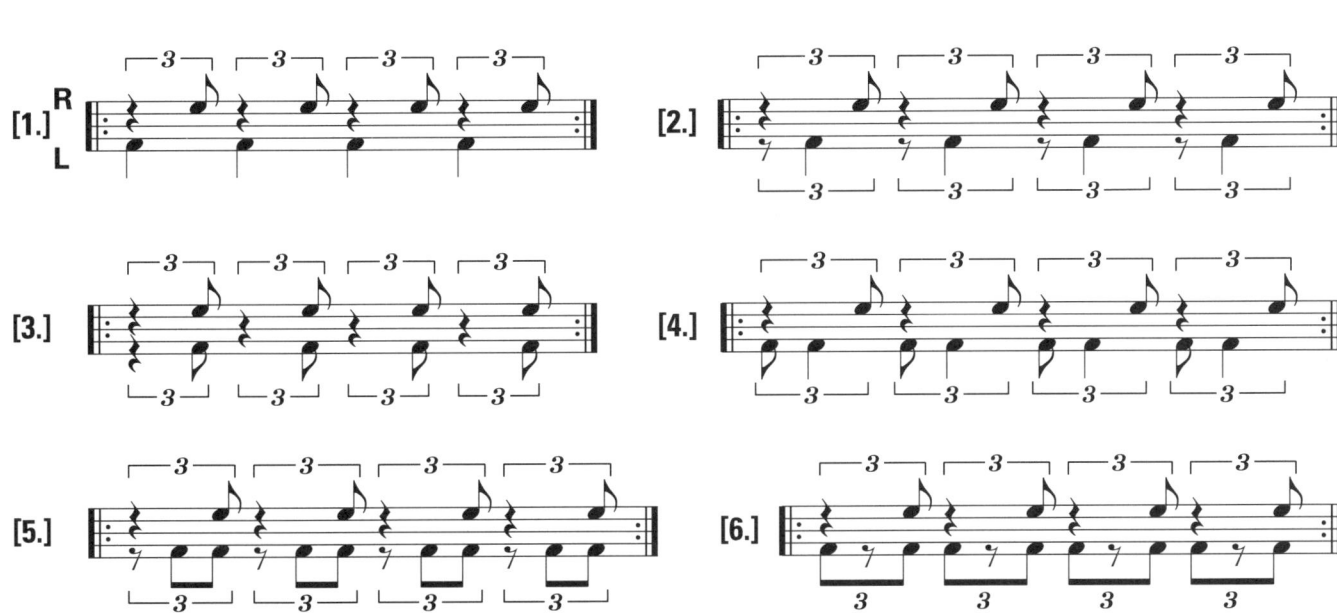

*Photo © by Marius Mischke*

# KOORDINATION DER HÄNDE

## TRIOLEN

1. Wähle eine der **Ostinato-Optionen [A]–[E]** für die **RH** und spiele den **Lesetext** mit der **LH**. Optional konzentrierst du dich nur auf **einen Takt** aus dem Lesetext und spielst ihn in Schleife, bis es sich gut anfühlt.
2. Als Alternative wechselst du die Führungshand: **Ostinato** mit der **LH** und **Lesetext** mit der **RH**.

### Ostinato-Optionen für die RH

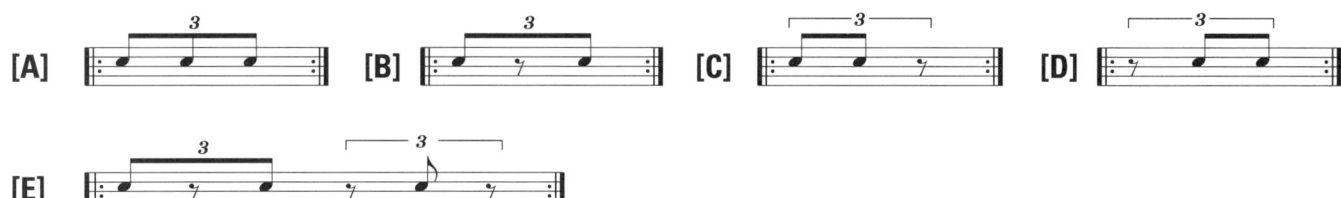

### Lesetext für die LH

KOORDINATION DER HÄNDE | TRIOLEN

# PAD BOOK
FUNDAMENTAL WORKOUTS
**ANIKA NILLES**

## TRIOLEN A

### Ostinato-Optionen für die RH

Hier ein Beispiel mit Ostinato [B] für die RH, während die LH den Lesetext spielt.

[B] 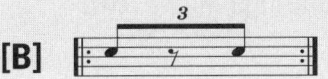  Ostinato [B]: Shuffle Feeling

### Lesetext für beide Hände

# PAD BOOK
FUNDAMENTAL WORKOUTS
ANIKA NILLES

KAPITEL III | UNABHÄNGIGKEIT DER HÄNDE & UNISONOSPIEL

## TRIOLEN B

1. Wähle eine der **Ostinato-Optionen [A]–[D]** für die **RH** und spiele die **Groupings** mit der **LH**. Optional konzentrierst du dich nur auf **einen Takt** aus dem Lesetext und spielst ihn in Schleife, bis es sich gut anfühlt.
2. Als Alternative wechselst du die Führungshand: **Ostinato** mit der **LH** und **Groupings** mit der **RH**.

### Ostinato-Optionen für die 1. Hand

### Groupings für die 2. Hand (vgl. auch S. 40–41)

**5ER GRUPPEN MIT 2 AKZENTSCHLÄGEN**

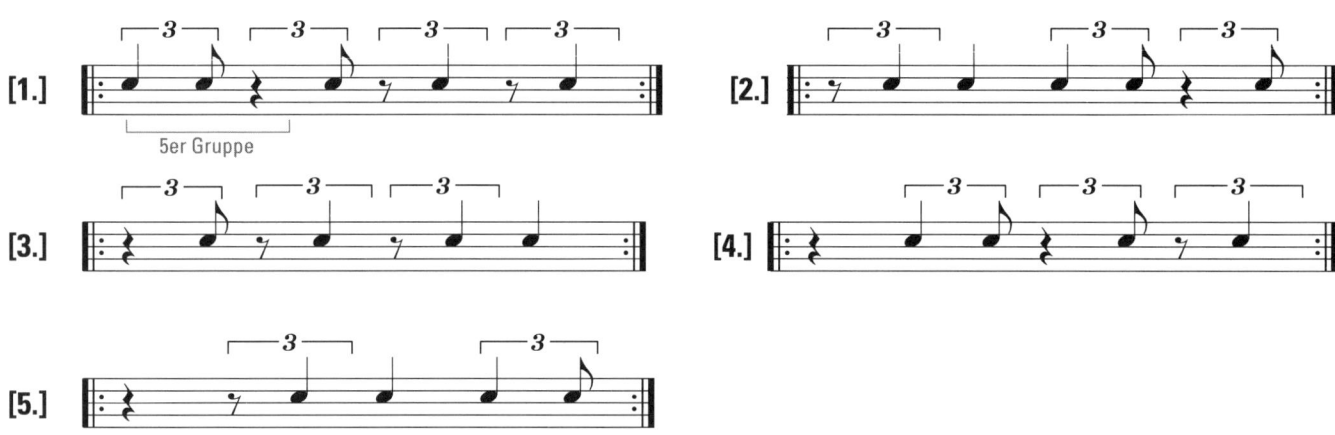

**4ER GRUPPEN MIT 1 BZW. 2 AKZENTSCHLÄGEN**

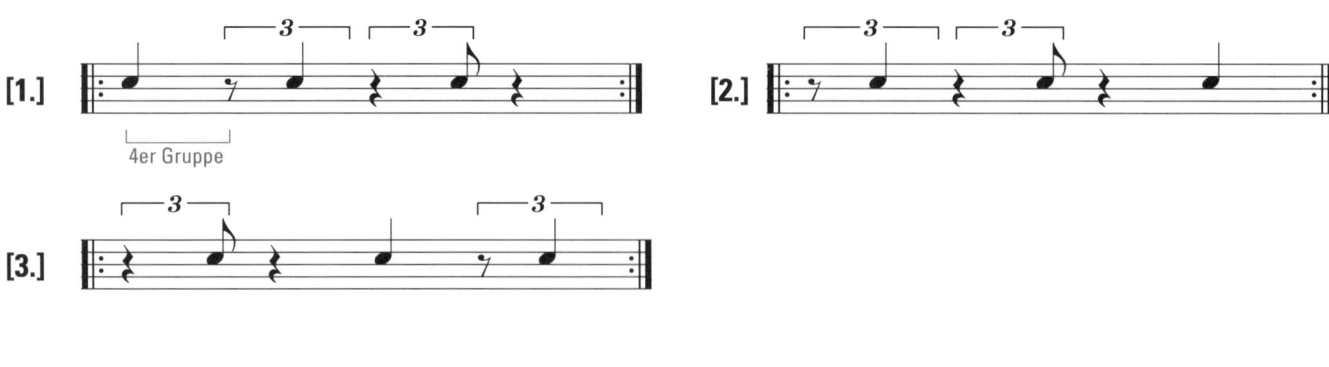

KOORDINATION DER HÄNDE | TRIOLEN

# TRIOLEN C

1. Wähle eine der **Ostinato-Optionen [A]–[D]** für die **RH** und spiele die **Groupings** mit der **LH**. Optional konzentrierst du dich nur auf **einen Takt** aus dem Lesetext und spielst ihn in Schleife, bis es sich gut genug anfühlt, um sich zwischen allen Takten zu bewegen.
2. Als Alternative wechselst du die Führungshand: **Ostinato** mit der **LH** und **Groupings** mit der **RH**.

## Ostinato-Optionen für die 1. Hand

## Groupings für die 2. Hand (vgl. auch S. 40–41)

**7ER GRUPPEN MIT 3 AKZENTSCHLÄGEN**

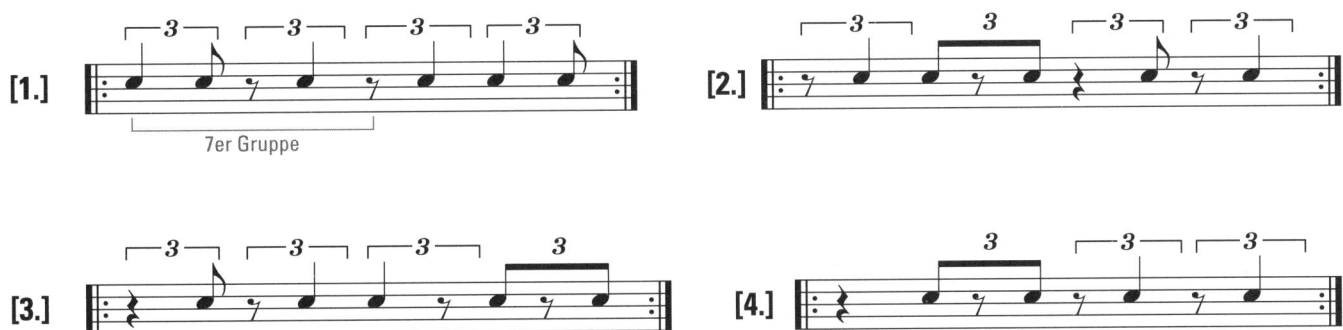

**POSITION 5–7 ALS 2-TAKT-PHRASE MIT 3 AKZENTSCHLÄGEN**

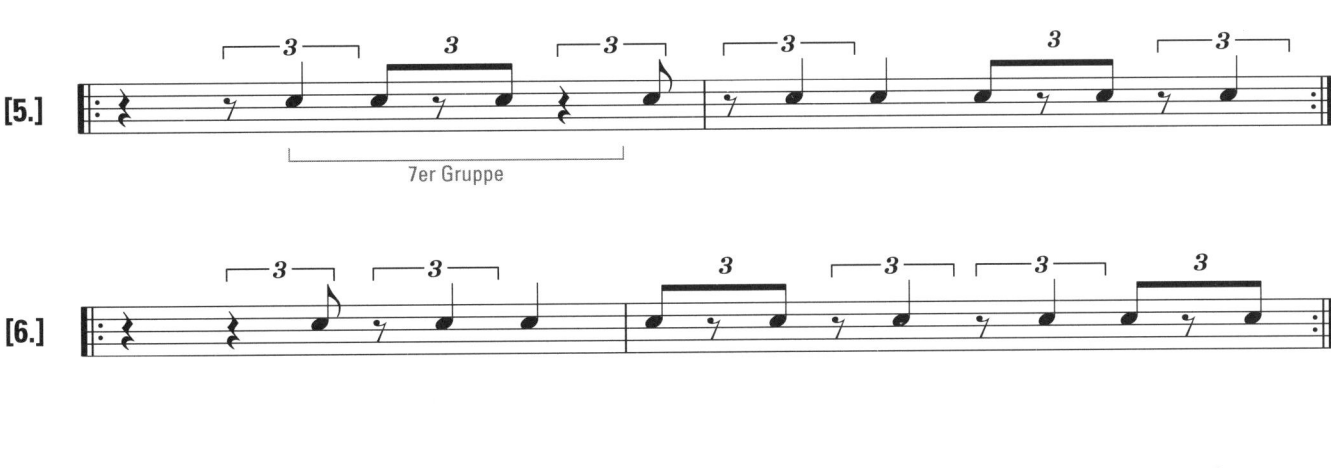

## 2-LINE READING A

### Ostinato mit Groupings

Dieses Koordinationstraining gibt dir eine Vorstellung davon, wie du mit **Groupings als Ostinato-Pattern** arbeiten kannst, während die andere Hand verschiedene Rhythmen spielt. In den folgenden Beispielen spielt die **LH** immer jeden **4. Schlag**, während die **RH verschiedene Rhythmuspatterns** spielt. Du kannst auch versuchen, die Hände umzukehren und das **Ostinato mit der RH** zu führen, während **die LH verschiedene Patterns** spielt.

**4ER GRUPPEN – LH OSTINATO**

KOORDINATION DER HÄNDE | TRIOLEN

**PAD BOOK**
FUNDAMENTAL WORKOUTS
**ANIKA NILLES**

## 2-LINE READING B

### Ostinato mit Groupings

Die folgenden Beispiele geben dir eine Vorstellung davon, wie du mit dem gleichen System an **verschiedenen Positionen des 4er Gruppen-Ostinatos** arbeitest.

**4ER GRUPPEN – VERSCHIEBUNG 1 LH**

**4ER GRUPPEN – VERSCHIEBUNG 2 LH**

**4ER GRUPPEN – VERSCHIEBUNG 3 LH**

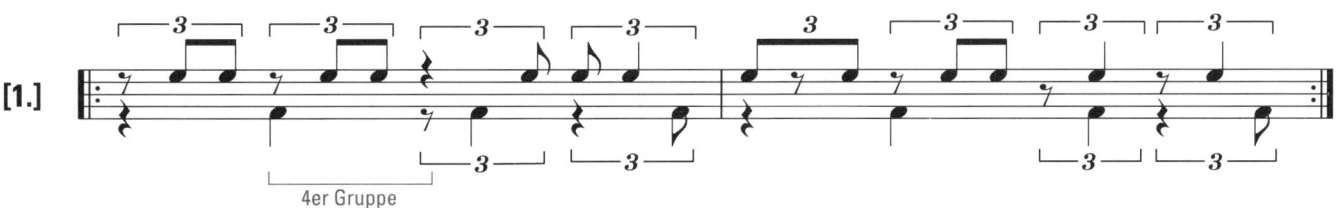

# PAD BOOK
**FUNDAMENTAL WORKOUTS**
**ANIKA NILLES**

KAPITEL III | UNABHÄNGIGKEIT DER HÄNDE & UNISONOSPIEL

## 2-LINE READING C

**5ER GRUPPEN – LH OSTINATO**

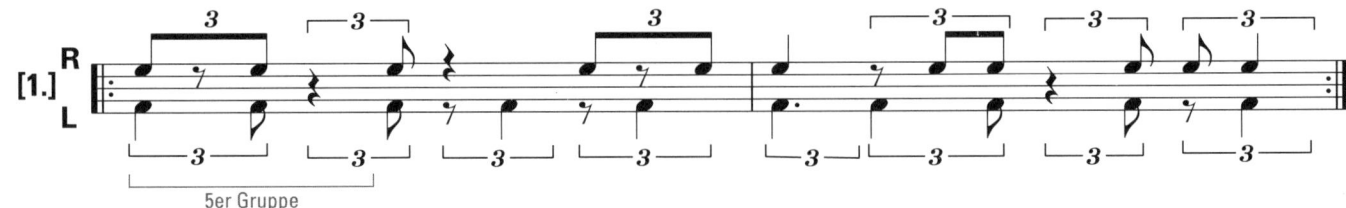

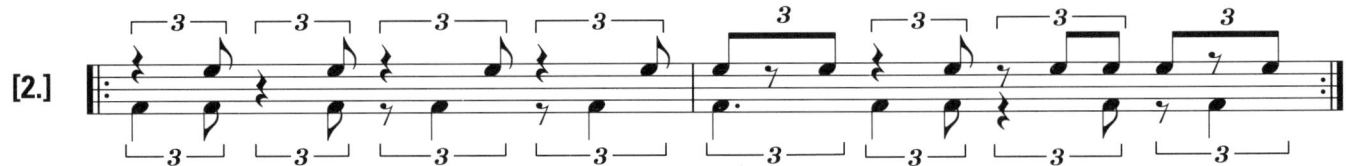

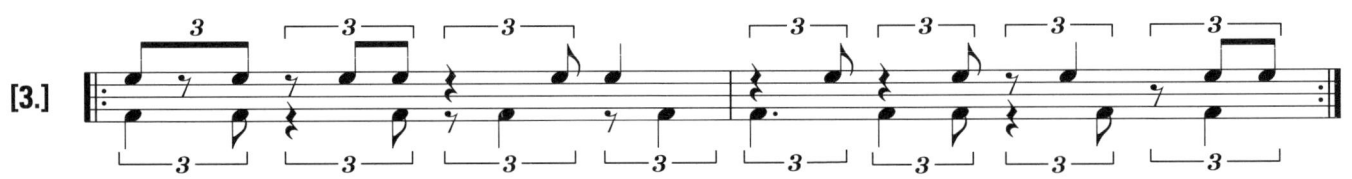

**7ER GRUPPEN – LH OSTINATO**

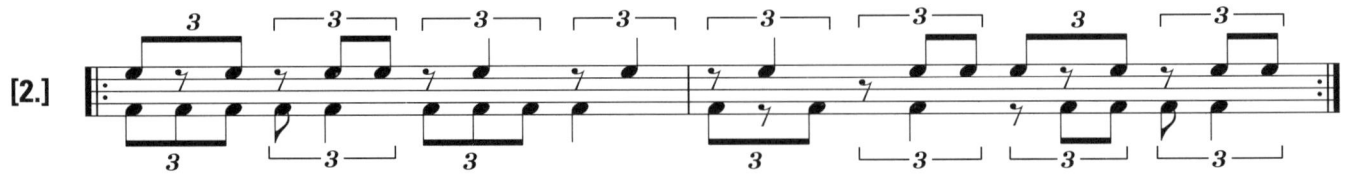

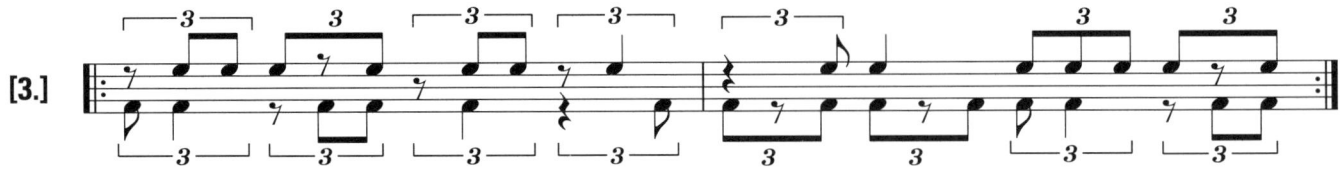

KOORDINATION DER HÄNDE | SECHZEHNTELNOTEN

**PAD BOOK**
FUNDAMENTAL WORKOUTS
**ANIKA NILLES**

## KOORDINATION DER HÄNDE
# 16TEL NOTEN

### HÄNDE GEGENEINANDER A

Verwende Übungssystem A.

[1.]

[2.]

[3.]

[4.]

[5.]

[6.]

[7.]

[8.]
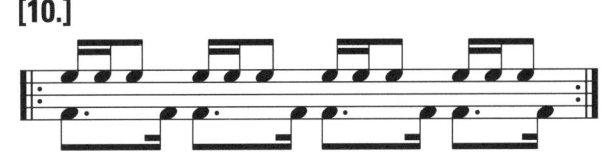

[9.]

[10.]

[11.]

[12.]

# PAD BOOK
**FUNDAMENTAL WORKOUTS**
**ANIKA NILLES**

KAPITEL III | UNABHÄNGIGKEIT DER HÄNDE & UNISONOSPIEL

## HÄNDE GEGENEINANDER B

Verwende Übungssystem A.

top line

[1.]

[2.]

[3.]

[4.]

[5.]

[6.]

[7.]

[8.]

[9.]

[10.]

[11.]

[12.]

# PAD BOOK
FUNDAMENTAL WORKOUTS
**ANIKA NILLES**

KOORDINATION DER HÄNDE | SECHZEHNTELNOTEN

## HÄNDE GEGENEINANDER C

Verwende Übungssystem A.

[1.]

[2.]

[3.]

[4.]

[5.]

[6.]

[7.]

[8.]

[9.]

[10.]

[11.]

# PAD BOOK
FUNDAMENTAL WORKOUTS
**ANIKA NILLES**

KAPITEL III | UNABHÄNGIGKEIT DER HÄNDE & UNISONOSPIEL

## 16TEL NOTEN

1. Wähle eine der **Ostinato-Optionen [A]–[H]** für die **RH** und spiele den **Lesetext** mit der **LH**. Optional konzentrierst du dich nur auf **einen Takt** aus dem Lesetext und spielst ihn in Schleife, bis es sich gut anfühlt.
2. Als Alternative wechselst du die Führungshand: **Ostinato** mit der **LH** und **Lesetext** mit der **RH**.

### Ostinato-Optionen für die RH

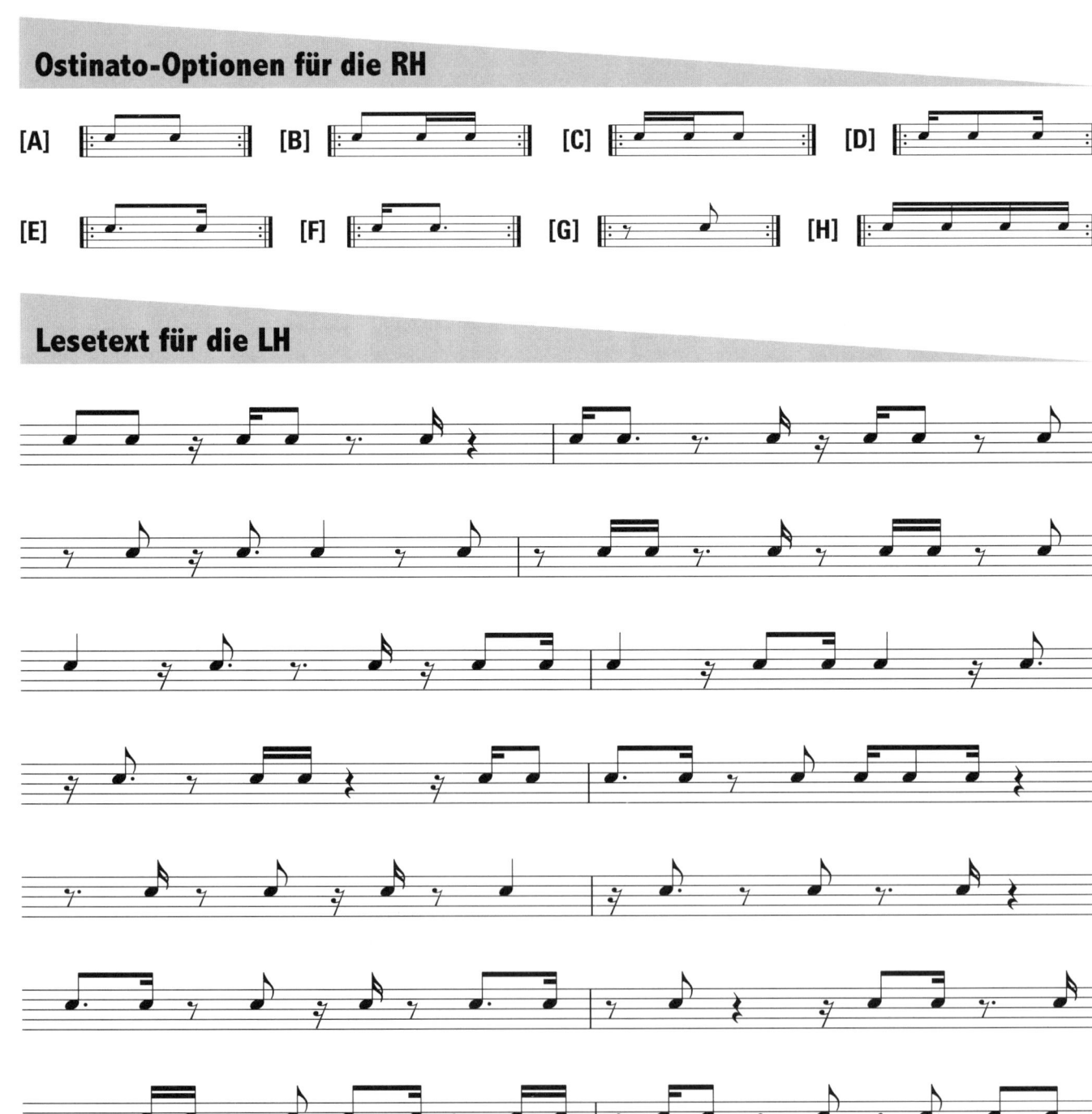

### Lesetext für die LH

KOORDINATION DER HÄNDE | SECHZEHNTELNOTEN

## 16TEL NOTEN A

### Ostinato-Optionen für die RH

Hier ein Beispiel mit Ostinato [A] für die RH, während die LH den Lesetext spielt.

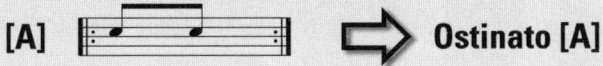

### Lesetext für beide Hände

223

# 16TEL NOTEN B

## Ostinato-Optionen für die RH

Hier ein Beispiel mit Ostinato [B] für die RH, während die LH den Lesetext spielt.

 Ostinato [B]

## Lesetext für beide Hände

# PAD BOOK
FUNDAMENTAL WORKOUTS
**ANIKA NILLES**

KOORDINATION DER HÄNDE | SECHZEHNTELNOTEN

## 16TEL NOTEN C

1. Wähle eine der **Ostinato-Optionen [A]–[H]** für die **RH** und spiele den **Lesetext** mit der **LH**. Optional konzentrierst du dich nur auf **einen Takt** aus dem Lesetext und spielst ihn in Schleife, bis es sich gut anfühlt.
2. Als Alternative wechselst du die Führungshand: **Ostinato** mit der **LH** und **Lesetext** mit der **RH**.

### Ostinato-Optionen für die RH

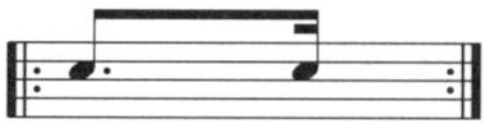

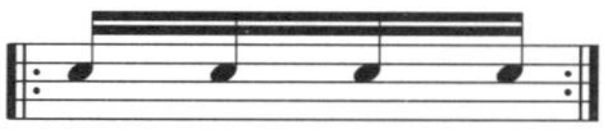

### Lesetext B für beide Hände

# PAD BOOK
FUNDAMENTAL WORKOUTS
ANIKA NILLES

KAPITEL III | UNABHÄNGIGKEIT DER HÄNDE & UNISONOSPIEL

## 16TEL NOTEN D

1. Wähle eine der **Ostinato-Optionen [A]–[H]** für die **RH** und spiele die **Groupings** mit der **LH**. Optional konzentrierst du dich nur auf **einen Takt** aus dem Lesetext und spielst ihn in Schleife, bis es sich gut anfühlt.
2. Als Alternative wechselst du die Führungshand: **Ostinato** mit der **LH** und **Groupings** mit der **RH**.

## Ostinato-Optionen für die 1. Hand

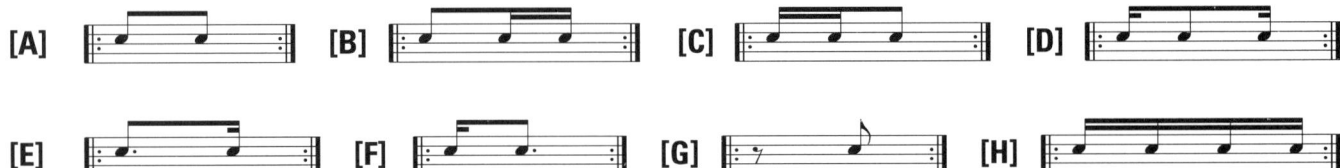

## Groupings für die 2. Hand (vgl. auch S. 66–68)

### 3ER GRUPPEN MIT 1 AKZENTSCHLAG

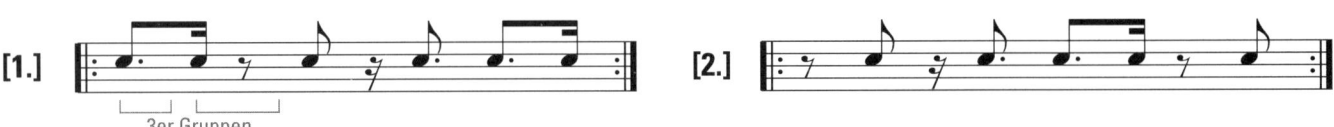

### 5ER GRUPPEN MIT 2 AKZENTSCHLÄGEN

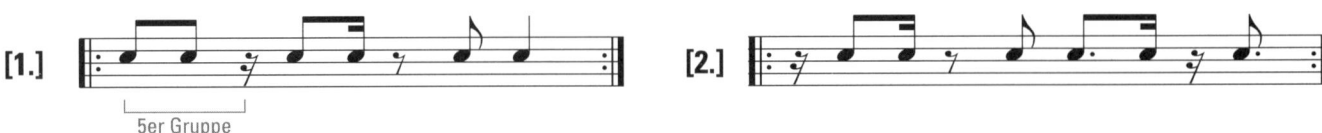

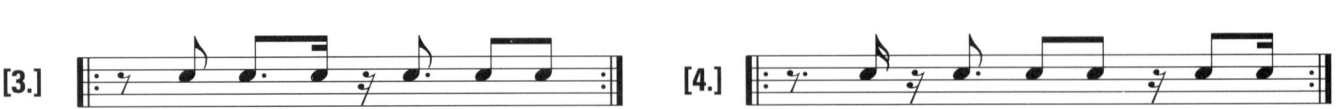

KOORDINATION DER HÄNDE | SECHZEHNTELNOTEN

## 16TEL NOTEN E

1. Wähle eine der **Ostinato-Optionen [A]–[H]** für die **RH** und spiele die **Groupings** mit der **LH**. Optional konzentrierst du dich nur auf **einen Takt** aus dem Lesetext und spielst ihn in Schleife, bis es sich gut genug anfühlt, um sich zwischen allen Takten zu bewegen.
2. Als Alternative wechselst du die Führungshand: **Ostinato** mit der **LH** und **Groupings** mit der **RH**.

### Ostinato-Optionen für die 1. Hand

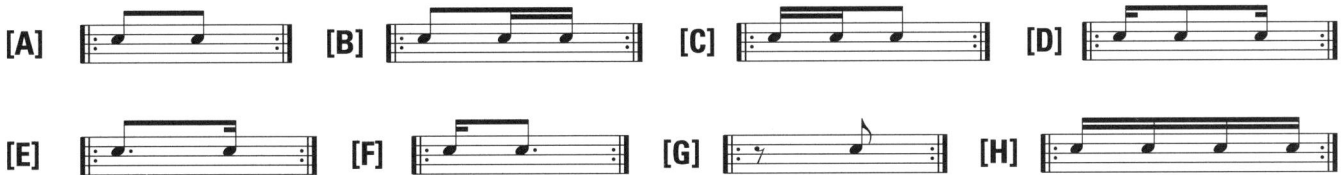

### Groupings für die 2. Hand (vgl. auch S. 66–68)

**7ER GRUPPEN MIT 3 AKZENTSCHLÄGEN**

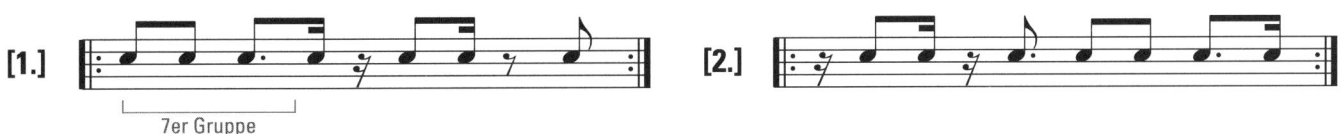

**7ER GRUPPEN MIT 3 AKZENTSCHLÄGEN – IM TAKT BEGINNEND**

# PAD BOOK
FUNDAMENTAL WORKOUTS
ANIKA NILLES

KAPITEL III | UNABHÄNGIGKEIT DER HÄNDE & UNISONOSPIEL

## 2-LINE READING A

### Ostinato mit Groupings

Dieses Koordinationstraining gibt dir eine Vorstellung davon, wie du mit **Groupings als Ostinato-Pattern** arbeiten kannst, während die andere Hand verschiedene Rhythmen spielt. In den folgenden Beispielen spielt die **LH** immer jeden **3. Schlag**, während die **RH verschiedene Rhythmuspatterns** spielt. Du kannst auch versuchen, die Hände umzukehren und das **Ostinato mit der RH** zu führen, während **die LH verschiedene Patterns** spielt.

**3ER GRUPPEN – LH OSTINATO**

**3ER GRUPPEN – VERSCHIEBUNG LH**

KOORDINATION DER HÄNDE | SECHZEHNTELNOTEN

**PAD BOOK**
FUNDAMENTAL WORKOUTS
ANIKA NILLES

## 2-LINE READING B

### Ostinato mit Groupings

Die folgenden Beispiele geben dir eine Vorstellung davon, wie du mit dem gleichen System an **verschiedenen Positionen des 5er Gruppen-Ostinatos** arbeitest.

**5ER GRUPPEN – LH OSTINATO**

**5ER GRUPPEN – VERSCHIEBUNG LH**

# PAD BOOK
**FUNDAMENTAL WORKOUTS**
**ANIKA NILLES**

KAPITEL III | UNABHÄNGIGKEIT DER HÄNDE & UNISONOSPIEL

## 2-LINE READING C

**6ER GRUPPEN – LH OSTINATO**

**7ER GRUPPEN – LH OSTINATO**

## PAD BOOK
FUNDAMENTAL WORKOUTS
ANIKA NILLES

KOORDINATION DER HÄNDE | SECHZEHNTELNOTEN

### 2-LINE READING D
### Ostinato mit Cascara

Dieses Koordinationstraining basiert auf einem **Cascara-Pattern**, das sich in vielen lateinamerikanischen Rhythmen – oder auch in der Weltmusik – finden lässt. Normalerweise wird es außen an der Seite des Metall-Kessels der Timbale gespielt. Hier habe ich der Cascara die **LH** zugeornet, um ein bisschen mehr an der vermeintlich schwächeren Hand zu arbeiten. Du kannst das Ostinato aber auch mit der **RH** spielen, um beide Hände daran zu gewöhnen.

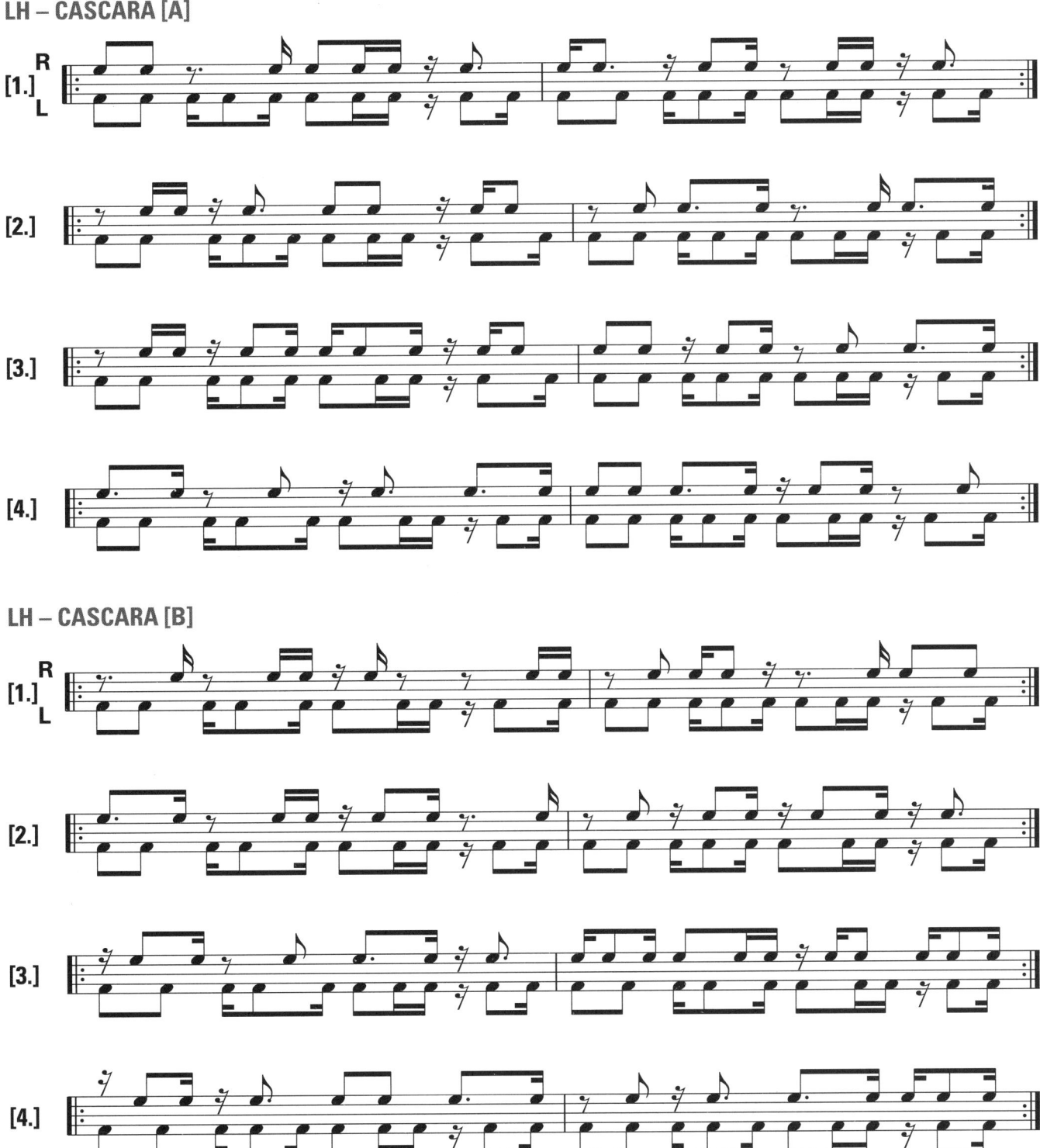

# PAD BOOK
FUNDAMENTAL WORKOUTS
ANIKA NILLES

KAPITEL III | UNABHÄNGIGKEIT DER HÄNDE & UNISONOSPIEL

## KOORDINATION DER HÄNDE
# QUINTOLEN

In diesem Abschnitt habe ich *meine Lieblings-Workouts* zum Thema Unabhängigkeit zusammengestellt. Es gibt viele weitere Optionen, um deine Koordination zu trainieren, sobald du das **RH-Pattern** änderst. Schau dir Nr. [1.] an, um auf einen Blick zu verstehen, an welcher Stelle die Schläge platziert werden.

## HÄNDE GEGENEINANDER A

Verwende Übungssystem A.

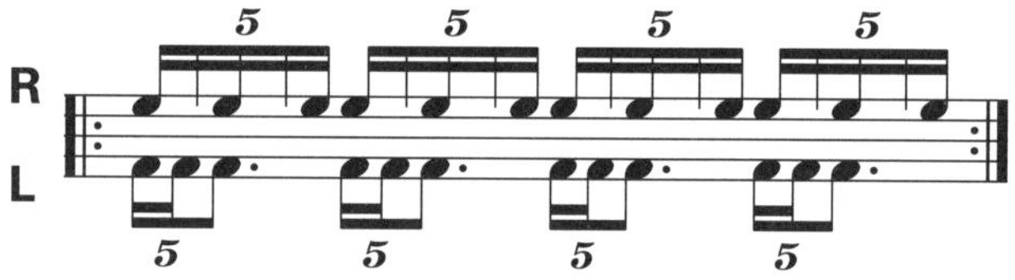

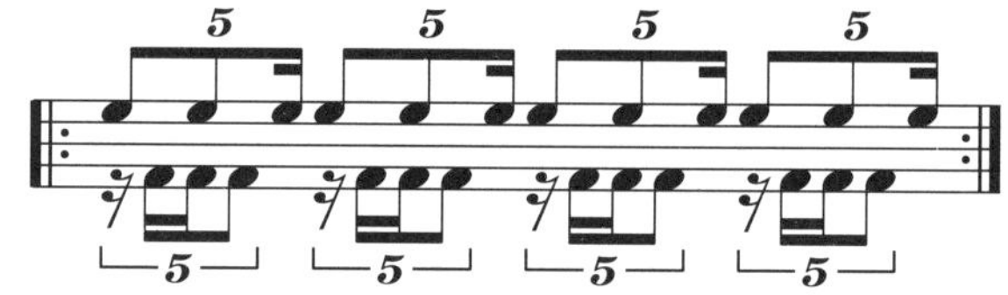

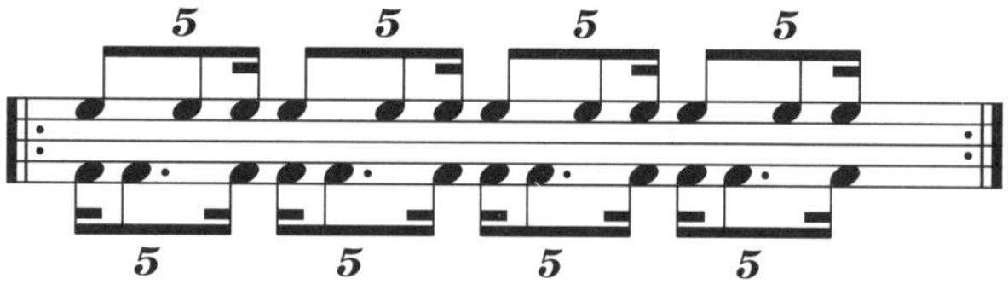

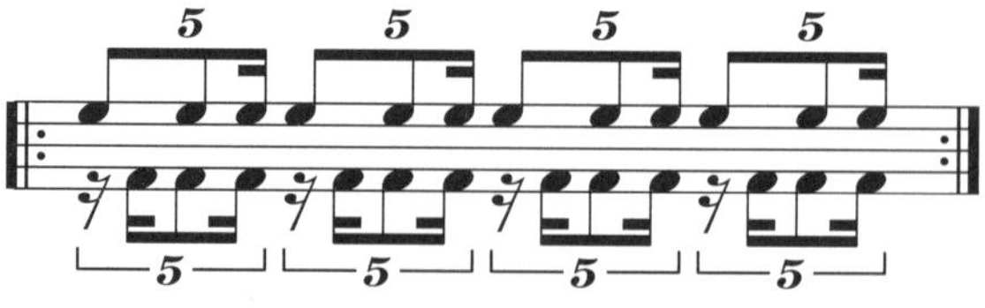

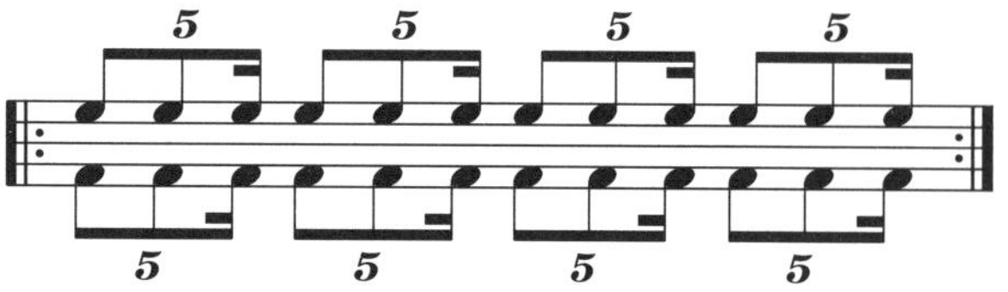

# PAD BOOK
## FUNDAMENTAL WORKOUTS
### ANIKA NILLES

KOORDINATION DER HÄNDE | QUINTOLEN

## HÄNDE GEGENEINANDER B

Hier eine andere Option für ein **RH-Pattern**. Schau dir Nr. [1.] an, um auf einen Blick zu verstehen, an welcher Stelle die Schläge platziert werden.
Verwende Übungssystem A.

top line

[1.]   [2.]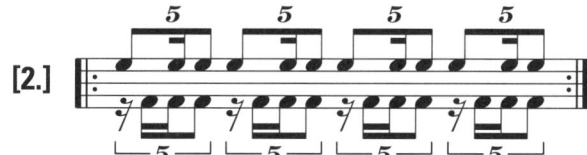

[3.]   [4.]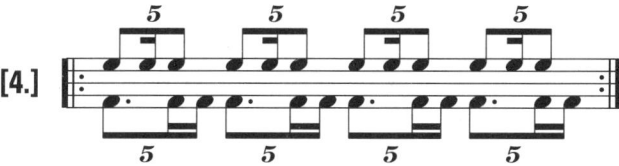

[5.]   [6.]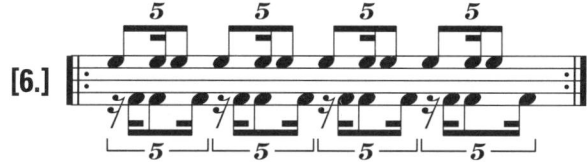

[7.]   [8.]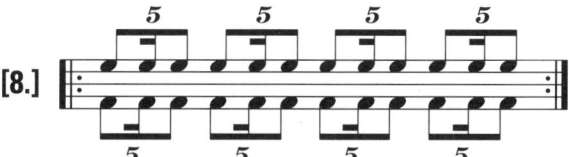

[9.]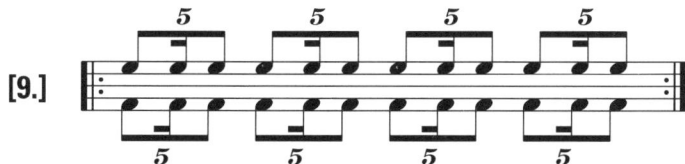

# PAD BOOK
FUNDAMENTAL WORKOUTS
ANIKA NILLES

KAPITEL III | UNABHÄNGIGKEIT DER HÄNDE & UNISONOSPIEL

## HÄNDE GEGENEINANDER C

Diese Patterns nur für die RH haben zwei Schläge pro Quintole. Schau dir Nr. [1.] an, um auf einen Blick zu verstehen, an welcher Stelle die Schläge platziert werden.

Verwende Übungssystem A.

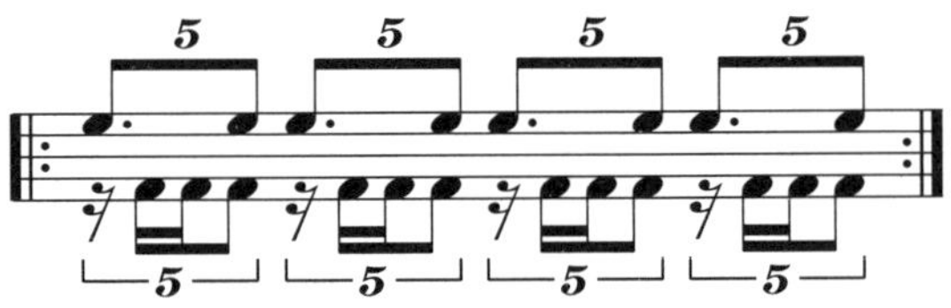

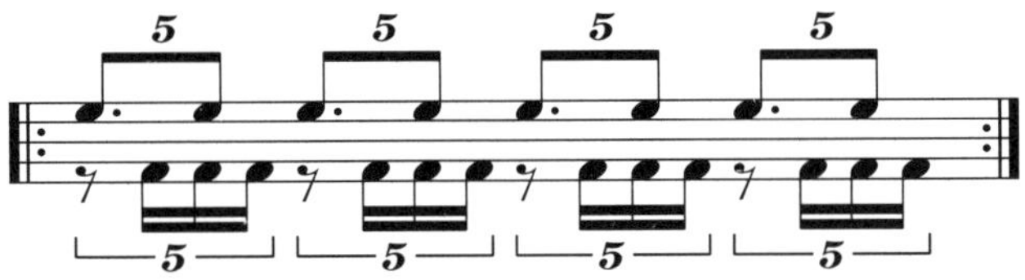

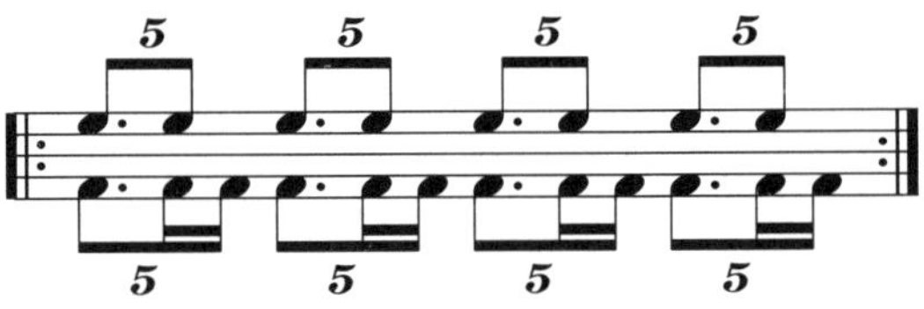

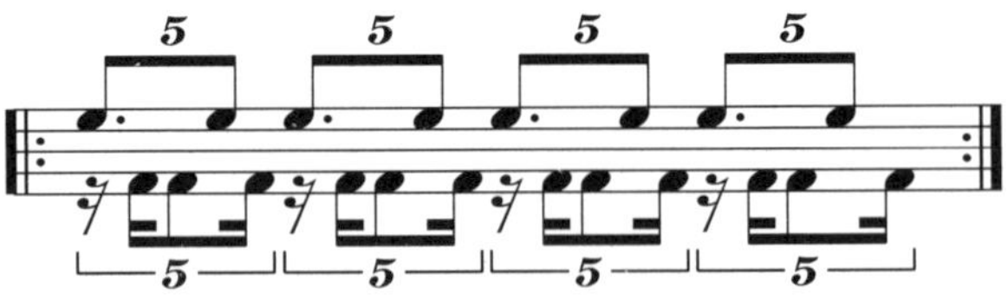

234

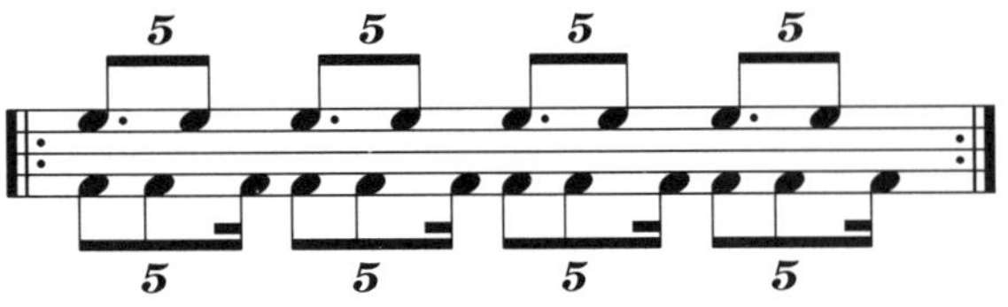

# PAD BOOK
## FUNDAMENTAL WORKOUTS
### ANIKA NILLES

KOORDINATION DER HÄNDE | QUINTOLEN

## QUINTOLEN

1. Wähle eine der **Ostinato-Optionen [A]–[H]** für die **RH** und spiele den **Lesetext** mit der **LH**. Optional konzentrierst du dich nur auf **einen Takt** aus dem Lesetext und spielst ihn in Schleife, bis es sich gut anfühlt.
2. Als Alternative wechselst du die Führungshand: **Ostinato** mit der **LH** und **Lesetext** mit der **RH**.

### Ostinato-Optionen für die 1. Hand

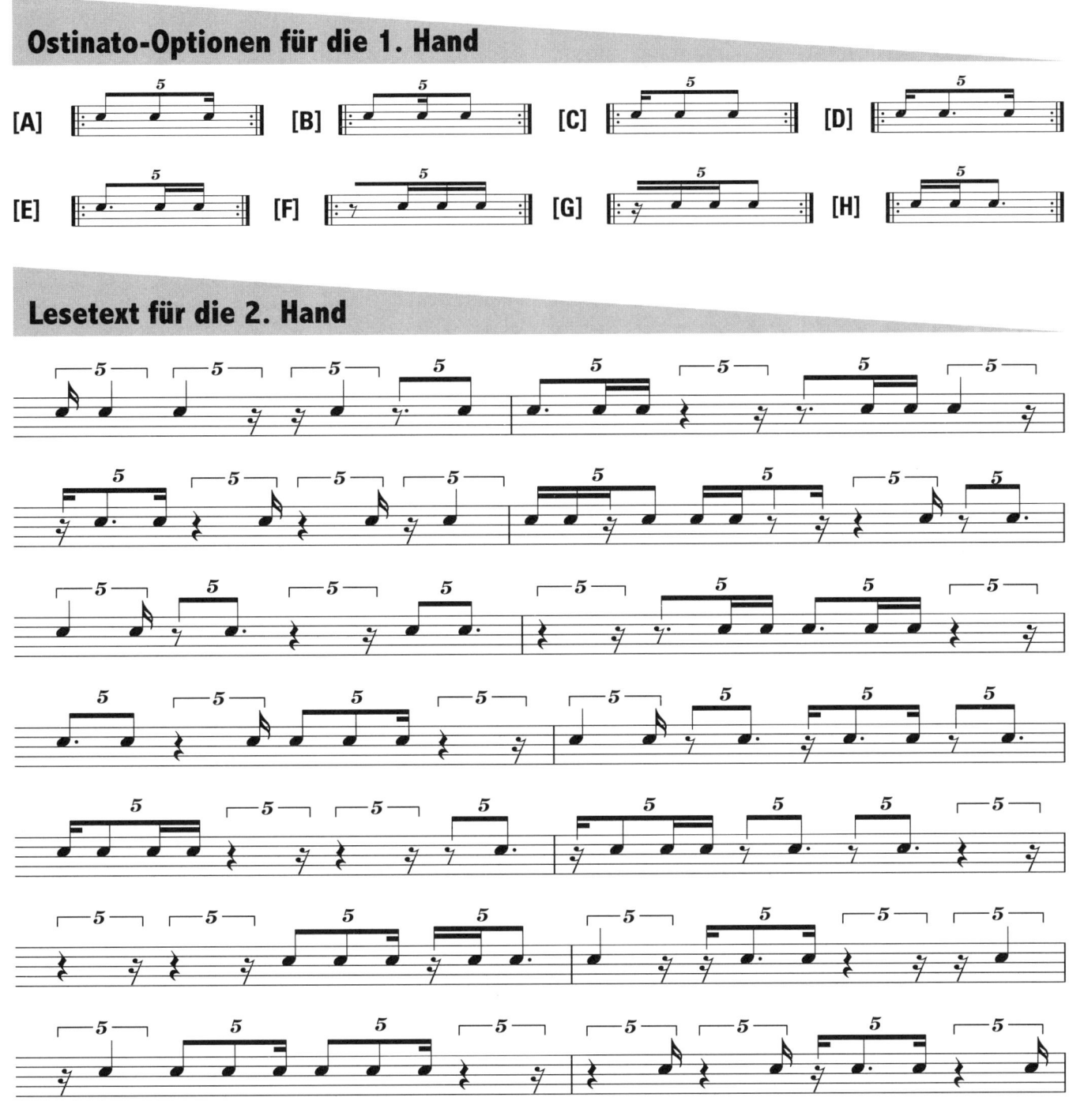

### Lesetext für die 2. Hand

# PAD BOOK
FUNDAMENTAL WORKOUTS
ANIKA NILLES

KAPITEL III | UNABHÄNGIGKEIT DER HÄNDE & UNISONOSPIEL

## QUINTOLEN A

### Ostinato-Optionen für die RH

Hier ein Beispiel mit Ostinato [A] für die RH, während die LH den Lesetext spielt.

### Lesetext für beide Hände

KOORDINATION DER HÄNDE | QUINTOLEN

# PAD BOOK
FUNDAMENTAL WORKOUTS
**ANIKA NILLES**

## QUINTOLEN B

1. Wähle eine der **Ostinato-Optionen [A]–[H]** für die **RH** und spiele die **Groupings** mit der **LH**. Optional konzentrierst du dich nur auf **einen Takt** aus dem Lesetext und spielst ihn in Schleife, bis es sich gut anfühlt.
2. Als Alternative wechselst du die Führungshand: **Ostinato** mit der **LH** und **Groupings** mit der **RH**.

### Ostinato-Optionen für die 1. Hand

### Groupings für die 2. Hand (vgl. auch S. 95–97)

**2ER GRUPPEN MIT 1 AKZENTSCHLAG**

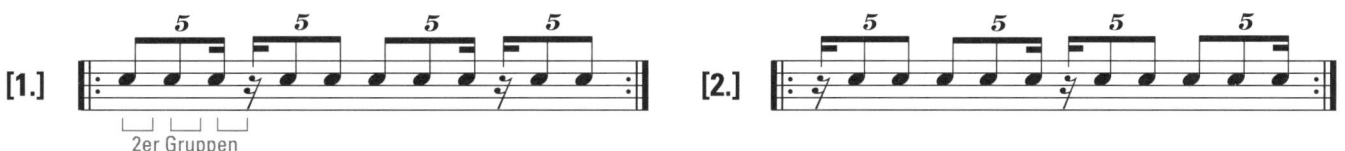

**3ER GRUPPEN MIT 1 AKZENTSCHLAG**

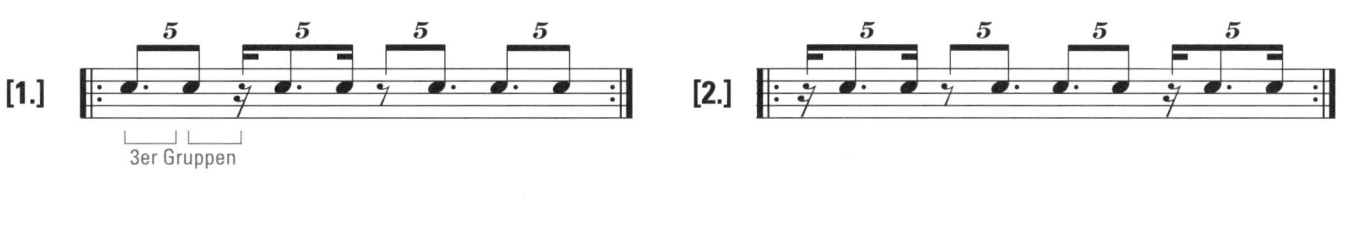

# PAD BOOK
**FUNDAMENTAL WORKOUTS**
**ANIKA NILLES**

KAPITEL III | UNABHÄNGIGKEIT DER HÄNDE & UNISONOSPIEL

## QUINTOLEN C

1. Wähle eine der **Ostinato-Optionen [A]–[H]** für die **RH** und spiele die **Groupings** mit der **LH**. Optional konzentrierst du dich nur auf **einen Takt** aus dem Lesetext und spielst ihn in Schleife, bis es sich gut anfühlt.
2. Als Alternative wechselst du die Führungshand: **Ostinato** mit der **LH** und **Groupings** mit der **RH**.

### Ostinato-Optionen für die 1. Hand

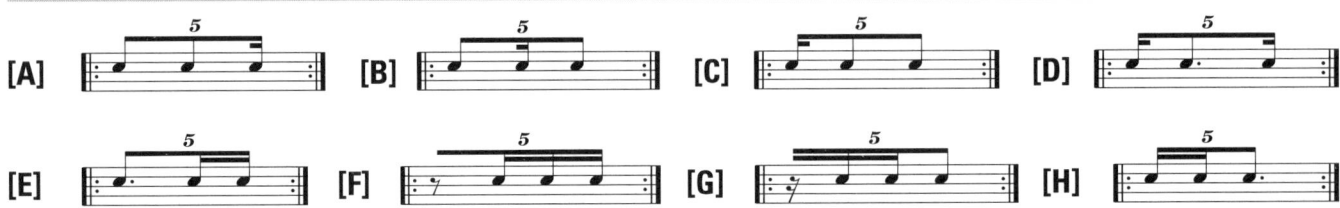

### Groupings für die 2. Hand (vgl. auch S. 95–97)

**4ER GRUPPEN MIT 1 AKZENTSCHLAG**

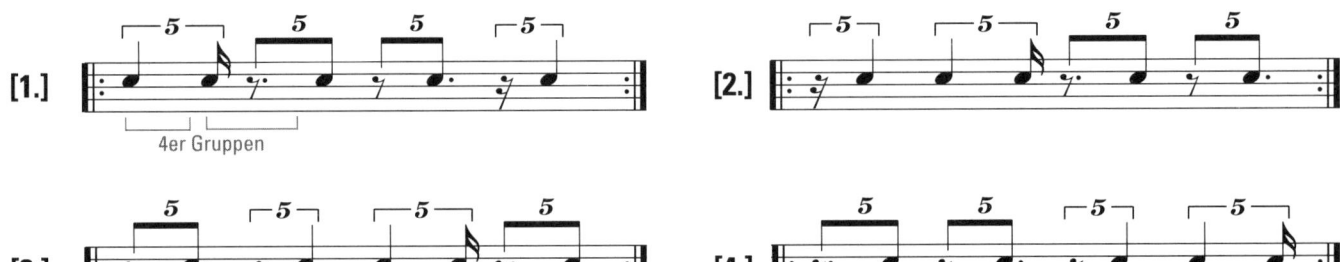

**6ER GRUPPEN MIT 1 AKZENTSCHLAG**

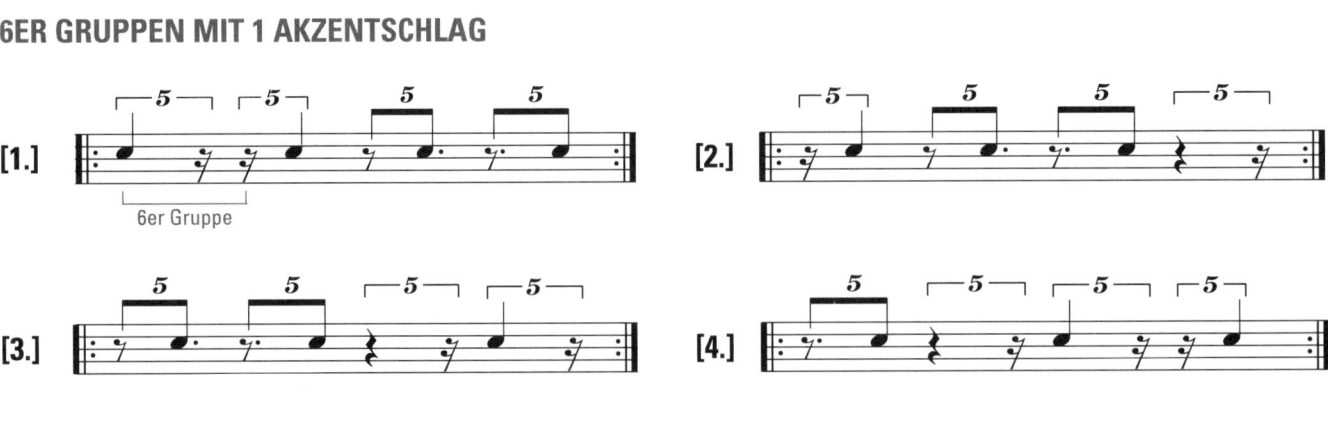

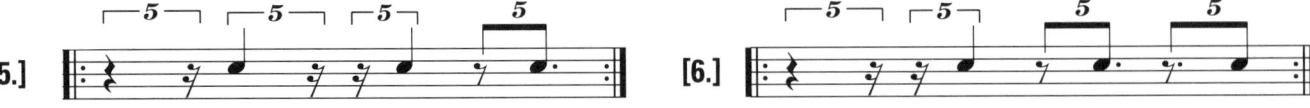

KOORDINATION DER HÄNDE | QUINTOLEN

**PAD BOOK**
FUNDAMENTAL WORKOUTS
**ANIKA NILLES**

## QUINTOLEN D

1. Wähle eine der **Ostinato-Optionen [A]–[H]** für die **RH** und spiele die **Groupings** mit der **LH**. Optional konzentrierst du dich nur auf **einen Takt** aus dem Lesetext und spielst ihn in Schleife, bis es sich gut anfühlt.
2. Als Alternative wechselst du die Führungshand: **Ostinato** mit der **LH** und **Groupings** mit der **RH**.

### Ostinato-Optionen für die 1. Hand

### Groupings für die 2. Hand (vgl. auch S. 95–97)

**7ER GRUPPEN MIT 3 AKZENTSCHLÄGEN**

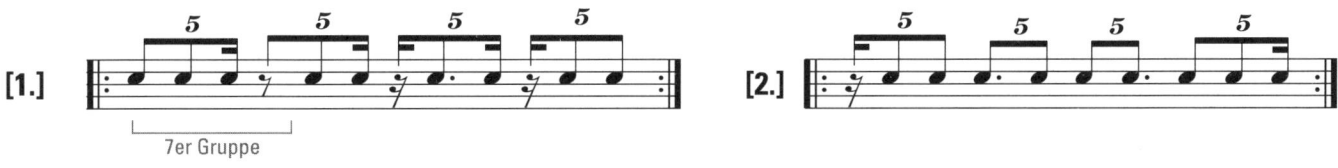

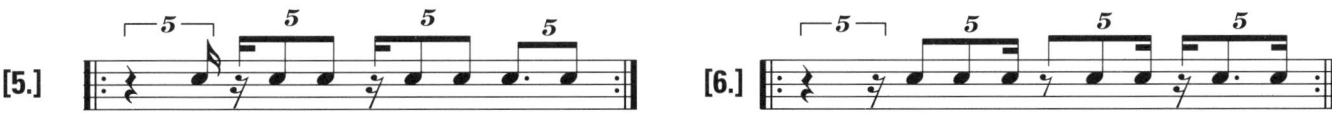

# PAD BOOK
**FUNDAMENTAL WORKOUTS**
ANIKA NILLES

KAPITEL III | UNABHÄNGIGKEIT DER HÄNDE & UNISONOSPIEL

## 2-LINE READING A
### Ostinato mit Groupings

Dieses Koordinationstraining gibt dir eine Vorstellung davon, wie du mit **Groupings als Ostinato-Pattern** arbeiten kannst, während die andere Hand verschiedene Rhythmen spielt. In den folgenden Beispielen spielt die **LH** immer konstant ein bestimmtes **Grouping**, während die **RH verschiedene Rhythmuspatterns** spielt. Du kannst auch versuchen, die Hände umzukehren und das **Ostinato mit der RH** zu führen, während **die LH verschiedene Patterns** spielt.

**2ER GRUPPEN – LH OSTINATO**

**3ER GRUPPEN – LH OSTINATO**

# PAD BOOK
## FUNDAMENTAL WORKOUTS
### ANIKA NILLES

KOORDINATION DER HÄNDE | QUINTOLEN

## 2-LINE READING B

**4ER GRUPPEN – LH OSTINATO**

**6ER GRUPPEN – LH OSTINATO**

# PAD BOOK
**FUNDAMENTAL WORKOUTS**
**ANIKA NILLES**

KAPITEL III | UNABHÄNGIGKEIT DER HÄNDE & UNISONOSPIEL

## KOORDINATION DER HÄNDE
# SEXTOLEN

### HÄNDE GEGENEINANDER A

Das erste Sextolen-Workout basiert auf einem regulären **Swing-Pattern in der RH**, während die **LH verschiedene Patterns** dagegen spielt. Sieh dir Nr. [1.] an, um sofort zu erkennen, wo die Schläge platziert sind.

**Einzelakzente (LH)**

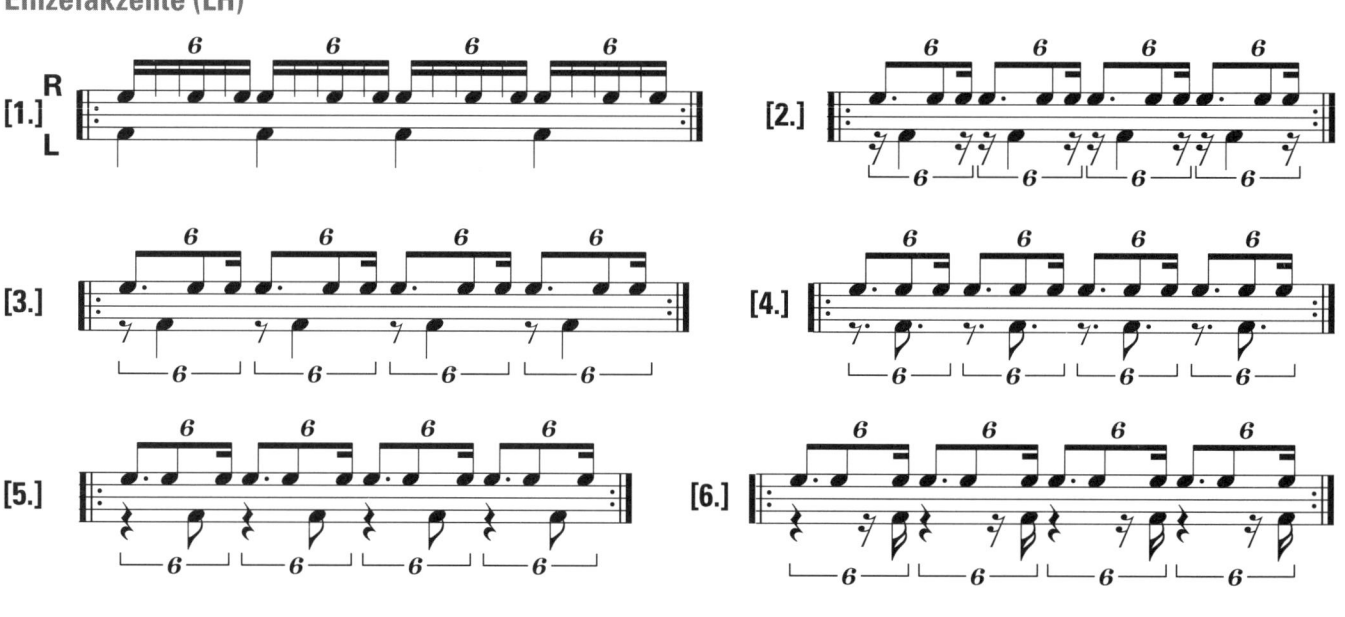

**Doppelakzente (LH)**

# PAD BOOK
FUNDAMENTAL WORKOUTS
ANIKA NILLES

KOORDINATION DER HÄNDE | SEXTOLEN

## HÄNDE GEGENEINANDER B

top line

**Einzelakzente (LH)**

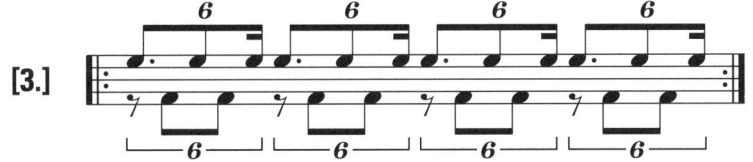
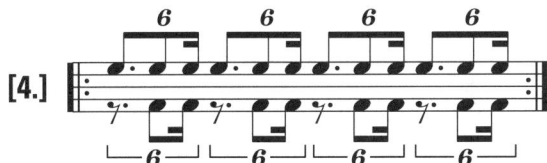

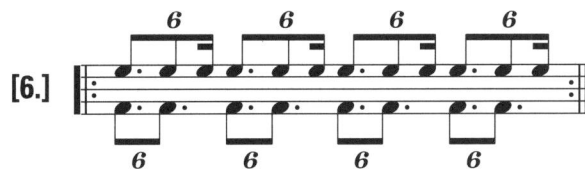

**Doppelakzente (LH)**

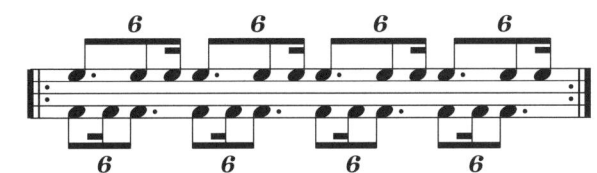

# PAD BOOK
FUNDAMENTAL WORKOUTS
ANIKA NILLES

KAPITEL III | UNABHÄNGIGKEIT DER HÄNDE & UNISONOSPIEL

## HÄNDE GEGENEINANDER C

Hier kommt ein anderes **RH-Pattern**. Sieh dir Nr. [1.] an, um sofort zu erkennen, an welcher Stelle die Schläge platziert sind.

**Einzelakzente (LH)**

**Doppelakzente (LH)**

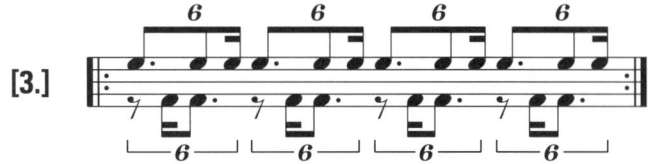 

KOORDINATION DER HÄNDE | SEXTOLEN

## HÄNDE GEGENEINANDER D

top line

### Einzelakzente (LH)

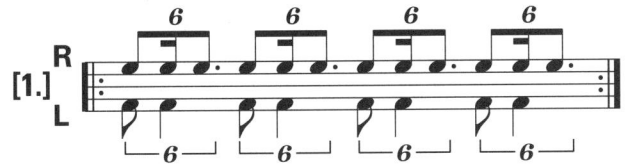
[1.]

[2.]

[3.]

[4.]

[5.]

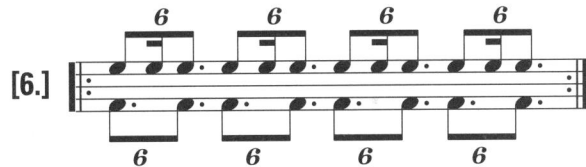
[6.]

### Doppelakzente (LH)

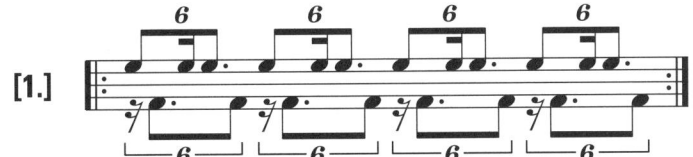
[1.]

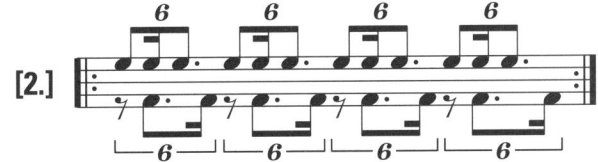
[2.]

[3.]

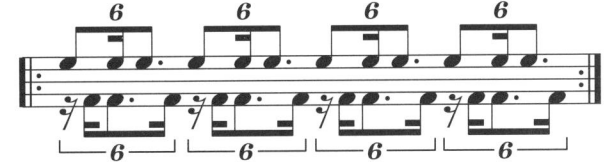
[4.]

[5.]

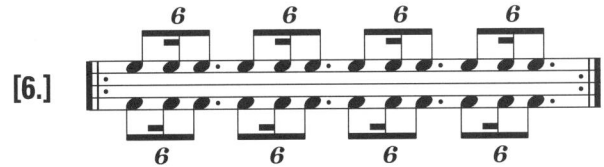
[6.]

# PAD BOOK
FUNDAMENTAL WORKOUTS
ANIKA NILLES

KAPITEL III | UNABHÄNGIGKEIT DER HÄNDE & UNISONOSPIEL

## SEXTOLEN

1. Wähle eine der **Ostinato-Optionen [A]–[D]** für die **RH** und spiele den **Lesetext** mit der **LH**. Optional konzentrierst du dich nur auf **einen Takt** aus dem Lesetext und spielst ihn in Schleife, bis es sich gut anfühlt.
2. Als Alternative wechselst du die Führungshand: **Ostinato** mit der **LH** und **Lesetext** mit der **RH**.

### Ostinato-Optionen für die 1. Hand

### Lesetext für die 2. Hand

# PAD BOOK
FUNDAMENTAL WORKOUTS
**ANIKA NILLES**

KOORDINATION DER HÄNDE | SEXTOLEN

## SEXTOLEN A

### Ostinato-Optionen für die RH

Hier ein Beispiel mit **Ostinato [A]** für die **RH**, während die **LH** den **Lesetext** spielt.

[A] 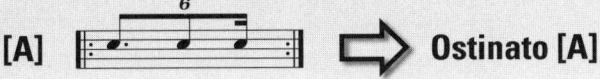 ⇨ **Ostinato [A]**

## Lesetext für beide Hände

# PAD BOOK
FUNDAMENTAL WORKOUTS
ANIKA NILLES

KAPITEL III | UNABHÄNGIGKEIT DER HÄNDE & UNISONOSPIEL

## SEXTOLEN B

1. Wähle eine der Ostinato-Optionen [A]–[D] für die RH und spiele die Groupings mit der LH. Optional konzentrierst du dich nur auf **einen Takt** aus dem Lesetext und spielst ihn in Schleife, bis es sich gut anfühlt.
2. Als Alternative wechselst du die Führungshand: **Ostinato** mit der **LH** und **Groupings** mit der **RH**.

### Ostinato-Optionen für die 1. Hand

### Groupings für die 2. Hand (vgl. auch S. 131–133)

**2ER GRUPPEN MIT 1 AKZENTSCHLAG**

**3ER GRUPPEN MIT 1 AKZENTSCHLAG**

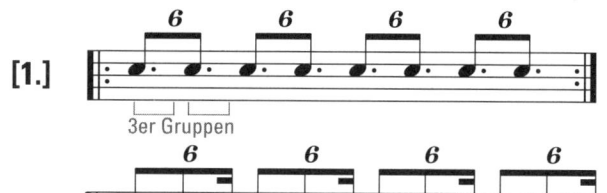

**4ER GRUPPEN MIT 1 AKZENTSCHLAG**

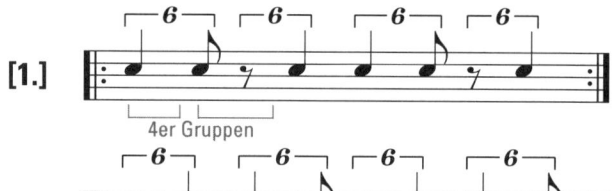

**5ER GRUPPEN MIT 2 AKZENTSCHLÄGEN**

KOORDINATION DER HÄNDE | SEXTOLEN

**PAD BOOK**
FUNDAMENTAL WORKOUTS
**ANIKA NILLES**

## SEXTOLEN C

1. Wähle eine der **Ostinato-Optionen [A]–[D]** für die **RH** und spiele die **Groupings** mit der **LH**. Optional konzentrierst du dich nur auf **einen Takt** aus dem Lesetext und spielst ihn in Schleife, bis es sich gut anfühlt.
2. Als Alternative wechselst du die Führungshand: **Ostinato** mit der **LH** und **Groupings** mit der **RH**.

### Ostinato-Optionen für die 1. Hand

### Groupings für die 2. Hand (vgl. auch S. 131–133)

**7ER GRUPPEN MIT 3 AKZENTSCHLÄGEN**

# PAD BOOK
FUNDAMENTAL WORKOUTS
ANIKA NILLES

KAPITEL III | UNABHÄNGIGKEIT DER HÄNDE & UNISONOSPIEL

## 2-LINE READING A
### Ostinato mit Groupings

Dieses Koordinationstraining gibt dir eine Vorstellung davon, wie du mit **Groupings** als **Ostinato-Pattern** arbeiten kannst, während die andere Hand verschiedene Rhythmen spielt. In den folgenden Beispielen spielt die **LH** immer konstant ein bestimmtes **Grouping**, während die **RH verschiedene Rhythmuspatterns** spielt. Du kannst auch versuchen, die Hände umzukehren und das **Ostinato mit der RH** zu führen, während **die LH verschiedene Patterns** spielt.

**2ER GRUPPEN – LH OSTINATO**

**2ER GRUPPEN – LH OSTINATO VERSCHIEBUNG**

KOORDINATION DER HÄNDE | SEXTOLEN

# PAD BOOK
FUNDAMENTAL WORKOUTS
**ANIKA NILLES**

## 2-LINE READING B

**4ER GRUPPEN – LH OSTINATO**

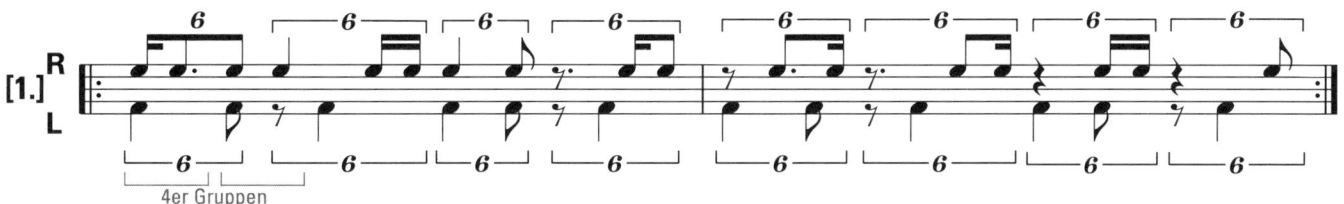

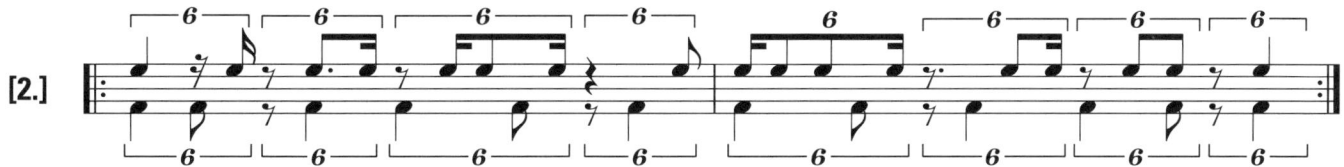

**4ER GRUPPEN – LH OSTINATO VERSCHIEBUNG**

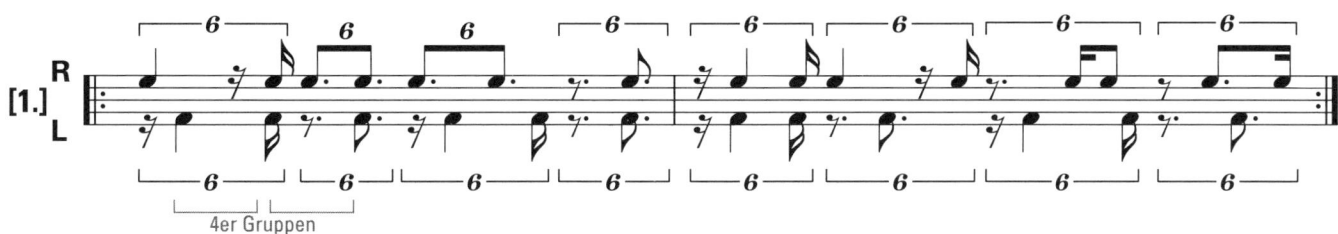

# PAD BOOK
FUNDAMENTAL WORKOUTS
**ANIKA NILLES**

KAPITEL III | UNABHÄNGIGKEIT DER HÄNDE & UNISONOSPIEL

## 2-LINE READING C

**5ER GRUPPEN – LH OSTINATO**

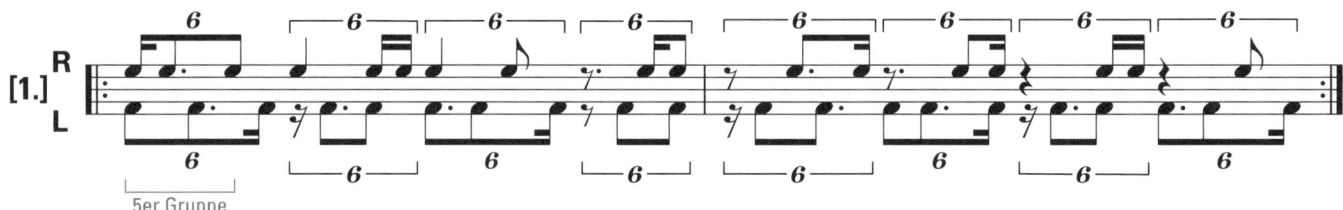

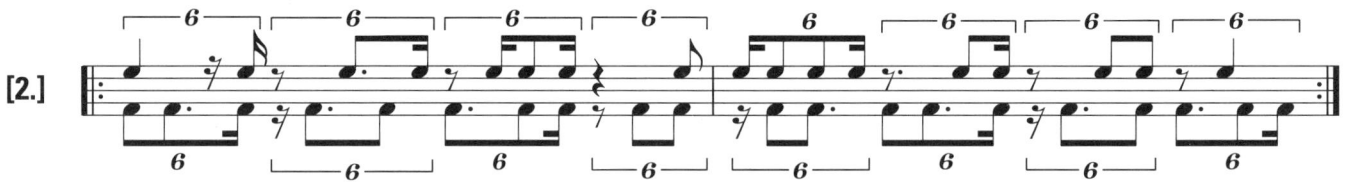

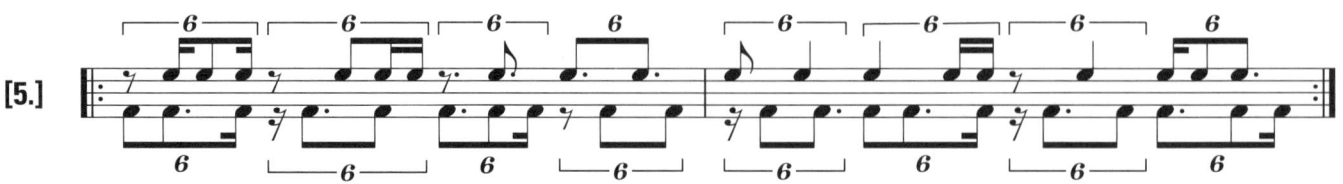

KOORDINATION DER HÄNDE | SEXTOLEN

**PAD BOOK**
FUNDAMENTAL WORKOUTS
**ANIKA NILLES**

## 2-LINE READING D

**7ER GRUPPEN – LH OSTINATO**

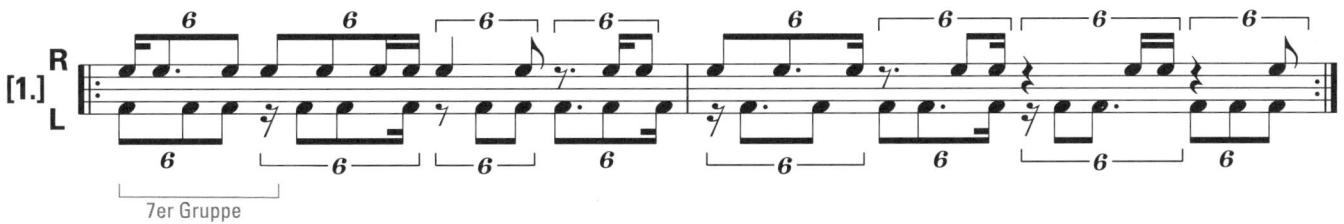
[1.] 7er Gruppe

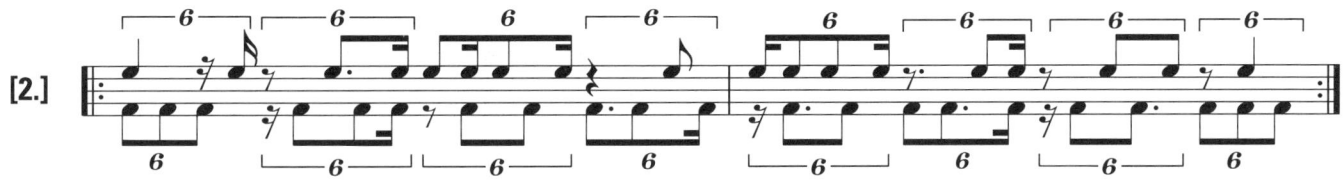
[2.]

[3.]

[4.]

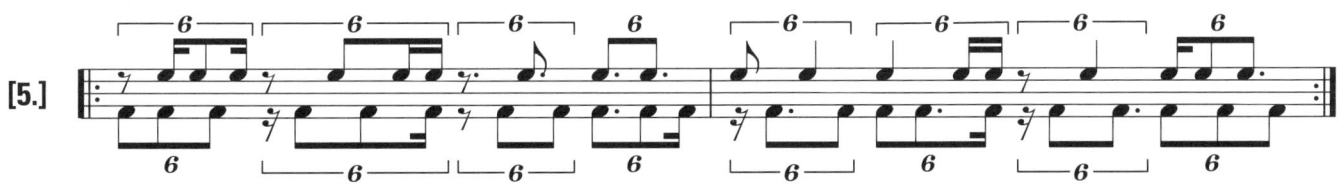
[5.]

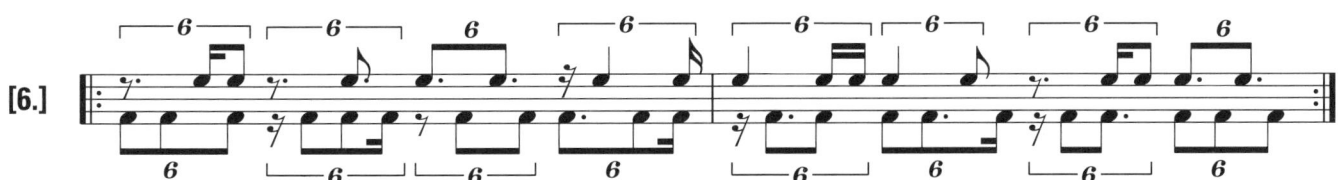
[6.]

# PAD BOOK
FUNDAMENTAL WORKOUTS
ANIKA NILLES

KAPITEL III | UNABHÄNGIGKEIT DER HÄNDE & UNISONOSPIEL

## KOORDINATION DER HÄNDE
## SEPTOLEN

In diesem Abschnitt habe ich *meine Lieblings-Workouts* zum Thema Unabhängigkeit zusammengestellt. Es gibt viele weitere Optionen, um deine Koordination zu trainieren, wenn du das **RH-Pattern** änderst. Schau dir Nr. [1.] an, um auf einen Blick zu verstehen, an welcher Stelle die Schläge platziert werden.

### HÄNDE GEGENEINANDER A

Verwende Übungssystem A.

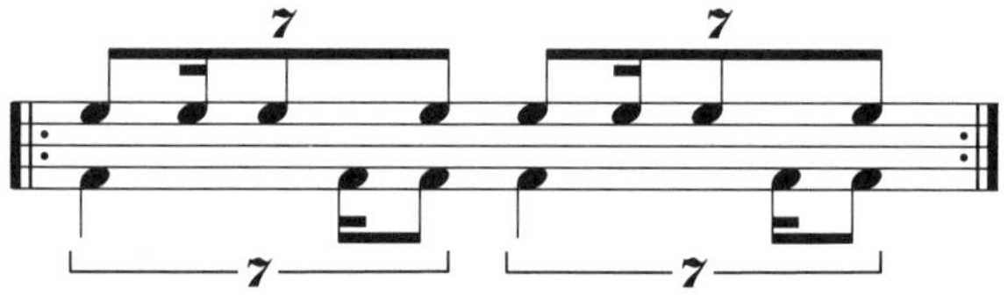

KOORDINATION DER HÄNDE | SEPTOLEN

## HÄNDE GEGENEINANDER B

Verwende Übungssystem A.

PAD BOOK
FUNDAMENTAL WORKOUTS
ANIKA NILLES

top line

R L R L R L R L R L R L R L

[1.] [2.] 
[3.] 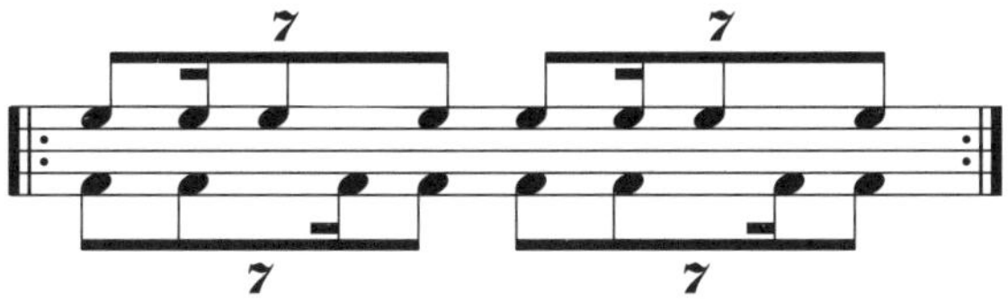 [4.] 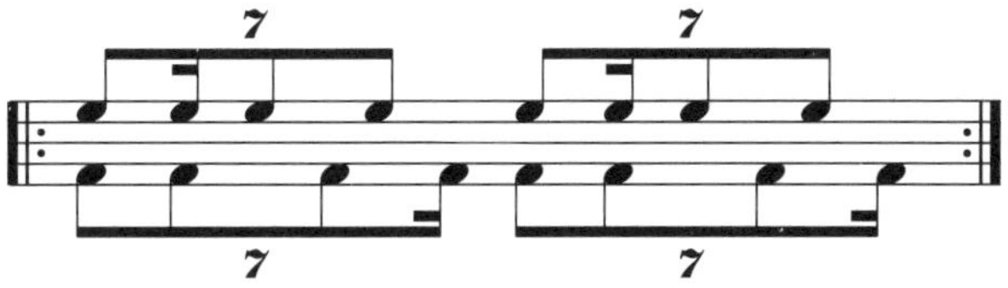
[5.] 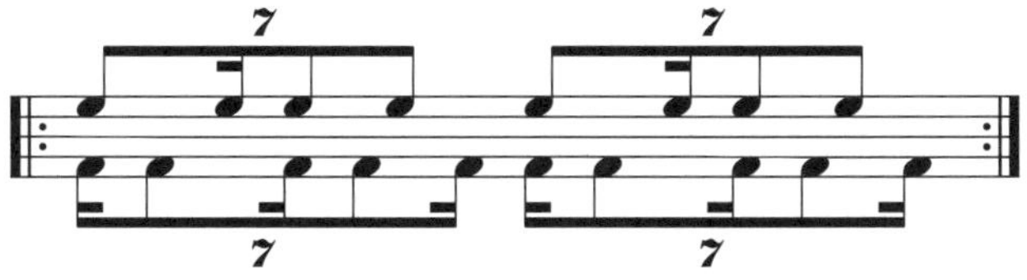 [6.] 
[7.]  [8.] 
[9.]  [10.] 
[11.]

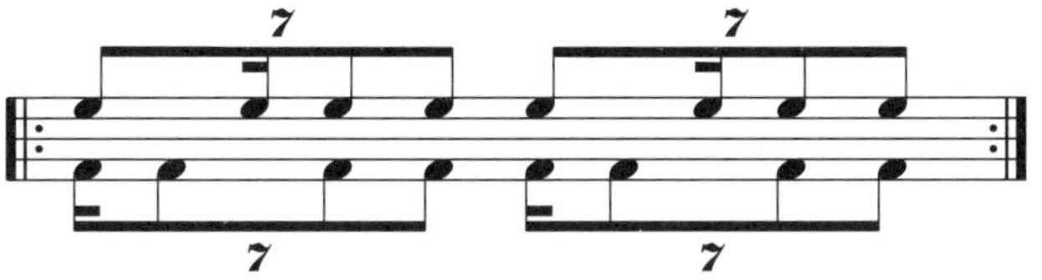

255

## PAD BOOK
FUNDAMENTAL WORKOUTS
ANIKA NILLES

KAPITEL III | UNABHÄNGIGKEIT DER HÄNDE & UNISONOSPIEL

### HÄNDE GEGENEINANDER C

Hier ist ein anderes **RH-Ostinato**. Sieh dir Nr. [1.] an, um sofort zu erkennen, an welcher Stelle die Schläge platziert sind.

Verwende Übungssystem A.

# PAD BOOK
## FUNDAMENTAL WORKOUTS
### ANIKA NILLES

KOORDINATION DER HÄNDE | SEPTOLEN

## HÄNDE GEGENEINANDER D

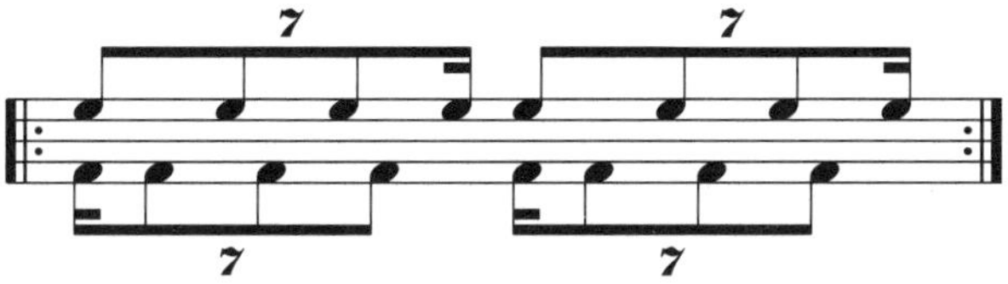

Verwende Übungssystem A.

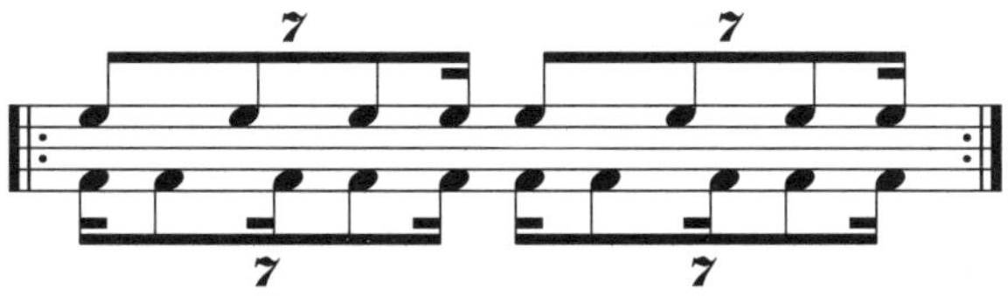

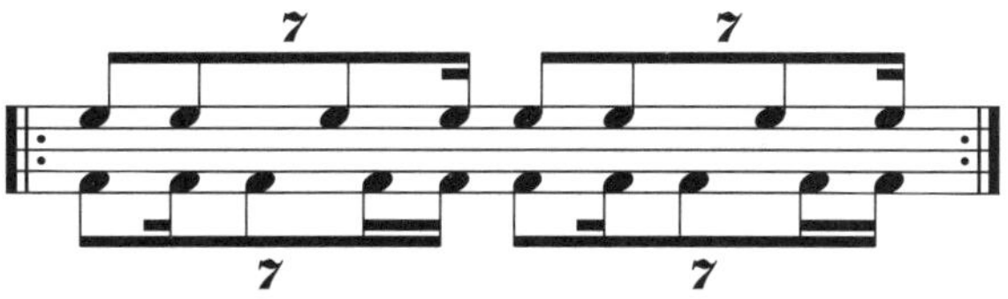

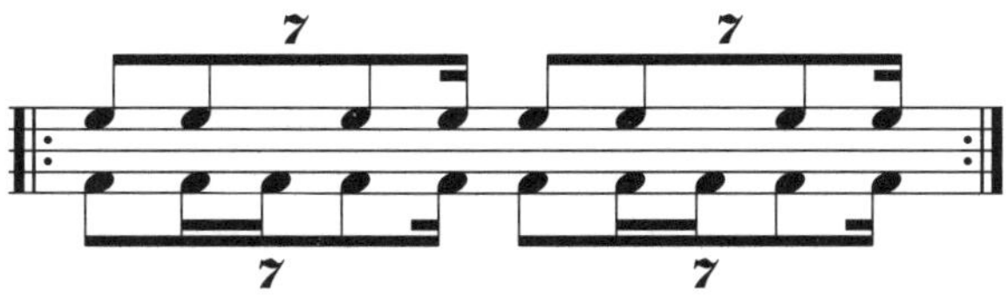

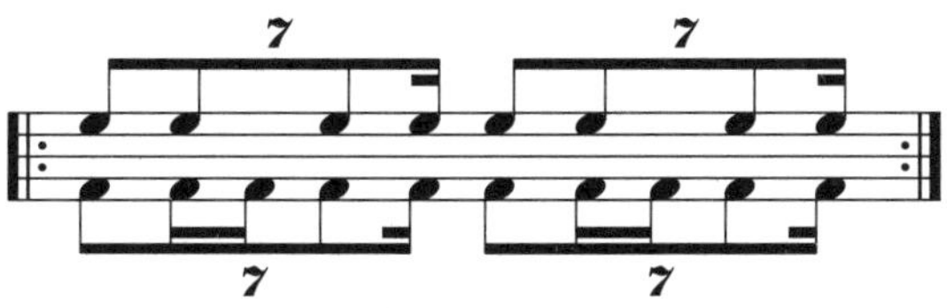

# PAD BOOK
## FUNDAMENTAL WORKOUTS
**ANIKA NILLES**

KAPITEL III | UNABHÄNGIGKEIT DER HÄNDE & UNISONOSPIEL

## SEPTOLEN

1. Wähle eine der **Ostinato-Optionen [A]–[D]** für die **RH** und spiele den **Lesetext** mit der **LH**. Optional konzentrierst du dich nur auf **einen Takt** aus dem Lesetext und spielst ihn in Schleife, bis es sich gut anfühlt.
2. Als Alternative wechselst du die Führungshand: **Ostinato** mit der **LH** und **Lesetext** mit der **RH**.

### Ostinato-Optionen für die 1. Hand

### Lesetext für die 2. Hand

KOORDINATION DER HÄNDE | SEPTOLEN

# PAD BOOK
FUNDAMENTAL WORKOUTS
ANIKA NILLES

## SEPTOLEN A

### Ostinato-Optionen für die RH

Hier ein Beispiel mit Ostinato [A] für die RH, während die LH den Lesetext spielt.

[A] 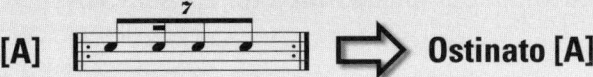 ⇨ Ostinato [A]

## Lesetext für beide Hände

# SEPTOLEN B

1. Wähle eine der **Ostinato-Optionen [A]–[D]** für die **RH** und spiele die **Groupings** mit der **LH**. Optional konzentrierst du dich nur auf **einen Takt** aus dem Lesetext und spielst ihn in Schleife, bis es sich gut anfühlt.
2. Als Alternative wechselst du die Führungshand: **Ostinato** mit der **LH** und **Groupings** mit der **RH**.

## Ostinato-Optionen für die 1. Hand

## Groupings für die 2. Hand (vgl. auch S. 166–168)

**2ER GRUPPEN MIT 1 AKZENTSCHLAG**

**3ER GRUPPEN MIT 1 AKZENTSCHLAG**

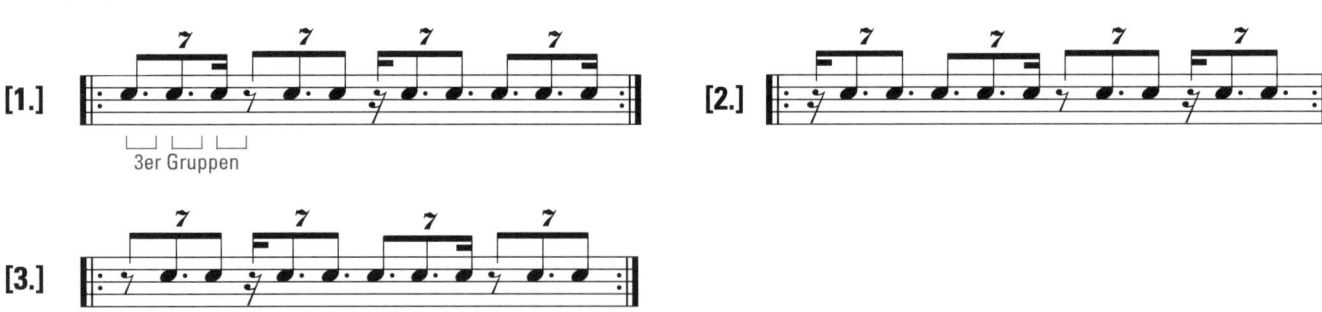

**4ER GRUPPEN MIT 1 AKZENTSCHLAG**

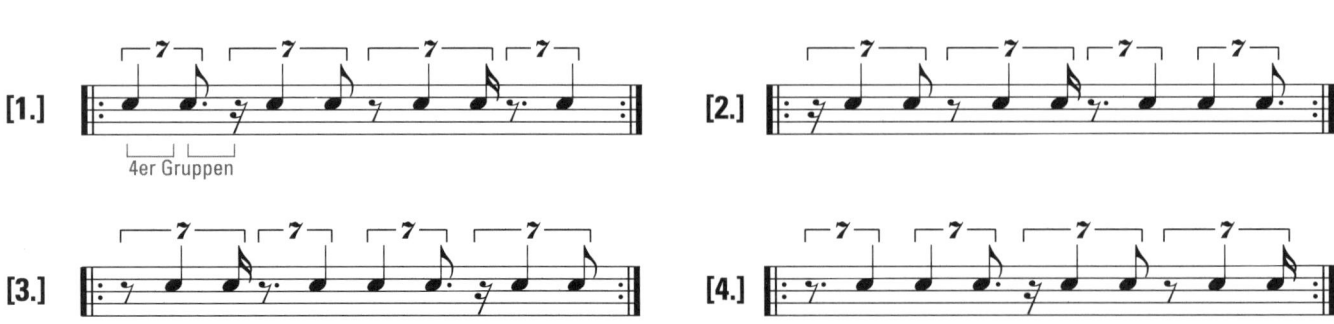

# PAD BOOK
FUNDAMENTAL WORKOUTS
**ANIKA NILLES**

KOORDINATION DER HÄNDE | SEPTOLEN

## Septolen C

1. Wähle eine der **Ostinato-Optionen [A]–[D]** für die **RH** und spiele die **Groupings** mit der **LH**. Optional konzentrierst du dich nur auf **einen Takt** aus dem Lesetext und spielst ihn in Schleife, bis es sich gut anfühlt.
2. Als Alternative wechselst du die Führungshand: **Ostinato** mit der **LH** und **Groupings** mit der **RH**.

### Ostinato-Optionen für die 1. Hand

### Groupings für die 2. Hand (vgl. auch S. 166–168)

**5ER GRUPPEN MIT 2 AKZENTSCHLÄGEN**

**6ER GRUPPEN MIT 1 AKZENTSCHLAG**

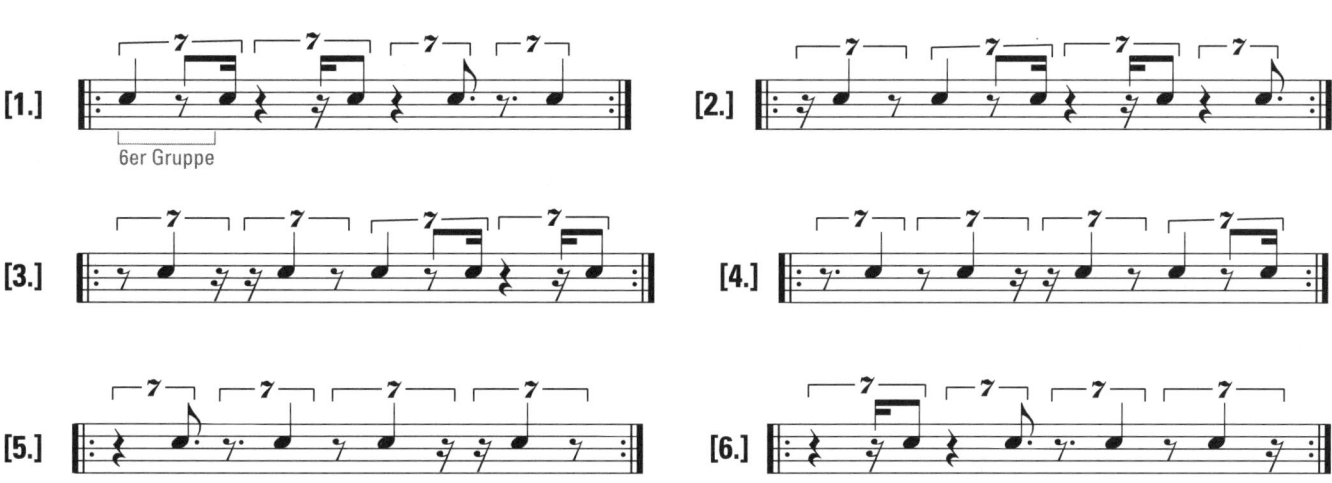

# PAD BOOK
FUNDAMENTAL WORKOUTS
ANIKA NILLES

KAPITEL III | UNABHÄNGIGKEIT DER HÄNDE & UNISONOSPIEL

## 2-LINE READING A

### Ostinato mit Groupings

Dieses Koordinationstraining gibt dir eine Vorstellung davon, wie du mit **Groupings als Ostinato-Pattern** arbeiten kannst, während die andere Hand verschiedene Rhythmen spielt. In den folgenden Beispielen spielt die **LH** immer konstant ein bestimmtes **Grouping**, während die **RH verschiedene Rhythmuspatterns** spielt. Du kannst auch versuchen, die Hände umzukehren und das **Ostinato mit der RH** zu führen, während **die LH verschiedene Patterns** spielt.

**2ER GRUPPEN – LH OSTINATO**

**2ER GRUPPEN – LH OSTINATO VERSCHIEBUNG**

KOORDINATION DER HÄNDE | SEPTOLEN

**PAD BOOK**
FUNDAMENTAL WORKOUTS
**ANIKA NILLES**

## 2-LINE READING B

### 3ER GRUPPEN – LH OSTINATO

### 4ER GRUPPEN – LH OSTINATO

# PAD BOOK
FUNDAMENTAL WORKOUTS
ANIKA NILLES

KAPITEL III | UNABHÄNGIGKEIT DER HÄNDE & UNISONOSPIEL

## 2-LINE READING C

**5ER GRUPPEN – LH OSTINATO**

**6ER GRUPPEN – LH OSTINATO**

# KAPITEL IV
# POLYRHYTHMEN

# POLYRHYTHMEN

## WAS IST EIN POLYRHYTHMUS?

In diesem Kapitel geht es um **Polyrhythmen** in ihrer Grundform. Der Fokus liegt dabei auf der Erschließung solcher Rhythmen sowie grundsätzlich, einen Zugang zur Welt der Polyrhythmen zu erhalten. Die Übungssysteme in diesem Kapitel sollen dir helfen, die Fähigkeit zu erlangen, diese Rhythmen aus verschiedenen Perspektiven spielen und hören zu können. Zusätzlich sollen sie dir eine Unterstützung sein, deine Time und dein Feel für die verschiedenen Gesichter der Polyrhythmen zu schärfen.

### WAS IST EIN POLYRHYTHMUS?

Ein **Polyrhythmus** besteht aus zwei oder mehr verschiedenen Rhythmen, die sich gegenseitig überlagern und gleichzeitig gespielt werden. Die Koordination, beide Rhythmen gleichzeitig zu spielen und den Rhythmus aus zwei Richtungen hören zu können, ist der herausforderndste Part. Du findest diese Rhythmen in Genres wie Jazz, Fusion und Metal, in der Klassik oder in der traditionellen Musik Afrikas, Kubas und Indiens.

Normalerweise hängen diese Rhythmen, die oft auch von mehreren verschiedenen Instrumenten übernommen werden, vom Musikstil ab. Sie interagieren wunderbar miteinander.

In diesem Kapitel werde ich erläutern, wie man sich an Polyrhythmen gewöhnt und wie man sein Gehör auf diese Rhythmen einstellen kann. Die folgenden Übungen zeigen, wie du Polyrhythmen aus *drei* Perspektiven hören und verstehen kannst:

1. PERSPEKTIVE DER RECHTEN HAND | RHYTHMUSMELODIE
2. PERSPEKTIVE DER LINKEN HAND | RHYTHMUSMELODIE
3. PERSPEKTIVE BEIDER HÄNDE | GEMEINSCHAFTLICHER RHYTHMUS

Ein anderer Weg, das Konzept der Polyrhythmen zu verstehen, besteht darin, sie in folgende zwei Richtungen zu hören:

1. AKZENTE ALS GRUPPEN ÜBER DEN PULS
2. PULS WIRD ZUM AKZENT | AKZENT WIRD ZUM PULS

Daher ist es wichtig zu wissen, das Polyrhythmen zwei Arten von Puls einschließen:

1. **AKZENTE** EINES GROUPINGS ÜBER EINER SUBDIVISION = PULS A
2. **REGELMÄSSIGER VIERTELPULS** DES ZWEITEN RHYTHMUS B = PULS B

Eine der Hauptübungen ist, zum PULS A zu zählen und gleichzeitig den regelmäßigen Viertelpuls zu fühlen. Auch PULS B zu zählen und den Unterschied zwischen Melodie und Feel zu fühlen, ist ein Hauptziel dieses Kapitels. Dies hilft dabei, deine Ohren und deinen Verstand auf beide Rhythmen zu trainieren, z.B. das Feel zu ändern, indem man sich zwischen ihnen vorwärts und rückwärts bewegt. Die Fähigkeit, einen Polyrhythmus in beide Richtungen zu fühlen und zu spielen, ist die Grundlage für die Arbeit an metrischen Modulationen, die – bei gleichbleibendem Puls – den Eindruck der Umstellung auf ein neues Tempo erwecken.

# PAD BOOK
FUNDAMENTAL WORKOUTS
**ANIKA NILLES**

ZUR ARBEIT MIT POLYRHYTHMEN

## ZUR ARBEIT MIT POLYRHYTHMEN

Alle Übungen auf den nächsten Seiten sind gleich aufgebaut. Hier ein Beispiel für einen **2 gegen 3-Polyrhythmus**. Arbeite auch mit allen anderen Polyrhythmen in der gleichen Weise.

### [1.] GRUNDFORM

Hier ist ein Polyrhythmus in seiner Grundform. Jeder Polyrhythmus kann aus **zwei Blickwinkeln** betrachtet werden. **Zum Beispiel:**

**2 gegen 3** ⟷ **3 gegen 2** (entgegengesetzter Blickwinkel)

Bei allen folgenden Übungen geht es darum, diesen Rhythmus so aufzubrechen, dass man Zugang dazu erhält.

### [2.] GROUPING-ANSATZ

#### ÜBUNGSSYSTEM – X
Wie arbeite ich damit:

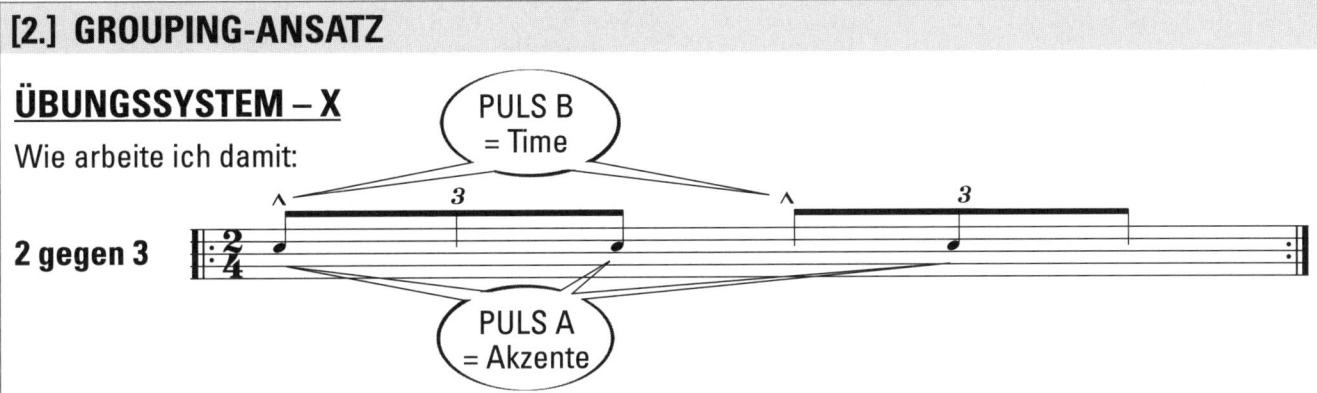

2 gegen 3

⇨ Verwende ein Metronom mit Viertelpuls in der Taktart der jeweiligen Übung.

SCHRITT 1: Spiele alle Achteltriolen mit Single Strokes. Alle Akzente sollen klar zu hören sein.

SCHRITT 2: Spiele jetzt nur die Achteltriolen-Akzente (PULS A) mit der LH.

SCHRITT 3: Behalte die LH bei (SCHRITT 2) und füge mit der RH den PULS B hinzu (die Schläge des Metronoms).

#### ÜBUNGSSYSTEM – Y
Betrachte entgegengesetzt:

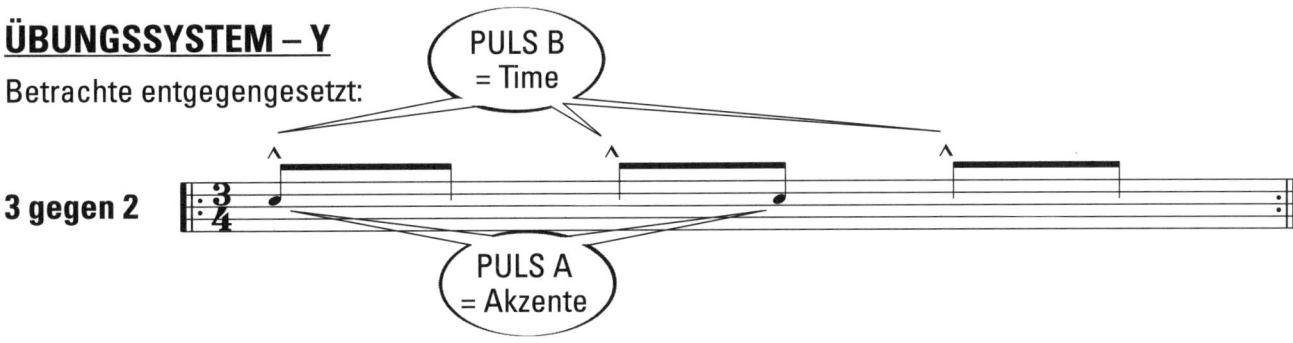

3 gegen 2

⇨ Verwende ein Metronom mit Viertelpuls in der Taktart der jeweiligen Übung.

SCHRITT 1: Spiele alle Achtelnoten mit Single Strokes. Alle Akzente sollen klar zu hören sein.

SCHRITT 2: Spiele jetzt nur die Achtelnoten-Akzente (PULS A) mit der RH.

SCHRITT 3: Behalte die RH bei (SCHRITT 2) und füge mit der LH den PULS B hinzu.

## [3.] PERSPEKTIVWECHSEL

Diese Übungen helfen dir dabei, das Feel zu ändern und den ursprünglichen Polyrhythmus aus seiner entgegengesetzten Perspektive zu hören. Den besten Zugang erhältst du durch Zählen von Puls A oder Puls B, während du weiterhin im gleichen Polyrhythmus spielst. Hier siehst du zwei Rhythmen:

Beispiel:

2 gegen 3

und

3 gegen 2

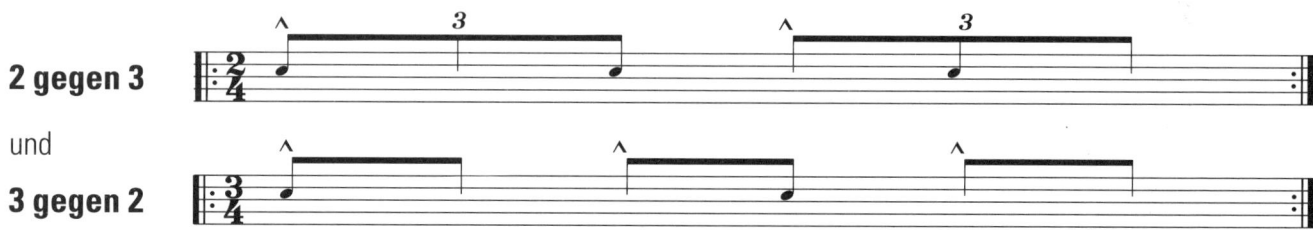

Beide Rhythmen klingen erstmal identisch. Aber durch das Zählen von Puls A oder B scheint einer der beiden Rhythmen langsamer zu sein und der andere schneller. Um Zugang zu beiden Feels zu erhalten, übe in folgenden Schritten:

### ÜBUNGSSYSTEM – Z

#### HAUPTRHYTHMUS

⇨ Verwende ein Metronom mit Viertelpuls in der Taktart der jeweiligen Übung (Hauptrhythmus).

SCHRITT 1: Zähle und spiele PULS B (als ◯ gekennzeichnet) mit der RH, spiele PULS A (als ◯ gekennzeichnet) mit der LH.

SCHRITT 2: Spiele weiter, aber zähle nun PULS A anstatt PULS B.

SCHRITT 3: SWITCH COUNTING: Spiele weiter PULS A und B. Zähle einige Takte lang PULS A, switche dann um auf PULS B. Wiederhole das Hin- und Her-Switchen eine Weile lang.

#### GEGENRHYTHMUS

⇨ Verwende ein Metronom mit Viertelpuls in der Taktart der jeweiligen Übung (Gegenrhythmus).

SCHRITT 1: Zähle und spiele PULS A (als ◯ gekennzeichnet) mit der RH, spiele PULS B (als ◯ gekennzeichnet) mit der LH.

SCHRITT 2: Spiele weiter, aber zähle nun PULS B anstatt PULS A.

SCHRITT 3: SWITCH COUNTING: Spiele weiter PULS A und B. Zähle einige Takte lang PULS A, switche dann um auf PULS B. Wiederhole das Hin- und Her-Switchen eine Weile lang.

# 2 GEGEN 3

## GRUNDFORM POLYRHYTHMUS

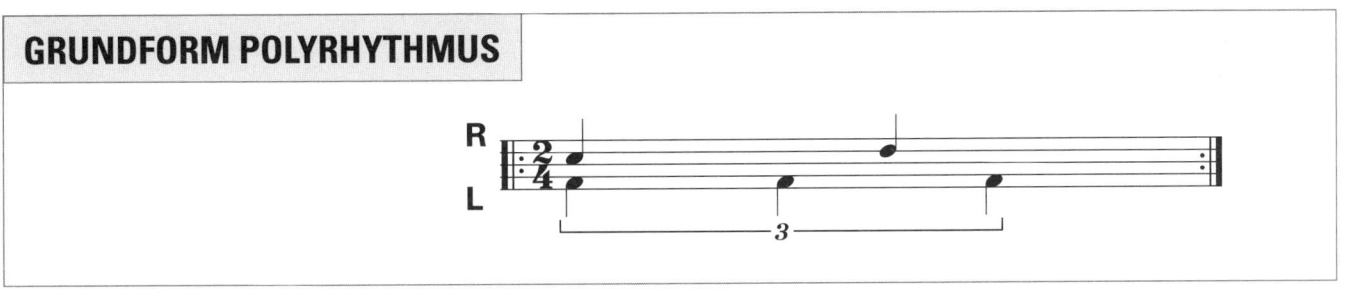

## GROUPING-ANSATZ | Dieser Polyrhythmus besteht aus Achteln und Achteltriolen.

➡ **ÜBUNGSSYSTEM – Y** — 3ER GRUPPEN ÜBER ACHTELNOTEN

➡ **ÜBUNGSSYSTEM – X** — 3ER GRUPPEN ÜBER ACHTELTRIOLEN

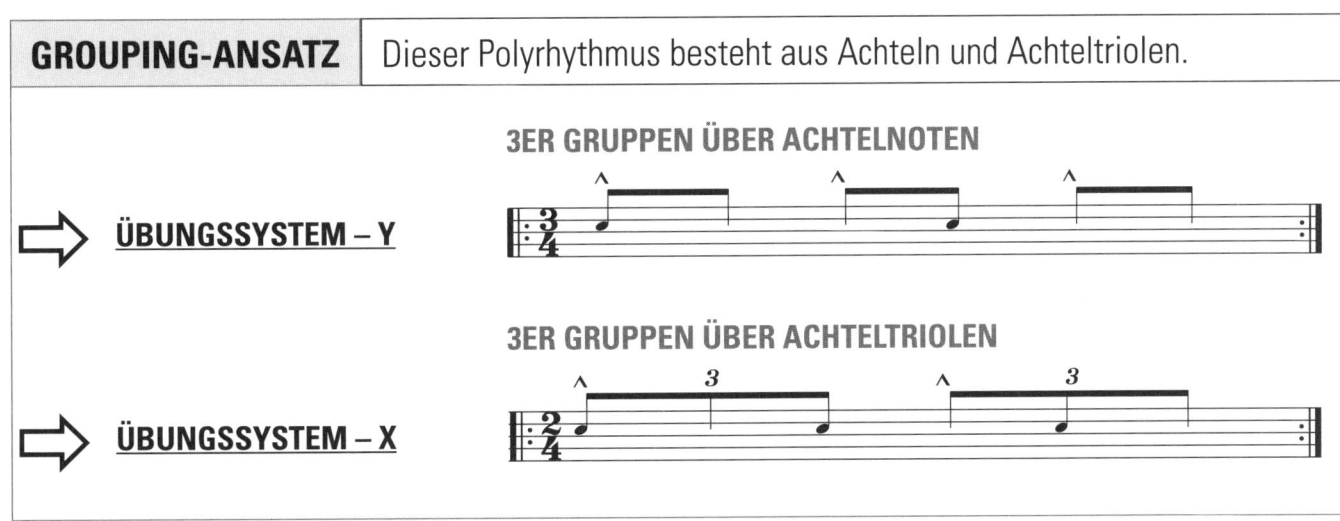

## HAUPTRHYTHMUS | 2 gegen 3

## GEGENRHYTHMUS | 3 gegen 2

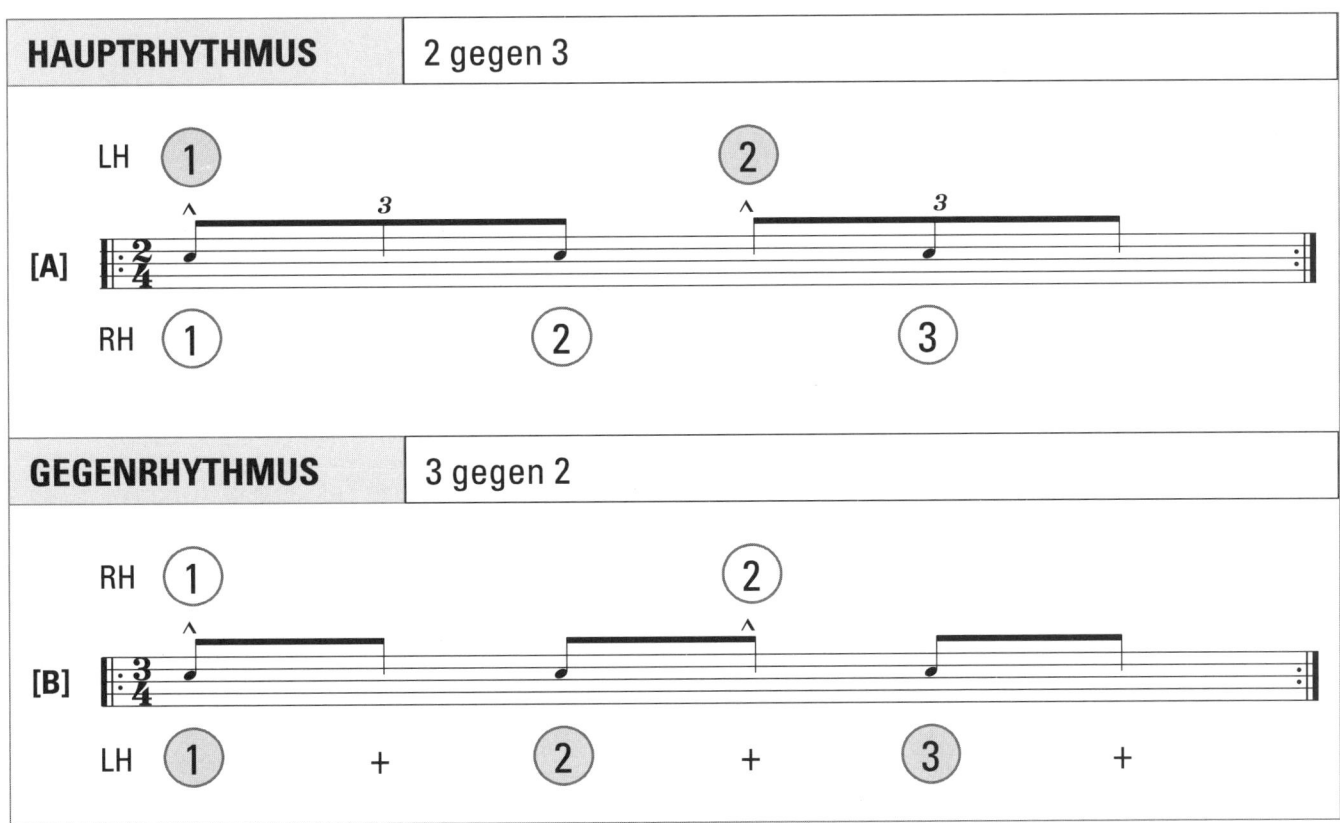

# PAD BOOK
**FUNDAMENTAL WORKOUTS**
ANIKA NILLES

KAPITEL IV | POLYRHYTHMEN

## 2 GEGEN 5

### GRUNDFORM POLYRHYTHMUS

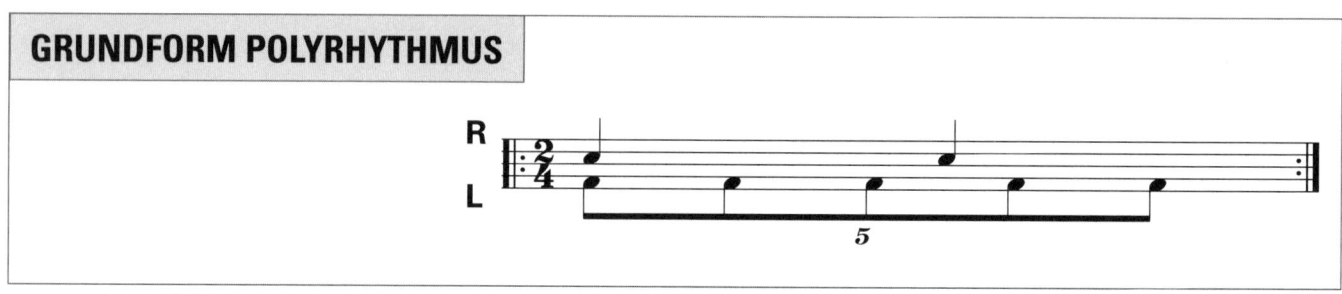

### GROUPING-ANSATZ
Dieser Polyrhythmus besteht aus Achteln und 16tel-Quintolen.

⇨ **ÜBUNGSSYSTEM – Y** — 5ER GRUPPEN ÜBER ACHTELNOTEN

⇨ **ÜBUNGSSYSTEM – X** — 2ER GRUPPEN ÜBER 16TEL-QUINTOLEN

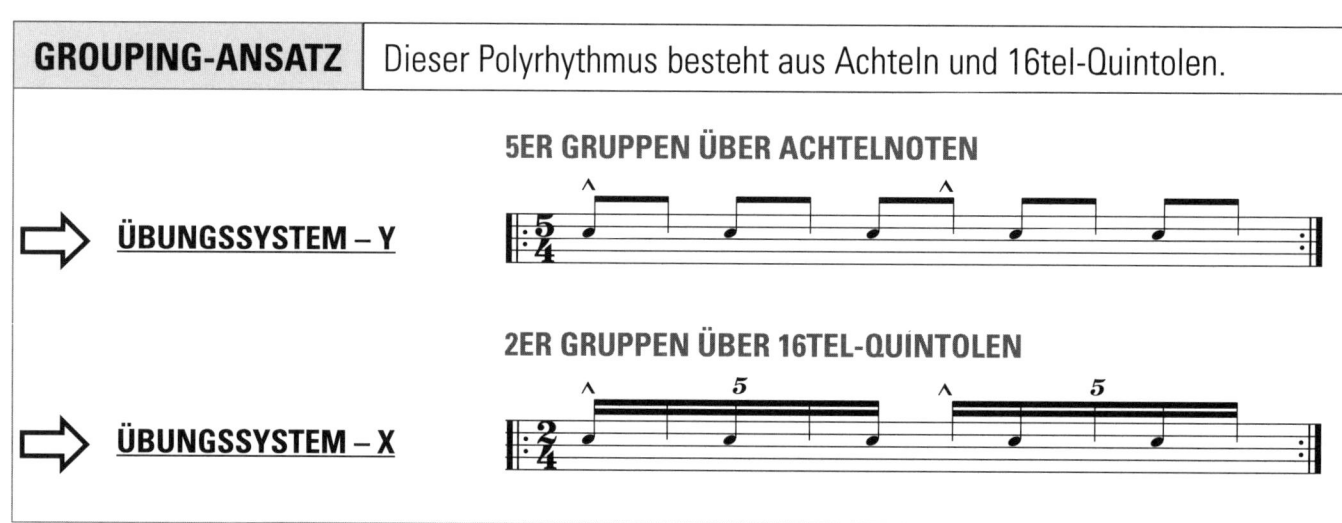

### HAUPTRHYTHMUS | 2 gegen 5

### GEGENRHYTHMUS | 5 gegen 2

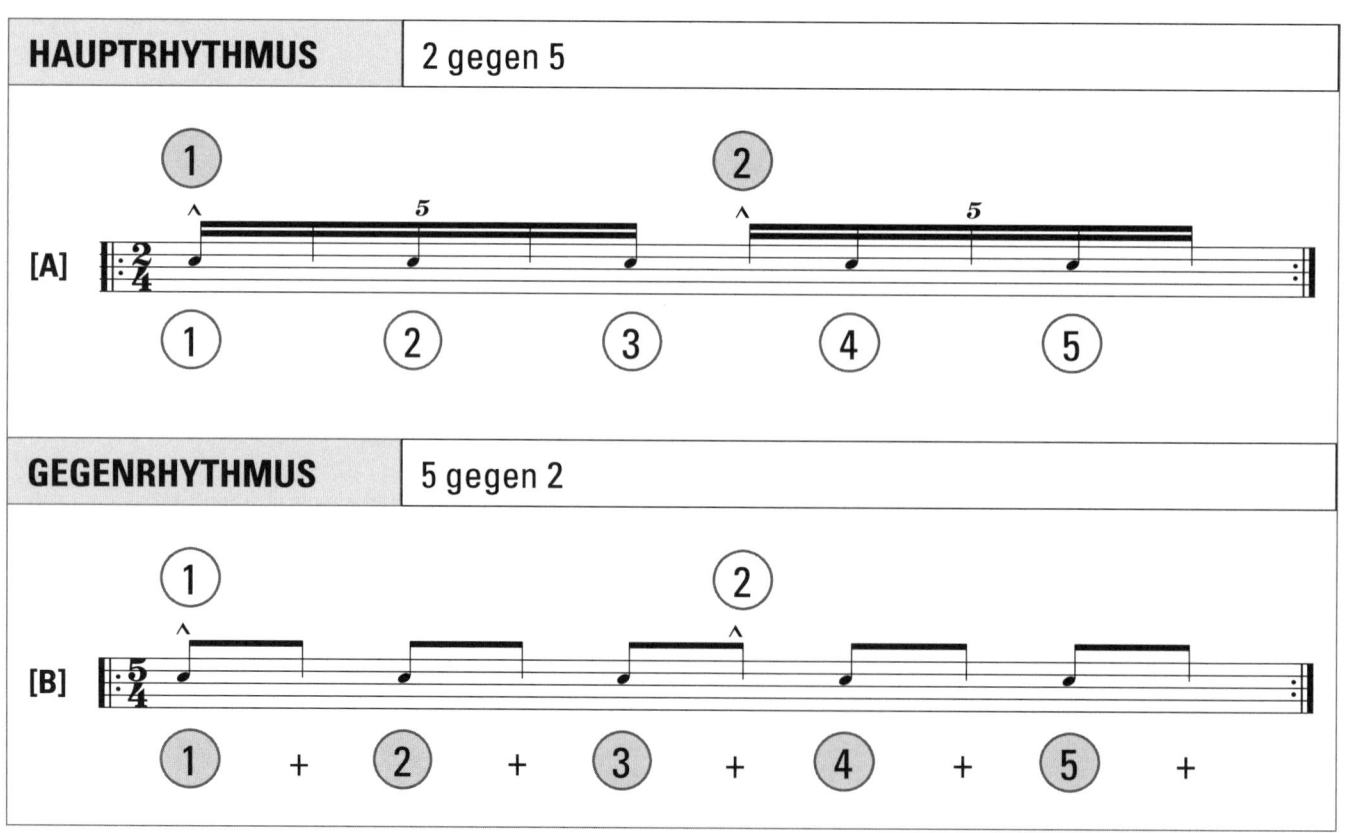

# 2 GEGEN 7

## GRUNDFORM POLYRHYTHMUS

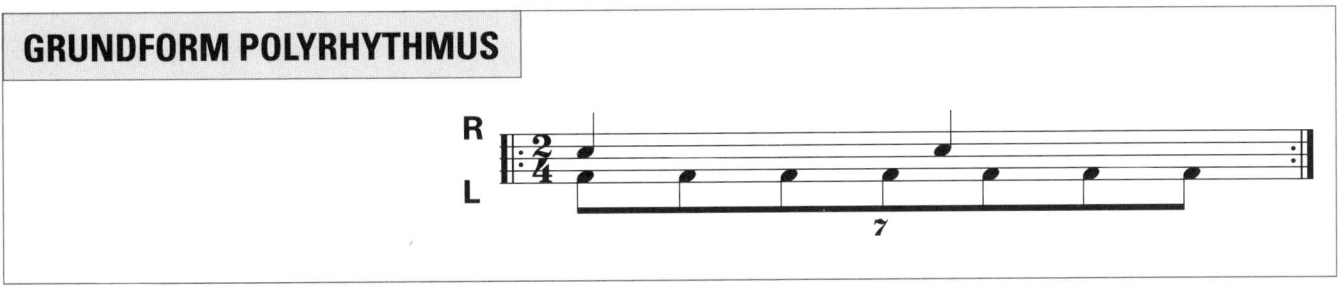

## GROUPING-ANSATZ
Dieser Polyrhythmus besteht aus Achteln und 16tel-Septolen.

➡ **ÜBUNGSSYSTEM – Y**  — 7ER GRUPPEN ÜBER ACHTELNOTEN

➡ **ÜBUNGSSYSTEM – X**  — 2ER GRUPPEN ÜBER 16TEL-SEPTOLEN

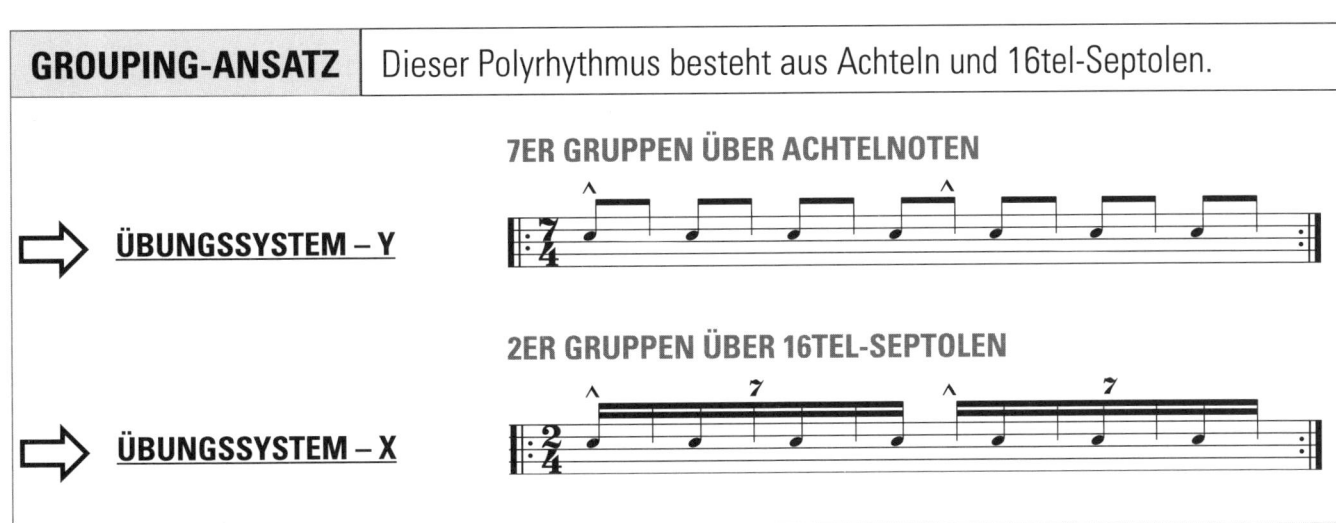

## HAUPTRHYTHMUS — 2 gegen 7

## GEGENRHYTHMUS — 7 gegen 2

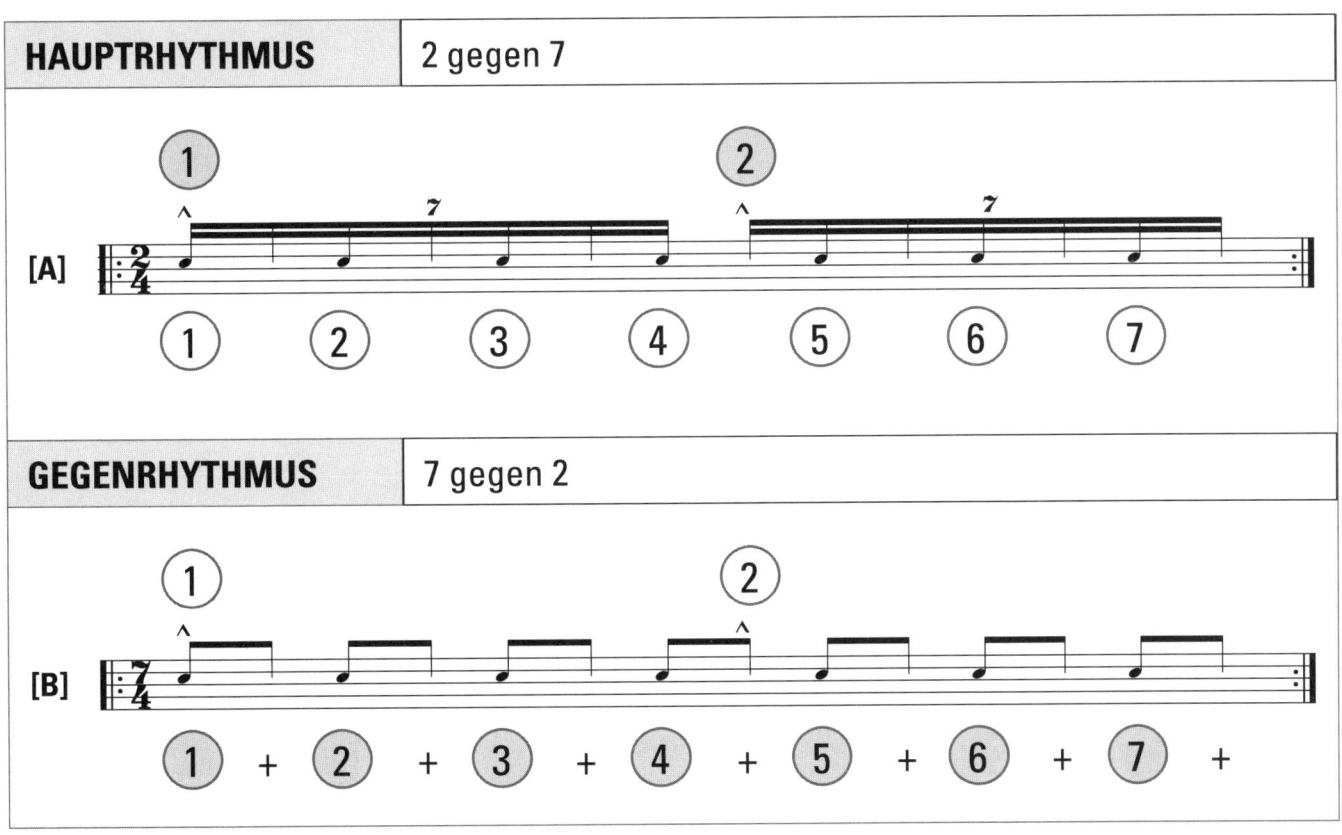

# PAD BOOK
FUNDAMENTAL WORKOUTS
ANIKA NILLES

KAPITEL IV | POLYRHYTHMEN

## 3 GEGEN 4

### GRUNDFORM POLYRHYTHMUS

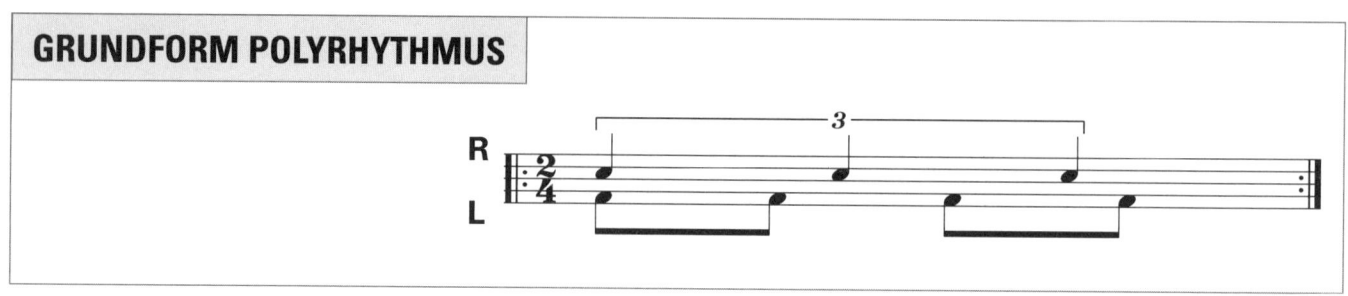

### GROUPING-ANSATZ | Dieser Polyrhythmus besteht aus Achteltriolen und 16teln.

➡ **ÜBUNGSSYSTEM – Y** — 4ER GRUPPEN ÜBER ACHTELTRIOLEN

➡ **ÜBUNGSSYSTEM – X** — 3ER GRUPPEN ÜBER 16TEL-NOTEN

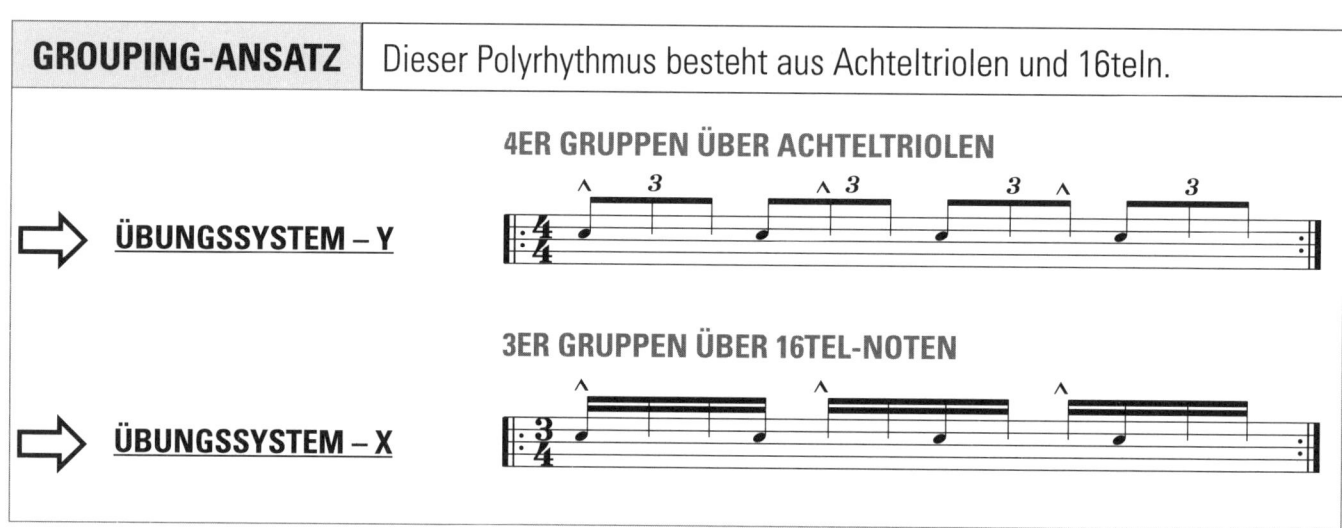

### HAUPTRHYTHMUS | 3 gegen 4

### GEGENRHYTHMUS | 4 gegen 3

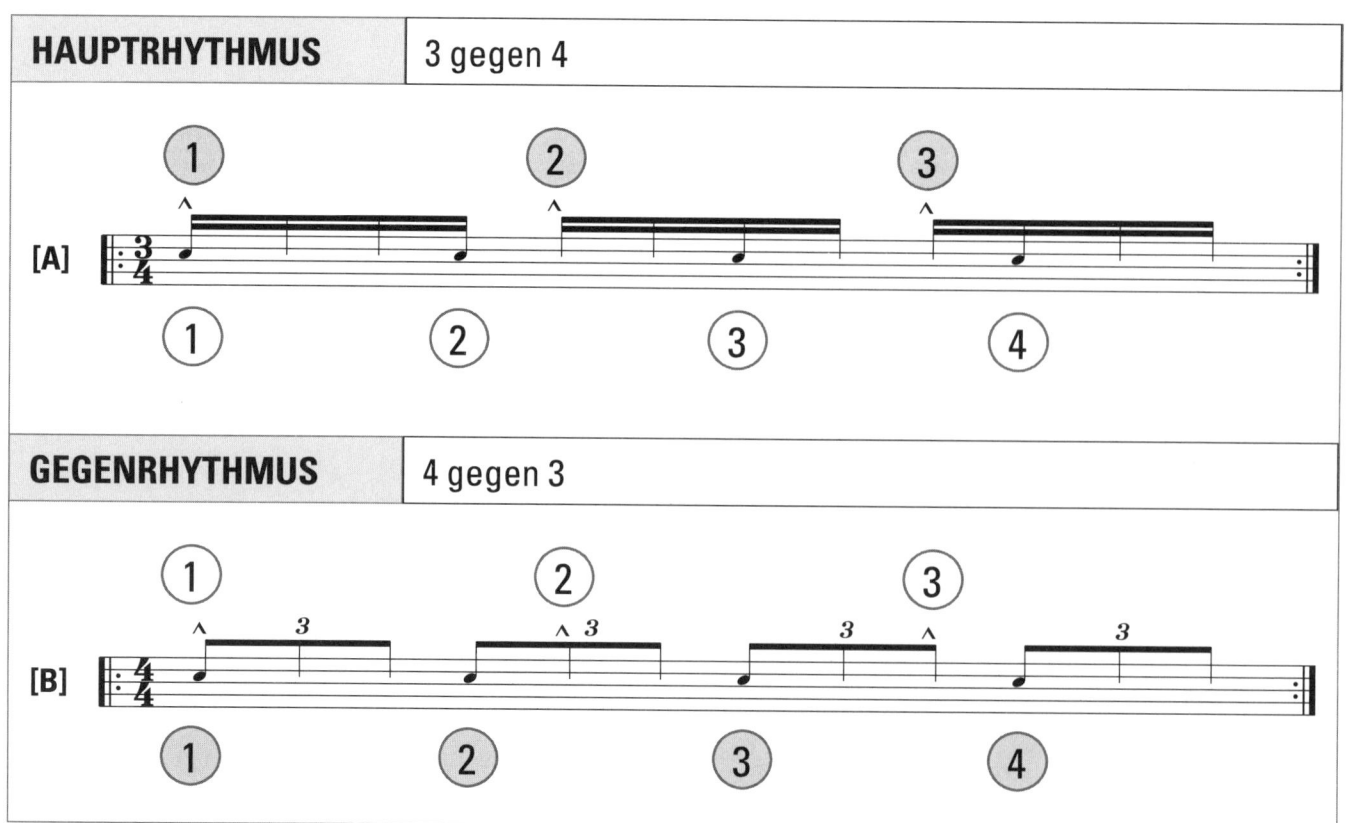

# 3 GEGEN 5

## GRUNDFORM POLYRHYTHMUS

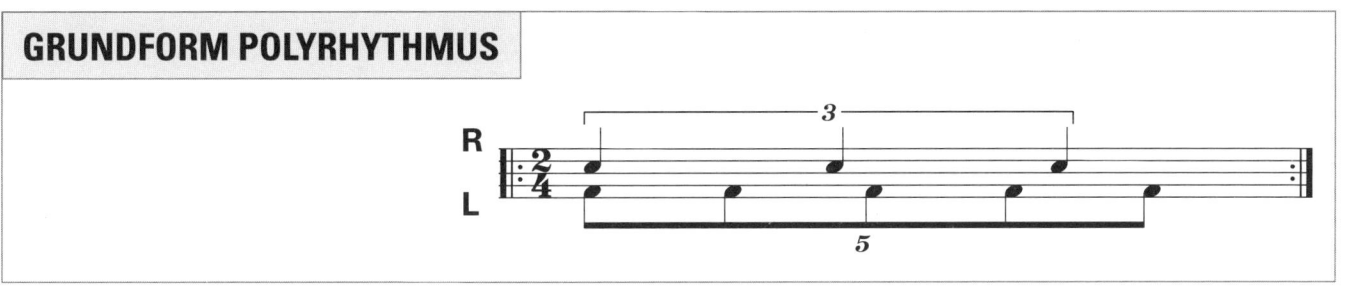

## GROUPING-ANSATZ | Dieser Polyrhythmus besteht aus Achteltriolen und 16tel-Quintolen.

➡ **ÜBUNGSSYSTEM – Y** — 5ER GRUPPEN ÜBER ACHTELTRIOLEN

➡ **ÜBUNGSSYSTEM – X** — 3ER GRUPPEN ÜBER 16TEL-QUINTOLEN

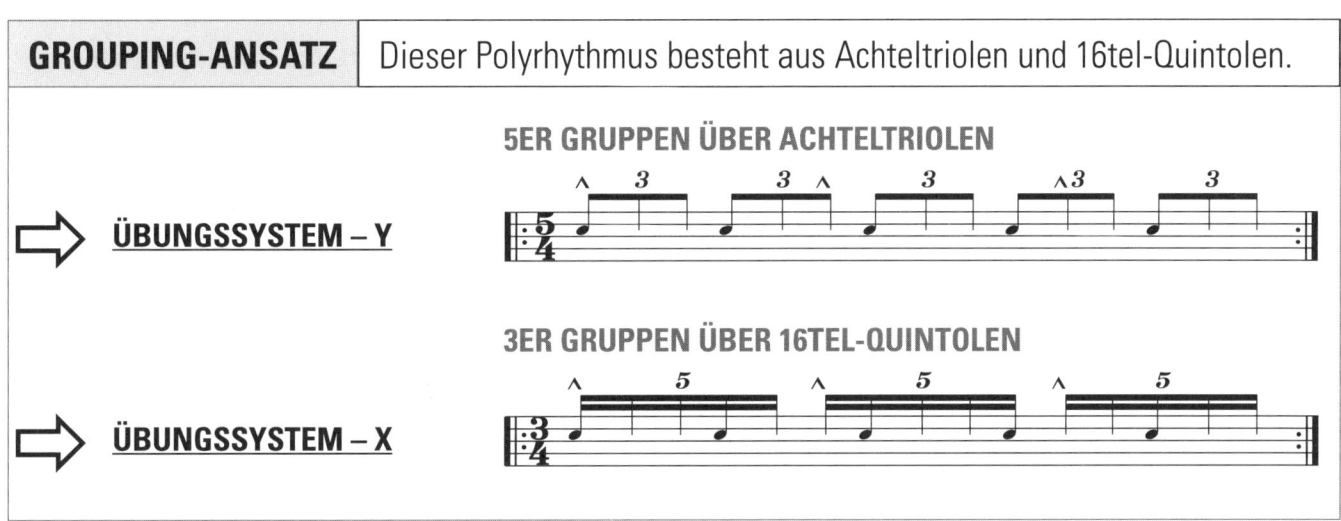

## HAUPTRHYTHMUS | 3 gegen 5

## GEGENRHYTHMUS | 5 gegen 3

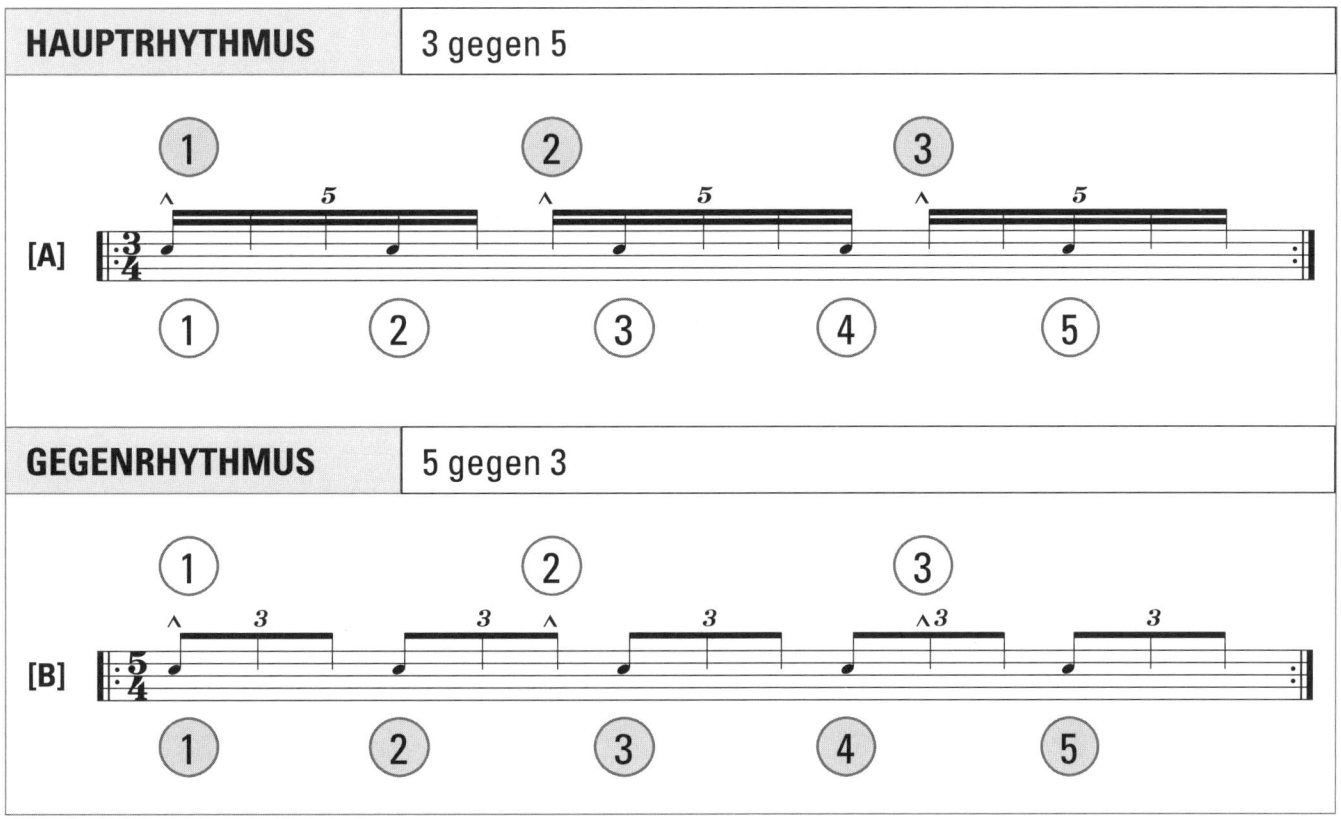

# PAD BOOK
FUNDAMENTAL WORKOUTS
ANIKA NILLES

KAPITEL IV | POLYRHYTHMEN

## 3 GEGEN 7

### GRUNDFORM POLYRHYTHMUS

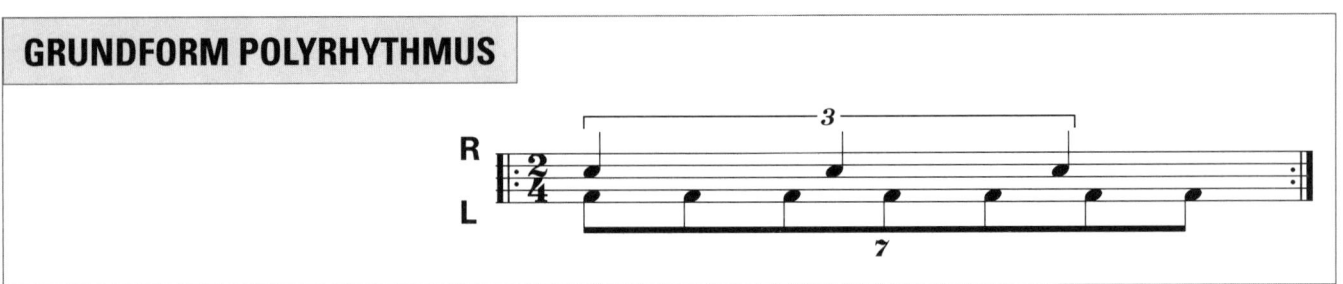

### GROUPING-ANSATZ
Dieser Polyrhythmus besteht aus Achteltriolen und 16tel-Septolen.

➡ **ÜBUNGSSYSTEM – Y**    7ER GRUPPEN ÜBER ACHTELTRIOLEN

➡ **ÜBUNGSSYSTEM – X**    3ER GRUPPEN ÜBER 16TEL-SEPTOLEN

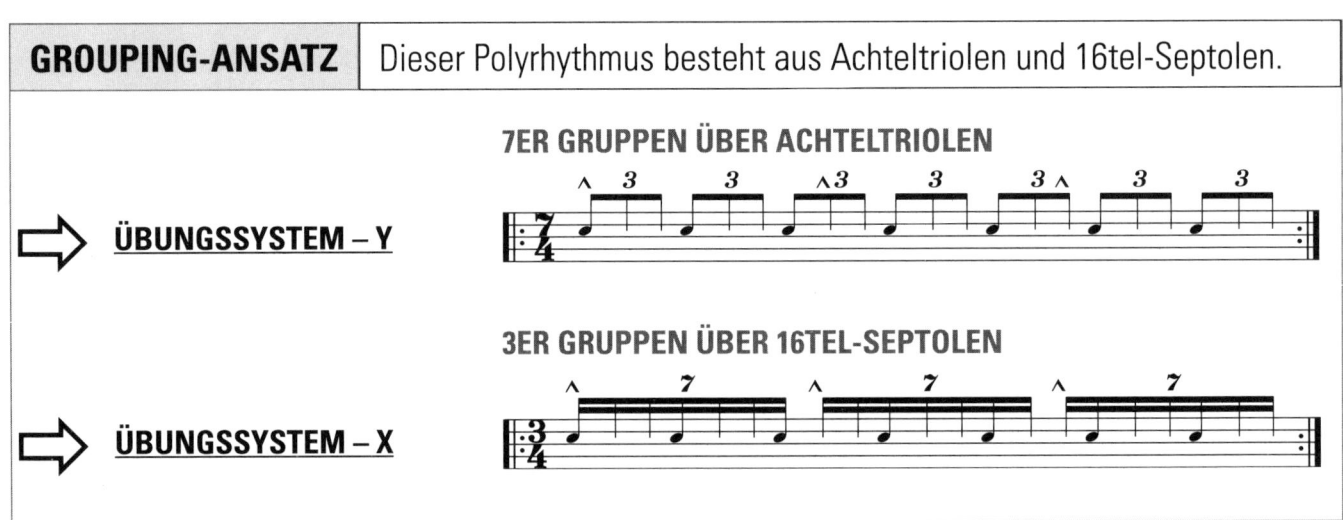

### HAUPTRHYTHMUS | 3 gegen 7

### GEGENRHYTHMUS | 7 gegen 3

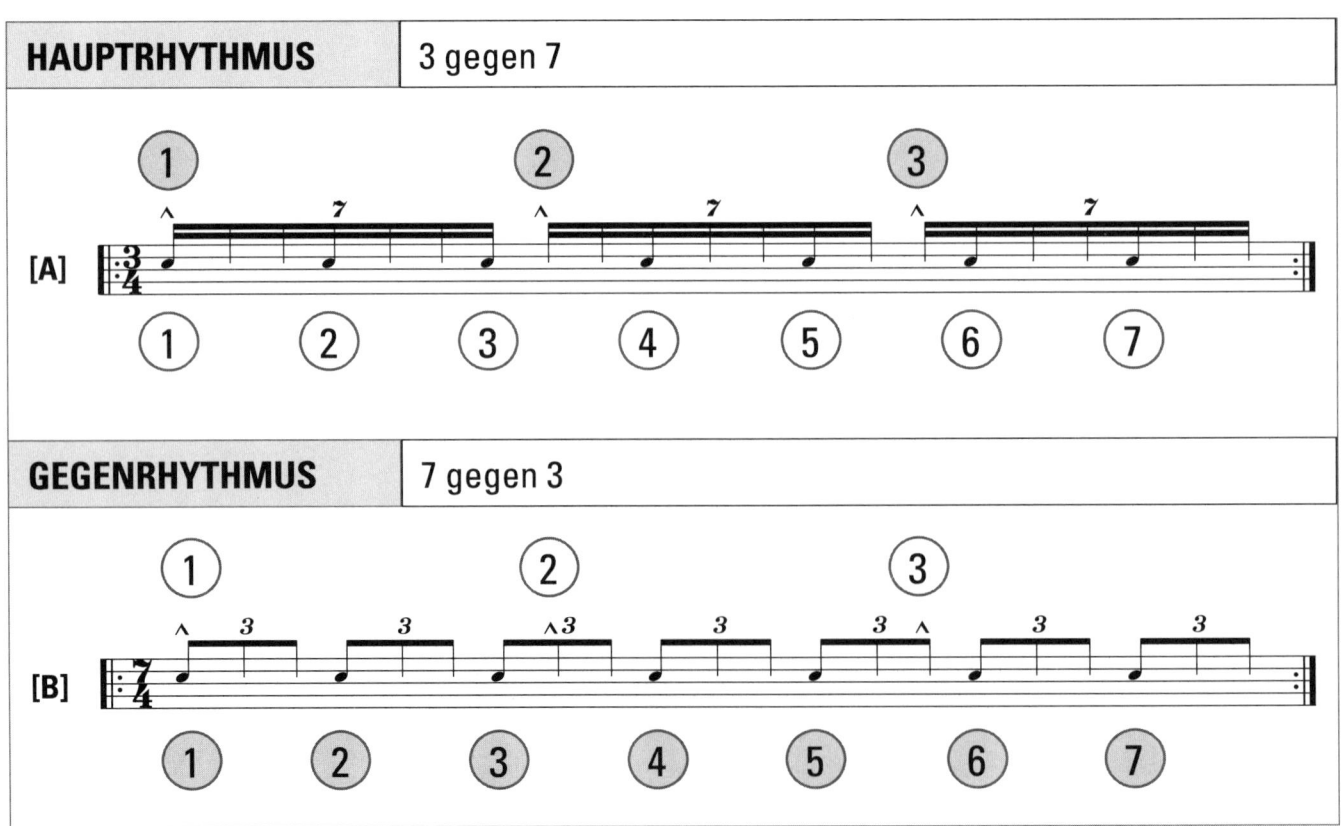

# 4 GEGEN 5

## GRUNDFORM POLYRHYTHMUS

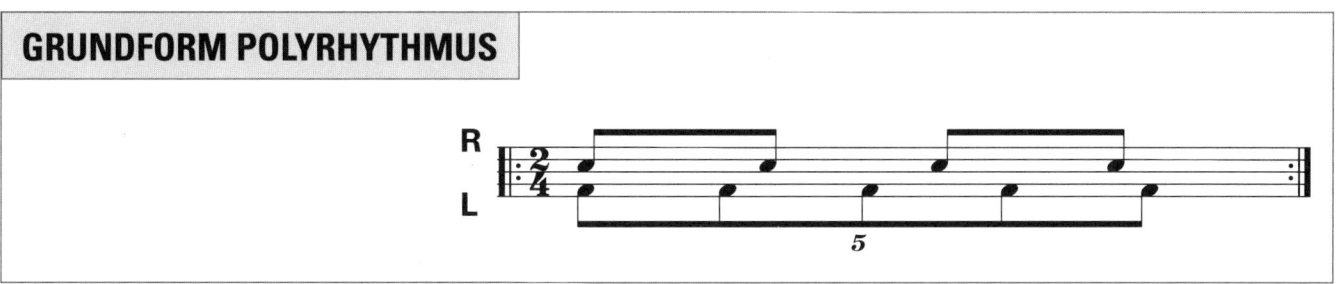

## GROUPING-ANSATZ | Dieser Polyrhythmus besteht aus 16teln und 16tel-Quintolen.

**5ER GRUPPEN ÜBER 16TEL-NOTEN**

⇨ **ÜBUNGSSYSTEM – Y**

**4ER GRUPPEN ÜBER 16TEL-QUINTOLEN**

⇨ **ÜBUNGSSYSTEM – X**

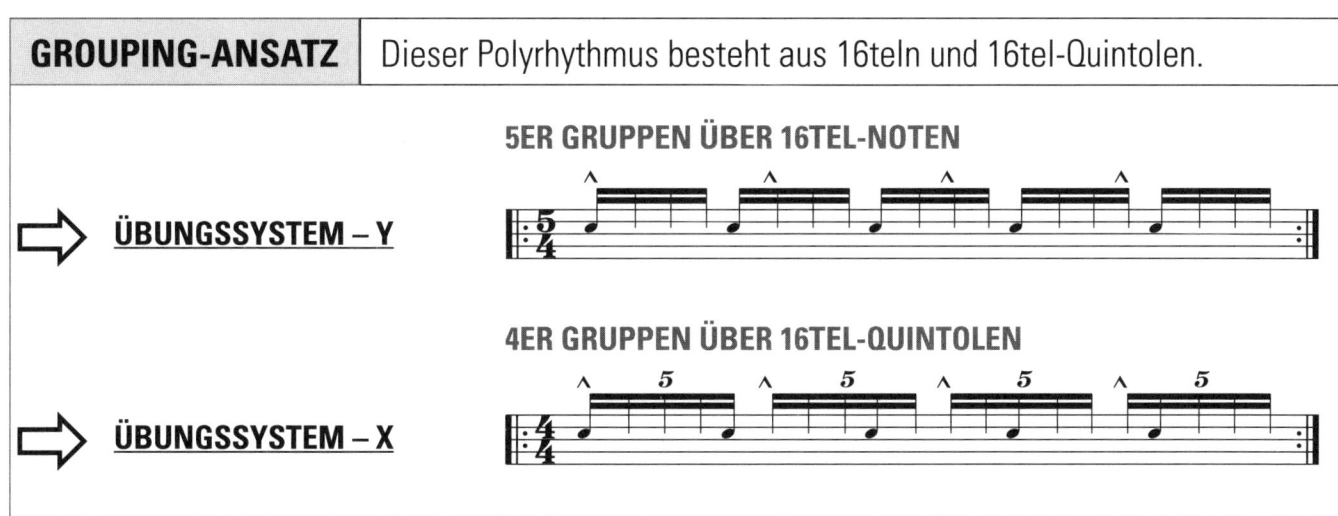

## HAUPTRHYTHMUS | 4 gegen 5

## GEGENRHYTHMUS | 5 gegen 4

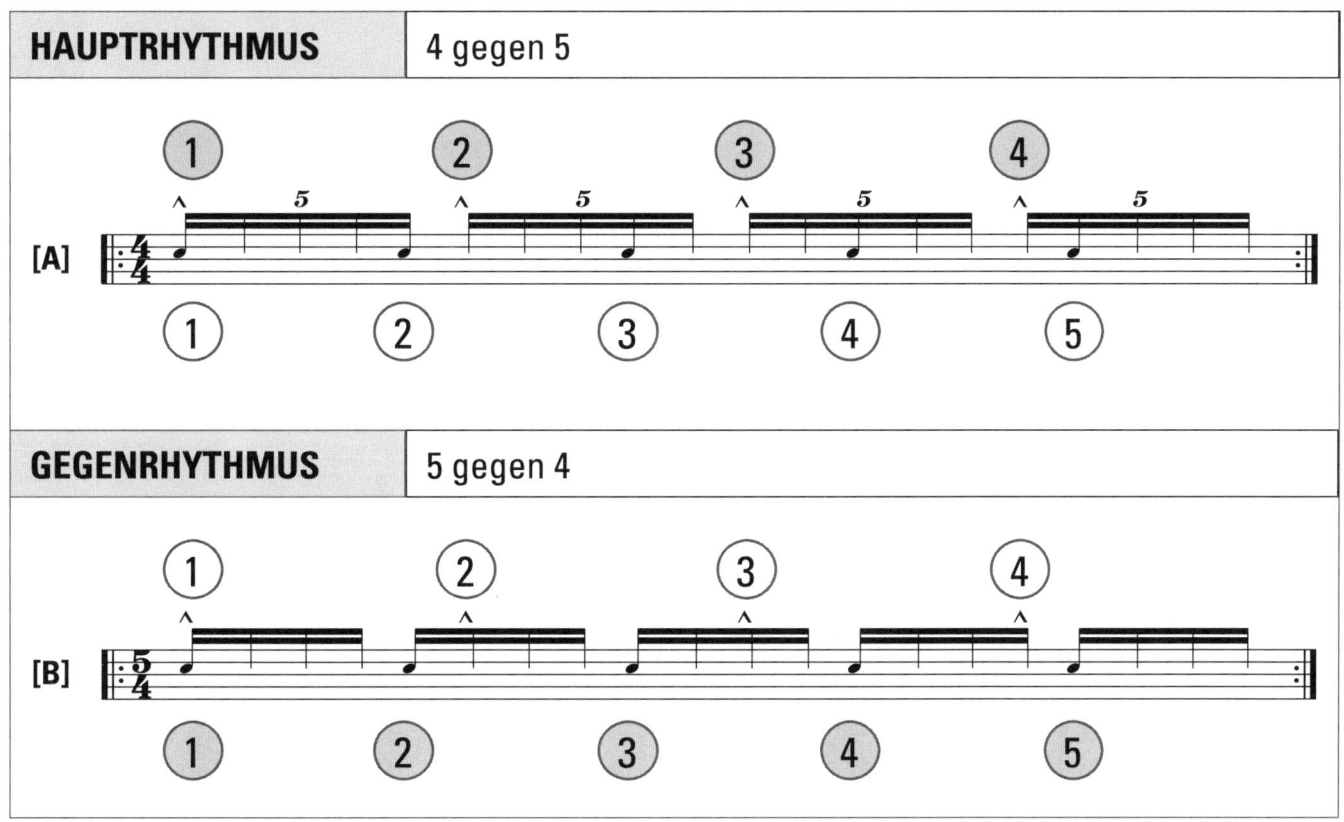

# KAPITEL IV | POLYRHYTHMEN

## 4 GEGEN 7

### GRUNDFORM POLYRHYTHMUS

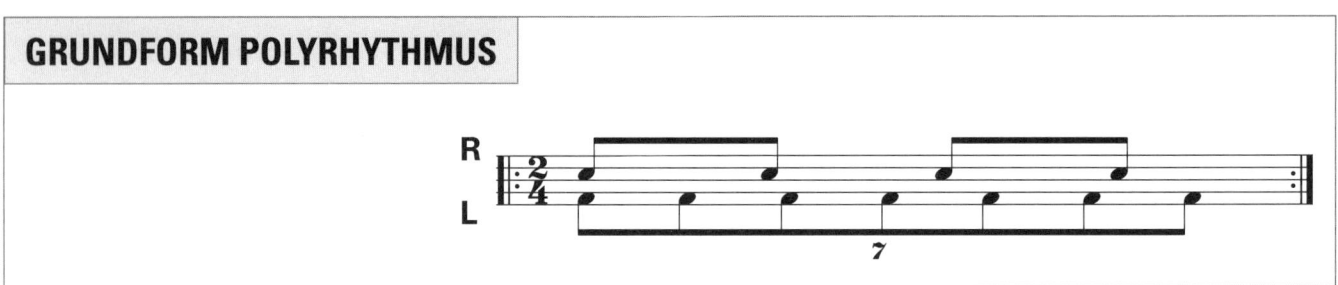

### GROUPING-ANSATZ | Dieser Polyrhythmus besteht aus 16teln und 16tel-Septolen.

➡ **ÜBUNGSSYSTEM – Y**  — 7ER GRUPPEN ÜBER 16TEL-NOTEN

➡ **ÜBUNGSSYSTEM – X**  — 4ER GRUPPEN ÜBER 16TEL-SEPTOLEN

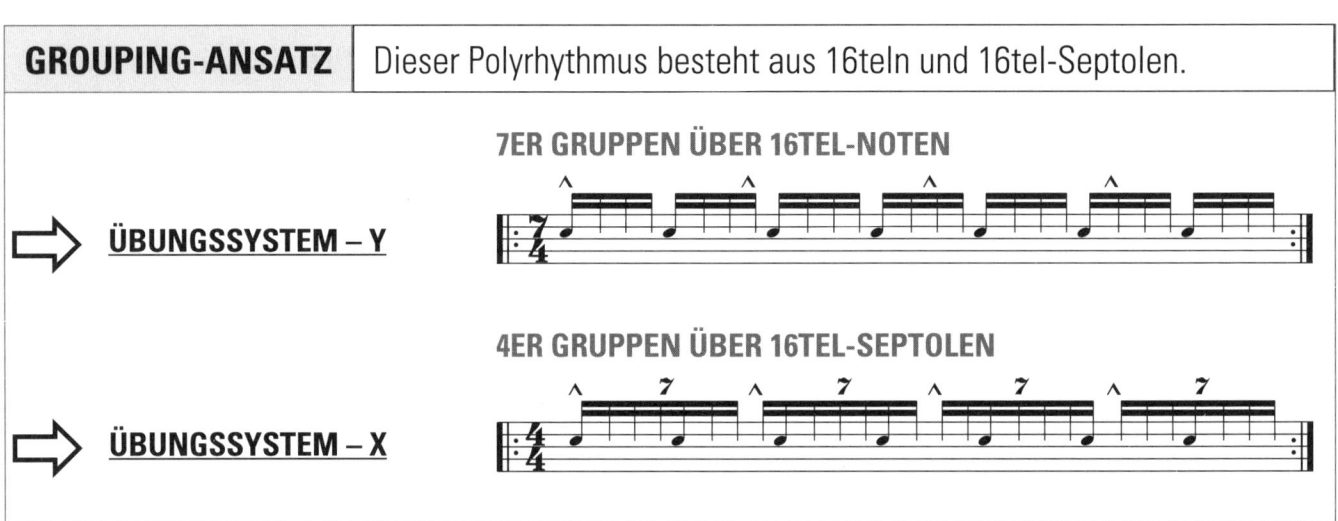

### HAUPTRHYTHMUS | 4 gegen 7

### GEGENRHYTHMUS | 7 gegen 4

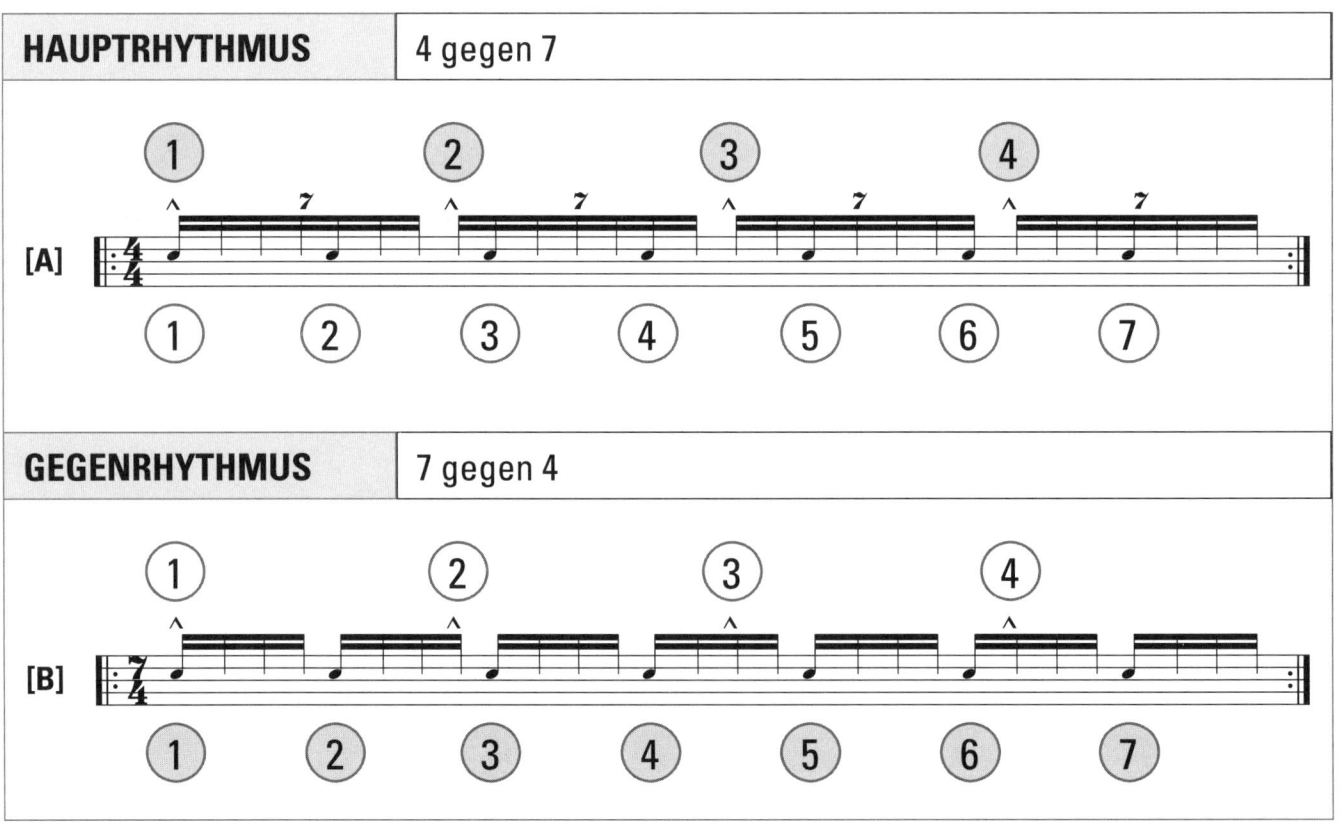

# 5 GEGEN 7

## GRUNDFORM POLYRHYTHMUS

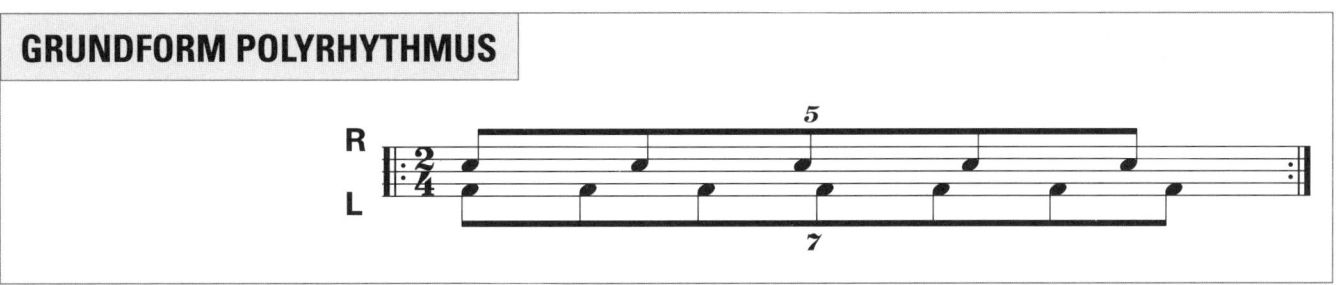

## GROUPING-ANSATZ
Dieser Polyrhythmus besteht aus 16tel-Quintolen und 16tel-Septolen.

⇒ **ÜBUNGSSYSTEM – Y**  
**7ER GRUPPEN ÜBER 16TEL-QUINTOLEN**

⇒ **ÜBUNGSSYSTEM – X**  
**5ER GRUPPEN ÜBER 16TEL-SEPTOLEN**

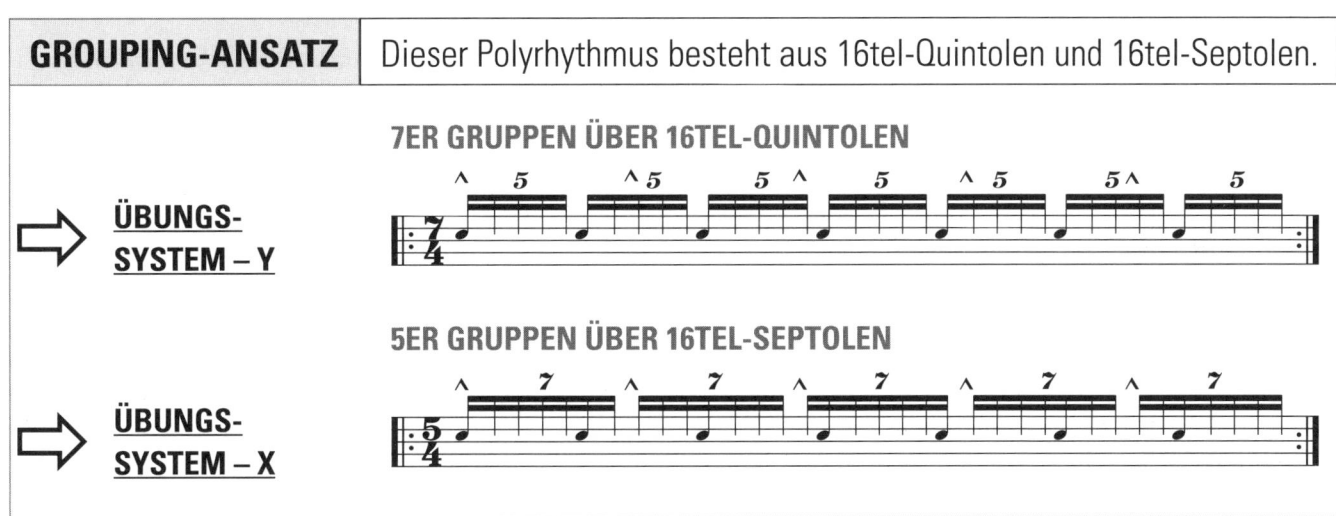

## HAUPTRHYTHMUS — 5 gegen 7

## GEGENRHYTHMUS — 7 gegen 5

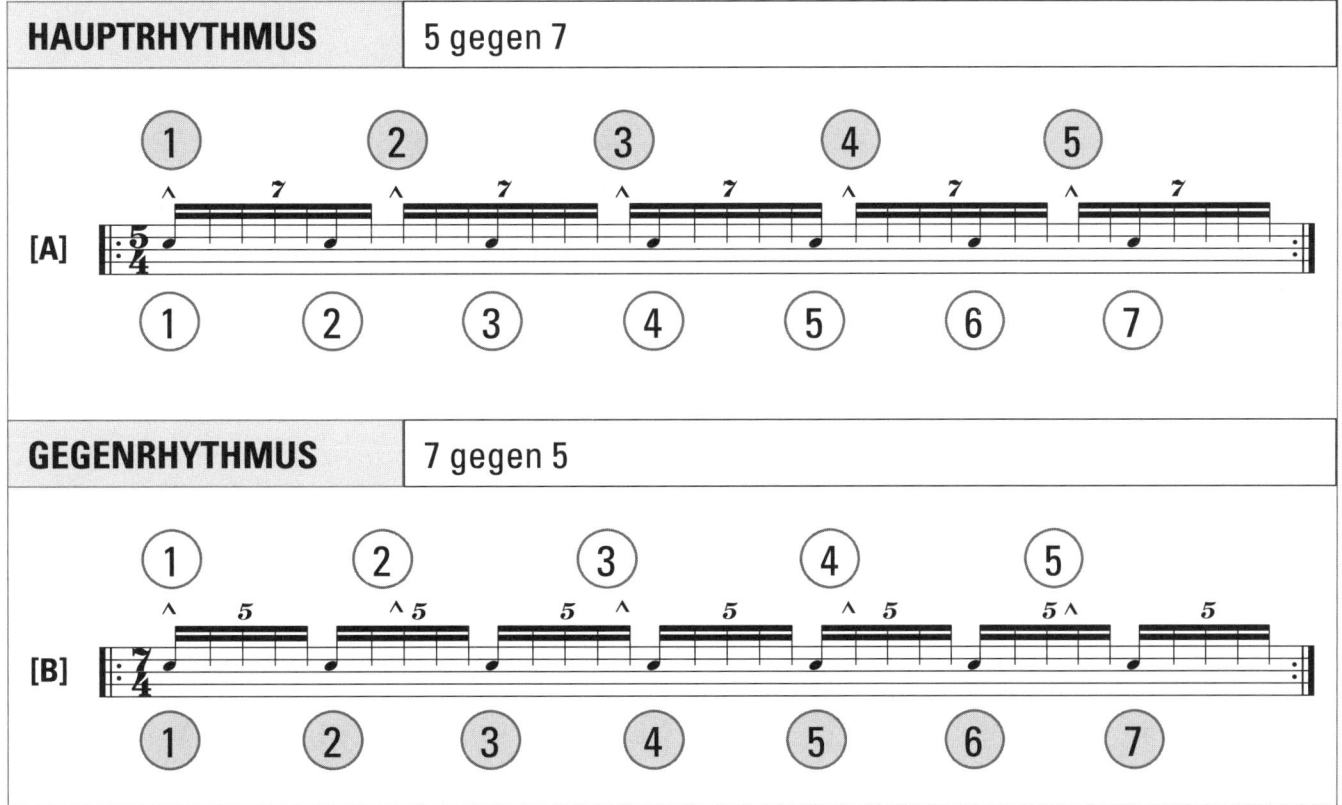

# KAPITEL IV | POLYRHYTHMEN

## 6 GEGEN 7

### GRUNDFORM POLYRHYTHMUS

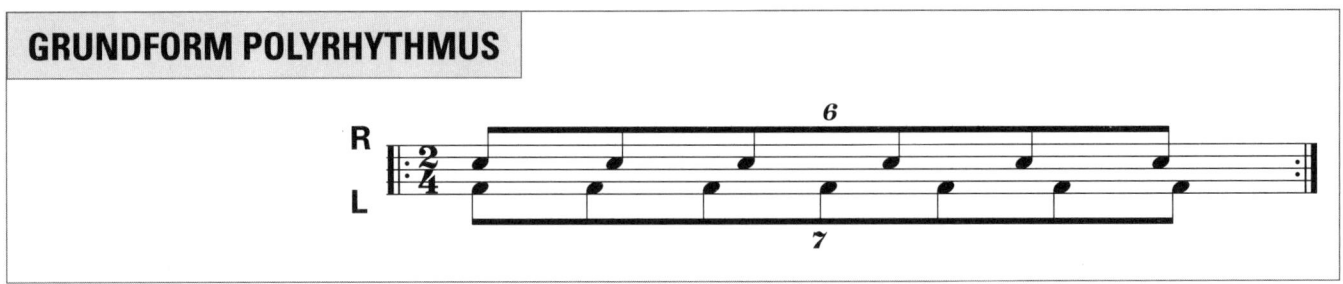

### GROUPING-ANSATZ
Dieser Polyrhythmus besteht aus 16tel-Sextolen und 16tel-Septolen.

**7ER GRUPPEN ÜBER 16TEL-SEXTOLEN** — ÜBUNGSSYSTEM – Y

**6ER GRUPPEN ÜBER 16TEL-SEPTOLEN** — ÜBUNGSSYSTEM – X

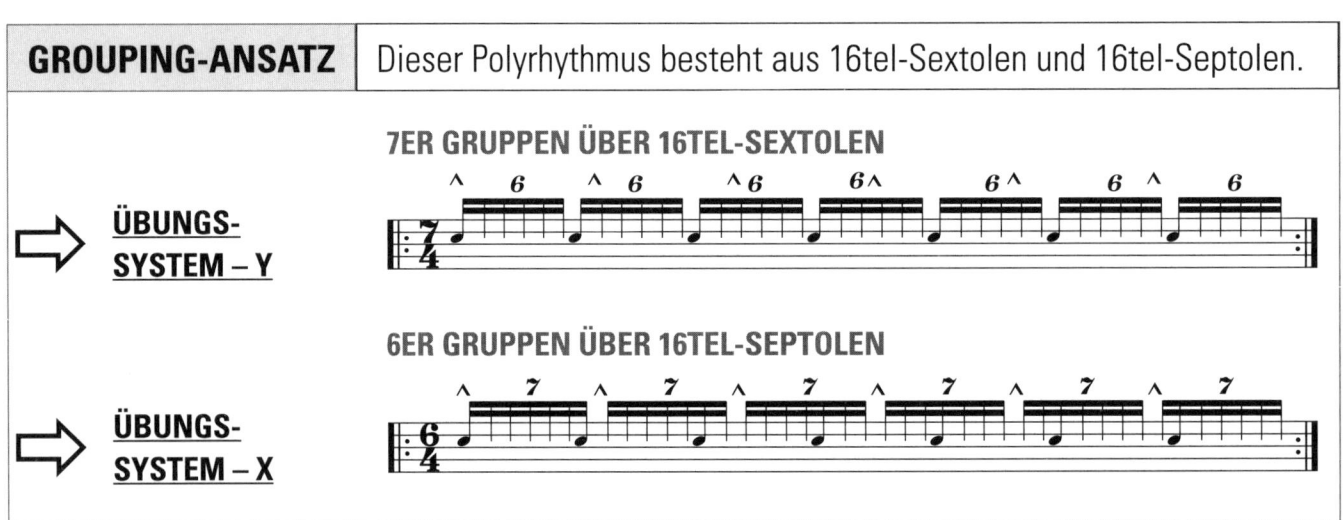

### HAUPTRHYTHMUS | 6 gegen 7

### GEGENRHYTHMUS | 7 gegen 6

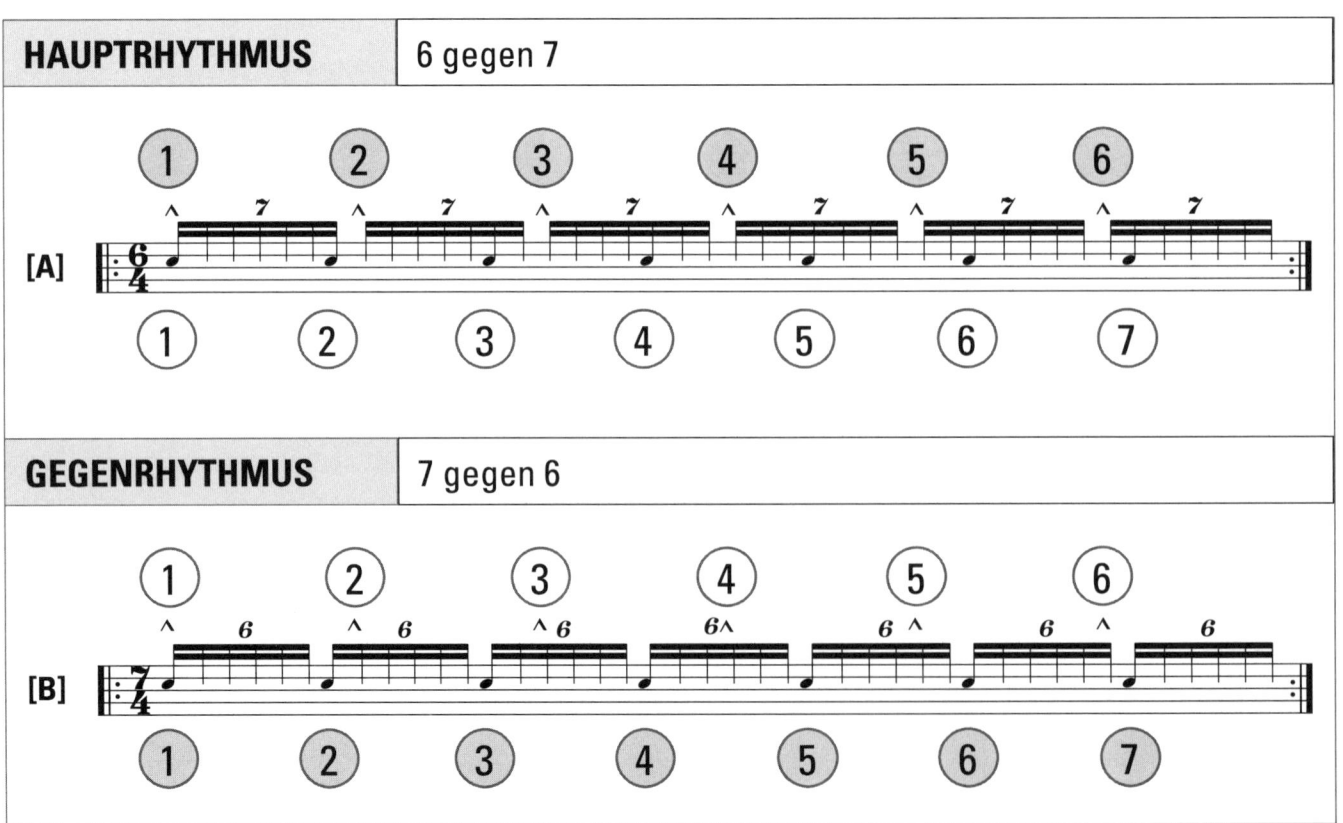

ANHANG

**PAD BOOK**
FUNDAMENTAL WORKOUTS
**ANIKA NILLES**

## Übe-Journal

| Seite | Übung | bpm | Notizen | Bewertung | Datum |
|---|---|---|---|---|---|
| | | | | ☺☺☺☺☺ | |
| | | | | ☺☺☺☺☺ | |
| | | | | ☺☺☺☺☺ | |
| | | | | ☺☺☺☺☺ | |
| | | | | ☺☺☺☺☺ | |
| | | | | ☺☺☺☺☺ | |
| | | | | ☺☺☺☺☺ | |
| | | | | ☺☺☺☺☺ | |
| | | | | ☺☺☺☺☺ | |
| | | | | ☺☺☺☺☺ | |
| | | | | ☺☺☺☺☺ | |
| | | | | ☺☺☺☺☺ | |
| | | | | ☺☺☺☺☺ | |
| | | | | ☺☺☺☺☺ | |
| | | | | ☺☺☺☺☺ | |
| | | | | ☺☺☺☺☺ | |
| | | | | ☺☺☺☺☺ | |
| | | | | ☺☺☺☺☺ | |
| | | | | ☺☺☺☺☺ | |
| | | | | ☺☺☺☺☺ | |
| | | | | ☺☺☺☺☺ | |
| | | | | ☺☺☺☺☺ | |

BEURTEILE DICH SELBST NACH JEDER ÜBUNGSEINHEIT! MACHE DEINEN LERNFORTSCHRITT SICHTBAR!

## Unentbehrliche Klassiker für Drummer!

alfredmusic.de

**STICK CONTROL**
FOR THE SNARE DRUMMER
George Lawrence Stone
Buch | 48 Seiten
ISBN: 978-1-892764-04-1

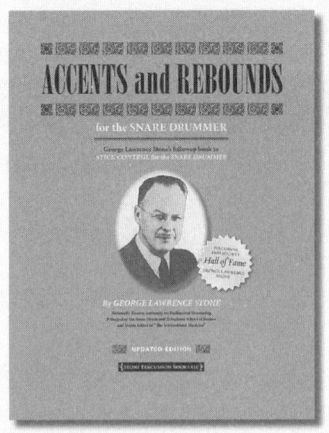
**ACCENTS and REBOUNDS**
FOR THE SNARE DRUMMER
George Lawrence Stone
Buch | 56 Seiten
ISBN: 978-0-9843293-1-1

**IT'S YOUR MOVE**
MOTIONS AND EMOTIONS
D. Famularo | J. Bergamini
Buch | 96 Seiten
ISBN: 978-0-7579-8000-8

**ADVANCED TECHNIQUES**
FOR THE MODERN DRUMMER
Jim Chapin
Buch & 2 CDs | 64 Seiten
ISBN: 978-0-7579-9540-8

## Schlagzeugliteratur, an der niemand vorbeikommt!

alfredmusic.de

**DAILY DRUMSET WORKOUTS**
Claus Hessler
Buch & CD | 224 Seiten
ISBN: 978-3-933136-85-5

**CAMP DUTY UPDATE**
SNARE DRUM RUDIMENTS
zwischen Tradition und Moderne
Claus Hessler
Buch, CD, Beilage Flöte | 92 Seiten
ISBN: 978-3-943638-93-6

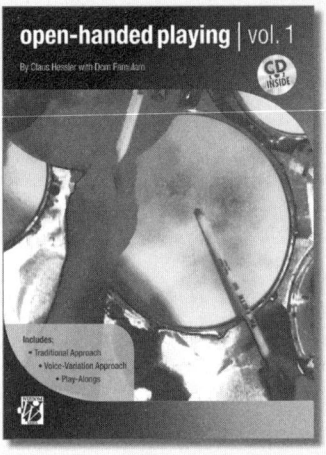
**OPEN-HANDED PLAYING**
VOL. 1 | VOL. 2
Claus Hessler | Dom Famularo
Buch & CD | 120 S. | 140 S.
Vol. 1: ISBN: 978-0-7390-5415-4
Vol. 2: ISBN: 978-0-7390-8473-1

**DRUMMING KAIROS**
GET READY FOR THE SWEET SPOT
Claus Hessler
Doppel DVD
ISBN: 978-3-943638-53-0

**GROOVE BOOK**
Jost Nickel
Buch & CD | 128 Seiten
ISBN: 978-3-943638-84-4

**FILL BOOK**
Jost Nickel
Buch & CD | 144 Seiten
ISBN: 978-3-943638-94-3

**SNARE BOOK**
Jost Nickel
Buch | 124 Seiten
ISBN: 978-3-9479981-11-3

**DIE KUNST DES BESENSPIELS**
Florian Alexandru-Zorn
Buch & CD | 148 Seiten
ISBN: 978-3-933136-59-6